天台宗讲义

谛闲法师 著

华东师范大学出版社

图书在版编目（CIP）数据

天台宗讲义/谛闲法师著. —上海：华东师范大学出版社，2014.4

（归元文化丛书. 近现代佛教名著）
ISBN 978-7-5675-2002-8

Ⅰ.①天… Ⅱ.①谛… Ⅲ.①天台宗-研究 Ⅳ.①B946.1

中国版本图书馆CIP数据核字（2014）第072281号

天台宗讲义

著　　者	谛闲法师
项目编辑	许　静　储德天
特约编辑	邱承辉
审读编辑	陆海明
封面设计	吕彦秋

出版发行	华东师范大学出版社
社　　址	上海市中山北路3663号，邮编200062
网　　址	www.ecnupress.com.cn
电　　话	021-60821666　行政传真　021-62572105
客服电话	021-62865537（兼传真）　门市电话　021-62869887（邮购）
地　　址	上海市中山北路3663号华东师范大学校内先锋路口
网　　店	http://hdsdcbs.tmall.com
印 刷 者	北京京都六环印刷厂
开　　本	787×1092　16开
印　　张	22
字　　数	320千字
版　　次	2014年5月第1版
印　　次	2016年5月第2次印刷
书　　号	978-7-5675-2002-8/B.847
定　　价	40.00

出版人　王　焰

（如发现本版图书有印订质量问题，请寄回本社市场部调换或电话021-62865537联系）

目录

天台宗讲义
TIANTAIZONGJIANGYI

《归元文库》总序

大乘止观述记 /001

教观纲宗讲录 /245

始终心要解略钞 /319

《归元文库》总序

佛教是中国传统文化的重要组成部分，自两汉之际传入中国内地以来，逐渐融入中国文化之中，在哲学、文学、建筑、雕塑、绘画、音乐、美术等各个领域产生了深刻的影响。佛教的思想体系对中国哲学思想的发展起到了重大的推动作用，而佛教的积善行德的说教也一直深入民心，成为广大百姓为人处世的重要原则，对于安定社会民心，维护社会和谐起到了积极的作用。

佛教发源于印度，自两汉之际传入中国内地。魏晋南北朝时期，是其在中国的翻译和广泛传播时期。在这一阶段中，借助中国固有的儒家、道家思想以及魏晋玄学的概念，来翻译和诠释佛教思想。随着佛教经论的大量翻译，佛教概念逐渐得到了厘清，形成了有别于儒道的独具一格的思想体系，产生了众多的佛教学派，为隋唐佛教宗派的形成奠定了基础。

隋唐时期是佛教中国化及佛教思想发展的高峰，尤其是以隋唐大乘佛教宗派的创立为重要的标志，智顗创立天台宗，吉藏创立三论宗，玄奘和窥基创立法相宗，惠能创立禅宗（南宗），法藏创立华严宗，还有律宗、净土宗、密宗等宗派，一时蔚为大观，为中国哲学思想的发展提供了丰富的资源。

宋以后佛教得到了持续的发展，虽然没出现开宗立派的大师，但佛教的思想和信仰影响了中国社会的各个层面，尤其是其哲学思想深深地影响和启发了儒学，产生了吸纳佛学、融入道学的新儒学——宋明理学，在中国传统社会产生了深远的影响。

当中华大地还沉浸在天朝大国的睡梦之中时，不期被西方的坚船利炮所震醒，包括儒释道在内的传统文化受到了新的冲击，随着西学的大量传入及对传统文化的反省，人们重新认识到中国佛教资源的重要价值。杨文会、欧阳竟无等人竞相创办刻经处及佛学院，流通经籍，培养佛学研究人才；康有为、谭嗣同、章太炎、梁启超等人都对佛学做了大量深入的研究，使中国佛学呈现了复兴之势。特别是太虚、月霞、谛闲、圆瑛、弘一、印光、虚云等佛教高僧对佛教的振兴、弘扬，使佛教在艰难曲折中得到了新的发展。

武汉归元禅寺位于汉阳区翠微横路，东眺晴川阁，南滨鹦鹉洲，北邻古琴台。清顺治十五年（1658年），由浙江僧人白光禅师和主峰禅师经17年筚路蓝缕，募化王氏葵园而创建，以《易经》"元者，善之长也"，乾元资始，坤元资生，而易行乎其间，此万法归一的思想，以及《楞严经》中"归元性无二，方便有多门"而得名。辛亥革命期间归元禅寺是武昌起义军的指挥部之一，故被清军破毁，1922年才又恢复原貌。建国后，曾得到周恩来总理的关怀和保护。现为湖北省佛界协会、武汉市佛教协会驻地，湖北省政府确定为重点文物保护单位。1983年被国务院确定为全国汉族地区佛教重点寺院之一；2001年1月，被国家旅游局确定为全国首批4A级旅游风景区。武汉归元禅寺历史文化底蕴深厚，是国内屈指可数的著名曹洞宗传法丛林之一，寺内五百罗汉造像工艺精湛，是国内现存的清代之前四大罗汉堂之一。"数罗汉"已经成为武汉市民一项重要的民俗活动，同时也是国内外众多游客游览归元寺的一件趣事。各国政要，如柬埔寨西哈努克国王、美国国务卿基辛格、新加坡总理李光耀、日本首相中曾根康弘等都曾先后来此参观。

近代以来，太虚法师、虚云法师、月霞法师、持松法师等高僧大德曾在此讲经说法或兴办佛教教育，为佛教文化的传播和发展做了很大贡献。改革开放以来，尤其是最近十多年来，寺院在坚持继承佛教文化传统的同时，又积极创新，适应时代，在寺院文物古迹保护、佛教文化建设及慈善公益事业等诸多方面成绩突出，为佛教文化建设及和谐社会建设发挥了积极作用。

随着党和国家宗教信仰自由政策的贯彻和实施，中国佛教正处于历史上最好的发展时期。武汉归元禅寺和全国所有寺院一样，经历了寺院殿堂建筑修复重建的阶段。目前归元禅寺耗资两亿多元、全国最大单体石木结构建筑的圆通阁已经建成，硬件建设的任务即将告一段落，下一步的工作重心将由寺院基础建设转向文化建设和佛教教育事业，这是佛教长远发展和综合实力的重要体现。为此，我们推出《归元文库》，准备系统整理历史上尤其是近代以来有着深远影响的佛教高僧和学者大德的著述，并且深入研究武汉归元禅寺历史上的祖师著述和曹洞宗法系传承，希望发挥佛教劝善教化，安定社会民心，促进和谐社会建设方面的积极作用，并且对佛教的研究和佛法的弘扬有所裨益。是为序。

隆印

2013年9月22日于武汉归元禅寺

大乘止观述记

大乘止观述记

观宗寺谛闲大师说

德明圣性、圣心笔记　胜观演述

释法题　诸善知识：人身难得，佛法难闻。既得人身，又闻佛法，先须秉正一心，至诚恭敬。何以故？此出世之妙法，非世间之文字故。且此部文字，又与诸部不同。乃十方诸佛返妄归真之要术，历代祖师明心见性之秘典。非经，非律，非论。然约义而谈，即赅三藏。盖此一部，始终皆谈止观。止观即是定学，即经部摄。一部之中，重重释辨，疑网尽除，即是慧学，即论部摄。若就止观二字分言之，则止即定学，观即慧学。而修此止观，必依止大乘自性清净心。自性清净，即是戒体。文中息妄归真，攀缘永寂等语，即是戒学，即律部摄也。须知佛佛相传，祖祖相授，即传授此法门。所谓出生死无别路，入涅槃惟此门。明得此一法门，随用何功，头头是道。若或未然，难免误入歧途。然则此一法会，其关系之重要可知矣。谛听谛听，善思惟之。

大凡讲经，一家有一家之家法，一师有一师之师承。此部乃我台宗祖师所示，老僧又为台宗子孙，自应秉承家法，先开五重玄义。谓一释名，二显体，三明宗，四论用，五判教相。而释此五重，又有通有别。七番共解谓之通，为一切经所通有故，具见《法华玄义》，兹不复出。五章各释谓之别，约当部而别释故。今就此大乘止观法门，五重别释。即分五科。

大乘止观法门

释名　凡一切经所立之名，不出七种，谓一单法，二单人，三单喻，四人法，五人喻，六法喻，七人法喻。此部乃单法为名，无喻无人。我灵峰大师，释此法题，立八重能所。所谓八双十六只义，极关紧要。八双者，能起所起，能依所依，能通所通，能由所由，能简所简，能成所成，能诠所诠，能解所解是也。今依次说之。于第一重能所，特为详说。余七重亦各说其要略，学人可检止观释要切究之。

第一重，大乘二字为能起，止观法门为所起。起者，生起也。止观法门，谁能生起？惟大乘能生起之。大乘者，即吾人本有一念之心，本书中名为自性清净心。其义甚博，须分二科释之。先分释，次合释。分释者，先大后乘。大者何？绝对无外之义。吾人现前一念介尔之心，绝诸对待，无内无外。所谓无前后，无方隅，竖穷三际，横遍十方。具足体相用三大，三大者，随缘不变，体即真如，是为体大。全妄即真之心体，具足过恒河沙称性功德。在凡不减，在圣不增，是为相大。即此一念心性之体相，不变随缘，能出生十法界因果，达此十界因果，缘生无性，便能翻染成净，是为用大。一心具此三大，故称为大也。言大者，绝待无外，是真大，非对小说大之妄大也。原无先后，是本大，非先小后大之伪大也。又此体相用三大，非一非三，即三即一。体外无别相用，体绝待也，如湿性之外，无别水波。相外无别体用，相绝待也，如水外无别波与湿性。用外无别体相，用绝待也，如波外无别湿性与水。此现前一念之心，具此三绝待之义。以绝待故，假名为大耳。各人闻此法门，须将一切念头放下，向自己本性上体会。果能一念不生，方领悟得大字之义，方为不负己灵也。切要切要！

乘者，车也。约喻为名，运载为义。现前一念之心，随缘不变，全妄即真，法尔能运载吾人出生死路，入涅槃城。自利利他，永无休息，故以乘喻之。乘义可分为三：所谓理乘、随乘、得乘是也。体大即理乘，亘古亘今，常不变故。相大即随乘，不脱不离，恒相应故。用大即得乘，如轮王七宝，自在成就故。又约性德以明，则体相用三大，总名理乘，无二体故。照性成修，约修时以明三大，则总名随乘，顺法性故。从因克果，约果时以明三大，则总名得乘，极自在故。性修因果，唯是一心，故取喻车乘，名之为乘也。

合释者，因心性有染净迷悟，故有十法界之差别不同。试以人法界说：起见思惑，造十恶业，运入三恶道，是为跛驴坏乘。畏三涂苦，持五戒，修十善，或修三界禅定，能运载至三善道，名为人天乘。若知三界火宅，无一可乐，修出世戒定慧，了脱生死，是声闻乘。能运载至小涅槃城，《法华经》喻为羊车。了达十二因缘无性，当体即空，永息惑业苦轮，是缘觉乘。能运载至中涅槃城，经中喻为鹿车。具大悲心，发四宏誓，自利利他，同出苦轮，是名菩萨乘。便能运载至于大涅槃城，经中喻为牛车。如了达一念心性，体即真如。随顺不生不灭之体，由名字入观行，而相似，而分证，而究竟，直运载而至于佛地，是名佛乘，经中喻为大白牛车。此书大乘二字，即是大白牛车，非门外三车也。

惟此大乘能起止观者，何也？因此心性本来寂照。以本寂故，能起妙止。以本照故，能起妙观也。虽诸众生但有性德，未有修德，迨苦极思本，修行止观法门，乃能返妄归真。而此之修行，皆依一念心性之所起也。止者，了惑业苦，本无自性，有即非有，诸妄永寂。观者，惑业苦三，非有而有，洞明缘起。法者，所谓三千性相，百界千如。门者，所谓十方薄伽梵，一路涅槃门也。

第二重，止观为能依，大乘为所依。能依二字，即指吾人第六意识。因此识最为明利，能知名义而修止观故。大乘为所依者，以大乘即指自性清净心，此心本具常寂常照妙理故。修止观者，必以此心性为所依也。

第三重，止观法门为能通，大乘自性清净心为所通。通者，达也，能通达彼岸故。盖必修此止观法门，乃能达于自性清净无上极果也。

第四重，大乘止观为能由，法门为所由。由者，从也。谓惟此大乘止观，能入圆教圆行圆理之法门。又修止能入空门，修观能入有门。修止观不二，能入双亦双非之中道门。

第五重，大乘为能简，止观法门为所简。简者，简别也。因止观法门。有小、大、渐、顿、不定，种种差别。今曰大乘者，简非余门故。且如止有体真止，方便随缘止，息二边分别止。观有从假入空观，从空出假观，中道第一义观。虽体真止伏见思，入空观破见思。然独善其身，非大乘也。若随缘止，出假观，虽能自度度人，然不能直入佛地。亦须简之。

息二边分别止，中道第一义观，此可称为大乘矣。然亦有次第历别，及一心圆顿之不同。历别者，先空后假。以此二为方便，乃入中道。是为历别而修，不高不广，亦非真大乘。乃牛车，非大白牛车也。惟先悟自性清净心，而后起修，则即动而静，即昏而明，极圆极顿，方可称为大白牛车。今此大乘止观法门，即大白牛车也。故其余止观，均在被简之列。

第六重，止观为能成，大乘为所成。此之止观，能令凡夫成圣，菩萨成佛，故曰能成。所成者，谓大乘自性清净心。吾人最先所修者修此，最后所证者亦即证此。盖此心因赅果海，果彻因源，为因果不二之法门故也。

第七重，全题六字为能诠，六字所显之义为所诠。诠者，显也。如大字诠体相用三义，乘字诠理随得三义，止字诠返妄归真义，观字诠即理成事即体起用义，法字诠轨持自性义，门字诠就路还家义是也。

第八重，第六识为能解，名句文身为所解。盖八识中惟第六识最为明利，一切见闻觉知，皆用意识分别。故吾人之因文得义，能修止观者，全仗第六意识了解之功也。一字曰名，多字曰句，多句曰文。如大字乘字各别言之，即为名。大乘二字合举，即为句。名诠自性，句诠差别。必积名以成句，乃能诠显差别之义也。若总题六字，乃多句成身之文也。身者，聚集之义。如集二名以上成句，为名身。集二句以上成文，为句身。集二文以上成章，则为文身。夫闻思修三慧，皆托名句文身而起，故曰所解也。

显体 显体须分四节明之：一须显体，二正显体，三略引证，四通异名。何谓须显体？夫名者，假名也。为旁，为宾，为体上之能诠。体者，实体也。为正，为主，为名下之所诠。由此假名，当识妙体。故于释名之后，必须显其实体。如以指指月，即当因指见月，不可认指为月。指者，假名也。月者，实体也。若看经听经，专在文字上研究，而不向妙体上用功，是为逐名迷体。如捉蛇尾，反遭其螫。古德云：看经听经，一一要销归自己，即此意也。正显体者，本书究以何为体乎？即大乘自性清净心是也。此心人人本具，个个不无，且不独为当部之体，遍三藏十二分教，一一皆以此现前一念之心性为体也。如《楞严经》云："诸法所生，唯心所现。一切因果，世界微尘，因心成体。"即是此义。略引证者，问：云何知自性清净心，为当部之体乎？答：可略引当部之文证之。如当部，一明止观依止中云："谓依止于一心，以修止观。"又云："此心即是自性清净心。"又云："以此心是一切法根本故。"二明止观境界中云："一者，有垢净心以为真实性。二者，无垢净心以为真实性。有垢净心，即是众生之体实，事染之本性。无垢净心，即是诸佛之体性，净德之本实。所谓依熏约用，故有有垢无垢之殊。就体谈真，本无无染有染之异。即是平等实性大总法门，故言真实性。"其义彰彰明矣。何谓通异名？此自性清净心，异名甚多，可会而通之。如当部出众名中，即列有七种。他如有垢净心，无垢净心，皆一体之异名也。若三藏中异名，尤多不胜举。华严之"一真法界"，楞严之"妙净明心"，及"常住真心性净明体"，维摩诘之"真性解脱"，大集之"染净融通"，宝积之"根尘混合"，般若之"摩诃衍"，净土之"自性惟心"，法华迹门之"诸法实相"，本门之"非如非异"，涅槃之"三德秘藏"，等等，皆即自性清净心也。

明宗 此科分二节明之：先须明宗，次正明宗。何谓须明宗？显体者，显于性也。明宗者，明于修也。宗者，归趣之义，乃修行之归宿。会体之枢机。若不修宗，何能会体耶？且宗有因果，体非因果。宗之与体，不可混而为一也。夫吾人因体起修，因修而得受用其体。是虽全修在性，二而不二，然而全性起修，不二而二，故宗之与体，虽不可说二，亦不可说一，所以显体之后，须明宗也。正明宗者，止观二字，即当部之妙宗也。问：前云宗有因果，止观既为当部妙宗，因果若何？答：初由名字入观行，依自性清净心为依止，观照自性，息灭幻魔，圆伏五住烦恼，进而粗烦恼先落，入相似位。所谓四住虽先落，六尘未尽空也。由此再进，豁尔心开悟，湛然一切通，则由相似入分证位矣。悟得从来真是妄，方知今日妄皆真。但复本来性，更无一法新。是由分证达到究竟地位，自始至终，从因克果，因赅果海，果澈因源，因果不二。是故但以止观，即摄因果以为宗也。向后止观体状门中，约染浊清净两种三性以修止观，故得佛心我心平等一如。此正修宗之法门，学者当从此门中学。何以故？明宗方能得体，自度度他故。

论用 此科先简宗用，次正论用。盖宗与用，又有别。宗者修德，用者功能也。且宗复有宗宗，有用宗。用亦有宗用，有用用。宗之宗，因果是也。宗之用，因果各有断伏是也。用之宗，大慈悲是也。用之用，法华之断疑生信，净土之离苦得乐是也。若言于宗，但明因果，不言断伏。若言于用，但言断疑生信，不言慈悲。此宗用之别也。然则本部之用为何？则以除障得益为其大用焉。除障者，障有三，所谓烦恼、业、报。烦恼又三：见思、尘沙、无明。业又三：有漏、无漏、漏无漏二边。报又二：分段生死，变易生死。得益者，益有三，所谓般若、解脱、法身。般若为除烦恼障而得，解脱为除业障而得，法身为除报障而得。吾人不得无上菩提，即为三障所障。三障除而益得矣，此当部之妙用也。初心人熏修止观，能了诸法本空，无有真实，则迷事无明先落。迷事无明，痴障也。痴障既除，贪瞋自薄。虽有罪垢，不为业系。设受痛苦，解苦无苦，即是除障。无尘智用，随心行故，即为得益。此初心人依分别性修行止观，除障得益之相也。

判教 此中先述纲要，后判本书。教者，我佛所说之言教也。判者，分别同异也。如来一代时教，智者大师以通别五时，两种四教，而判摄之。两种者，一谓顿、渐、秘密、不定之化仪四教，二谓藏、通、别、圆之化法四教。必用两种四教者，实具妙义。盖非化法不能摄，非化仪不能判也。别五时者，一华严时，喻如乳；二阿含时，喻如酪；三方等时，喻如生酥；四般若时，喻如熟酥；五法华涅槃合为一时，喻如醍醐。通五时者，如来说法，原无定时。结集时，有文通者，有义通者，按类收经，未可定拘年限。详见《教观纲宗》等书，恐繁不述。然则当部判属何教乎？于化法为圆教。何以故？灵峰云：无上醍醐为教相故。如法华味属醍醐，为纯圆之教是也。于化仪为顿教，何以故？依此法门，可以一生取办故。如当部云：令未闻者，寻之取悟是也。

卷第一

此卷目也。古时经书，不用方册，制成卷轴，故曰卷。此书原共两卷。因太厚故，分作四卷。第一者，卷首也。余可例知，后不复及。

南岳思大禅师

南狱思大师，为智者大师受业之师。生平灵应多多，未能殚述。略说其概：南岳者，山名，为思大师归隐之处。举其处称之者，避其名也。印度多连人父母之名称之以为尊，如舍利弗是也。我土则反以为亵，必避名举处以示敬，如天台清凉是也。师俗姓李，讳慧思，元魏南豫州武津人也（今河南上蔡县东）。称为思大禅师者，陈帝所封之号也。出世于梁，涅槃于陈。六七岁时，梦一梵僧劝令出家，顿发信心。求得《法华经》，昼夜读诵。虽遇疾病，而读如故。又梦普贤乘六牙白象，来摩其顶，顶上隆起，遂成肉髻。昔所未识之文字，自然领解。十五出家，受具足戒。复梦梵僧二十四人为加羯磨，圆满戒法。又梦阿弥陀，弥勒佛，为之说法。随弥勒，同胜友，俱会龙华。年二十，读《妙胜定经》，好乐禅定。往依慧文大师，得受观心之法。勇猛精进，常坐不卧。三七日，得轻安，更复精进，遂动八触，发根本禅，因见三生行道之迹。某岁夏竟（佛制僧律，常以四月半至七月半，结夏安居。期满解制，是为夏竟。岁岁如此，故以一夏为一岁），慨无所获，生大惭愧。放身倚壁，背尚未至壁间，豁然开悟。法华三昧，大乘法门，一念明达。无师智，自然智，一切现前。从此专弘大乘，讲大般若经最多。时有人以毒药害之，师一心念般若波罗蜜，毒即为消。智者廿三岁时，往亲近之。师曰：善哉佛子！我与尔昔在灵山，同听《法华》，宿缘所追，今复来矣。遂令专诵《法华》，一日诵至药王品是真精进句，恍见灵山法会未散。师证之曰：此法华三昧前方便也，非尔莫证，非我莫识。因令代讲般若。至一心具万行，忽有所疑。师曰：吾昔于夏中，一念顿证诸法现前。此是法华圆顿妙旨，我既亲证，汝不必疑。智者问：师所证是十地耶？师曰：吾本望入铜轮（圆十住位，此位即可分身作佛），以领徒早，损己益他，但居铁轮耳（圆教十信，即六根清净位）。古之作大法师者，如是如是，何可及哉。陈大建九年六月，端坐唱佛来迎，合掌而逝，时六十三岁。

曲授心要（行者若欲修之，当于下止观体状文中学。若有所疑不决，然后遍读，当有断疑之处也。又此所明，悉依经论。其中多有经文论偈，不得不净御之，恐招无敬之罪）

此四字，后人所加。一以表大师之悲深，一以生世人之敬仰。要者有三：一心要，二境要，三法门要。心即自性清净心。修止观者，必以此心为所依止，故曰要也。此处亦兼第六识心言，修止观者，必藉识心为能依止，故曰要也。境者境界，即本文五番建立第二止观境界中，所言之分别依他真实三自性是也，是为境要。法门即大乘止观法门，诸佛背尘合觉，历祖明心见性，皆由此门，岂不要乎？今但举心要者，举一以赅余也。曲授者，如大人接引小儿，非曲身授手不可，故不曰直说而曰曲授。本文广分别止观门中，作五番建立，即大师委曲传授之悲心也。凡夫业障深重，直指本性，领悟者稀。今蒙大师如此委曲相授，则利钝三根，皆可造修。吾辈当生难遭之想，庶不负大师苦心建立耳。此下尚有小字数行，亦宜加意。经文者，佛说。论偈者，祖师所说也。末二句尤应注意。尝见世人卷握经书，或挟之腋下，或反置背后，是皆不敬之甚者。须知阅诵经书，必须双手捧承。不然，招罪不小，诸君勉之。

自此以下，入本文矣。将欲释文，必先分科。即七番共解之标章是也。凡讲经看经，必须标章，方能有条不紊，得其纲要，极不可忽。本文分三大科：第一科，略标大纲。文只一幅许，即三番问答是也。此为序分，本书无通序，只有别序。别序者，发起序也。第二科，广作分别。其中又分五科，直至第四卷之第十二页止，此为正宗分。第三科，历事指点。文在第四卷迄末，此如流通分。

有人问沙门曰：" 夫禀性斯质，托修异焉。但匠有殊彫（雕），故器成不一。吾闻大德，洞于究竟之理，鉴于玄廓之宗。故以策修，冀闻正法尔。"

有人问者，大师设为问端，以资发起，不必实指何人。沙门，梵语，此云勤息，勤修众善，息灭众恶也。以广义言之，凡在人道，皆可称沙门，以人人皆宜修善息恶故。然自古相承，此二字久为出家人之专称矣，故师即以自承。善有多多，如有漏善，无漏善，二边善等。恶亦多多，根本不外贪瞋痴。就出家人言，必须修戒定慧，息贪瞋痴。不然，非沙门也。即在圣位，亦皆如是勤息，何况凡夫耶？性者，即本书自性清净心，乃吾人现前一念之心性是。质者体质，即是五阴色身。禀，禀受。斯，此也。凡有此身，皆禀此性。不禀此性，便非生物。托，依托。修，进修。异者，十法界之差别。禀性斯质，本是一而不异，所谓性相近也。托修异焉，乃致异而不一，所谓习相远也。盖因迷悟之心，托染净之缘，起逆顺之修，成十界之异，可不惧哉。匠，师匠，彫即雕字，雕凿也。殊，不一也。器成不一者，如一木材，因匠人雕凿之高低不一，故成器之精粗美恶，亦因之而不一。此喻师友皆以其所自得者，传授于人。自非有过人之资，即随所传习者，而成种种差别。如遇恶友，即牵入三恶道。遇善人，即导归三善道。学出世间法者，倘不遇善知识，而遇邪知邪见，及外道邪师，求其不入歧途，难矣。或遇自了汉，即今证果，亦不过成一自了汉。能遇大道心人，劝令发大心自度度他，广修万行，即可望成菩萨。更能遇净土家，教令念佛，回向往生，则一生取办，径登不退，尤妙之妙也。此即所谓匠有殊雕，器成不一。由此可知，吾人得遇善知识，真堪庆幸，不可当面错过也。大德二字，褒赞之词，所谓名称远闻，道尊德备是也。洞者，洞达。理者，理性，即是性德。此之性德，古今不变，万劫常新，故曰究竟。鉴者，明澈。宗者，修德。不滞浅近，是为深玄，所谓发深心也。不局小境，是为宽廓，所谓发大心也。此洞于二句，即是显其大德之词。末二句之意若曰：因慕大师性修二德，所以策励修行，希冀得闻正法尔。佛所说法，如经诠定学，律诠戒学，论诠慧学，以及自度则说小乘，度人则说大乘，莫非正法，今问者未有专指，泛云正法，故科目谓之泛标。

沙门曰："余昙幼染缁风，少餐道味。但下愚难改，行理无沾。今辱子之问，莫知何说也。"

染，习也。青黑色为缁，出家人衣缁，在家人衣白。师幼即出俗，故曰幼染缁风。道者，无上菩提妙道，即指佛法言。少餐，犹云浅尝。难改者，谦言习气未除。无沾者，用功如掘井，未及于泉，无所沾溉，故曰无沾。若谓余虽幼年出家，浅尝法味。但以下劣愚鲁，习气尚在。以致行道未证妙理，何能沾溉及人。盖一以示谦退，一以观来机。因问者泛云正法。以下愚故，不能悬鉴他心。莫知问意所属，从何说起耶？故下文紧接云：辱子之问，莫知何说也。

标宗大乘 大乘是体，即吾人一念之心性。今不曰标题，而曰标宗者，体之与宗，本一而二，二而一者也。全性起修，则不二而二。全修在性，则二而不二。然此番问答，皆是说修。如曰：大乘行法，谨即奉持。又曰：要藉行成其德，皆修也。故以标宗目之。前科是泛标正法，兹乃确指大乘。小乘戒定慧三学，各别而修，不能圆融。大乘则戒中即有定有慧，定中即有戒有慧，慧中即有戒有定，法法融通。举一即三，而三而一，此大乘小乘之别也。

外人曰："唯然大德，愿无惮劳，为说大乘行法。谨即奉持，不敢遗忘。"

外人，即前第一番请法之人。然前曰有人，今曰外人者，何故？前不知其为何等人，故泛称有人。今彼请问大乘行法，乃是由外向内之人，故称外人，并非贬其为旁门外道。须知外字普赅凡圣，若其未悟三谛融通妙理，则心游理外，虽证阿罗汉辟支佛圣果，亦名外人；虽是凡夫，而已了得此理者，即非外人。即别教十住十行十向菩萨，亦外人也。何以故？因其先空、次假、后中，次第历别而修，不了圆融妙理故。盖凡心有内外者，皆名外人。是故能知心外无法，万法缘生，即空即假即中，三谛圆融，此名字位内人也；依此起行，观行位内人也；从修而悟，相似位内人也。如诸大菩萨，如理亲证，乃分证位内人，佛为究竟位内人。此内外之分也。唯然者，敬诺之词。大德者，褒赞之称。说大乘行法，甚不易易，故曰愿无惮劳。既曰大乘，又曰行法，可见请法者，非仅欲闻大乘之名，乃愿得大乘之法门而实行耳。末二句，至诚之极。谨字，即表显其至诚。即者，闻斯行之，不敢稍懈。奉者，奉以自度。持者，持以度人。可见此人便是菩萨心肠，大乘根器。不敢遗忘者，非但不忘所说之法，亦不敢忘其说法之恩也。

　　沙门曰："善哉佛子，乃能发是无上之心，乐闻大乘行法。汝今即时已超二乘境界，况欲闻而行乎？然虽发是胜心，要藉行成其德。但行法万差，入道非一。今且依经论，为子略说大乘止观二门。依此法故，速能成汝之所愿也。"

善哉佛子，赞叹之词。先用善哉二字以慰其心，能请大乘行法，又能谨即奉持，故善而称之曰佛子。下数句，正明佛子之义。无上心者，菩提心是，即大悲心也。惟菩提心，称为无上。试观世人，莫不但求自利而不利他，发此大心，实为甚难。此人乃能发心担荷大法，岂非大悲心乎？惟大悲心能拔众生之苦，故曰无上。发菩提心，必克菩提之果，为佛亲种，堪绍佛位，故称之曰佛子也。乐者，欢喜也。乐闻大乘行法，正明其能发无上之心。二乘者，罗汉辟支是。二乘人于菩萨法，无好乐心，故能发大心，即超二乘。即时已超者，言即此发心之时，已超过矣。云何即超？如是因，如是果，因果不外一心。所以发此因心，即超二乘。夫但能发心，并未进修，即已超过。况闻即行之，则超过二乘多多矣。胜心，即无上之心。要，必也。藉，仗也。德者，三谛之理。未修成，谓之理，即俗谛真谛中谛是也。已修成，谓之德，即俗谛成解脱德，即真谛成般若德，即中谛成法身德是也。愿如海，必须行如山，方能成就其愿，故言必仗修行以成其德。万差者，方便有多门也。行门既有万差，故入道非止一途。有从空门入者，有从假门入者，有从双亦门入者，有从双非门入者。每教有四门，四教即十六门。引而伸之，其数无量，故曰万差非一。必依经论者，示其言不越轨。所谓佛祖言说，皆是一鼻孔出气是也。略者，要略也。略说者，大乘行门，具有万差。今则惟说止观，故曰略。所以惟说止观者，以此法门，能生一切法，摄一切门故。又大乘止观法门，经论广备。今则说其纲要，故曰略。又广作分别，尚在后文，此处但略开示名义耳，故曰略也。依此修习，不离当念可以成德，故曰速能成汝之愿。如大师于一夏中，即修成六根清净位次，即是速能成愿榜样。

外人曰："善哉愿说，充满我意。亦使余人展转利益，则是传灯不绝，为报佛恩。"

善哉愿说，欢喜踊跃之词。展转，有横竖二义：由一传十，由十传百，普遍无边，此横也；师弟父子，递相传说，尽未来际，此竖也。若能展转相传，则利益大矣。佛法，乃佛之心灯。闻此法门，自得利益，欲他亦得利益，是为以心印心，即是传灯不绝，灯绝则不能展转利益矣。今之愿展转利益，灯灯相传者，何故？为报佛恩故。佛以说法度生为事，惟传佛法，能报佛恩耳。

沙门曰："谛听善摄，为汝说之。所言止者，谓知一切诸法，从本已来，性自非有，不生不灭。但以虚妄因缘故，非有而有。然彼有法，有即非有，唯是一心，体无分别。作是观者，能令妄念不流，故名为止。所言观者，虽知本不生，今不灭，而以心性缘起，不无虚妄世用，犹如幻梦，非有而有，故名为观。

谛听者，审实而听，一心而听。若身在道场，而妄想纷驰，即非谛听。此闻慧也。善摄者：善，善巧也；摄，收摄也。谓将一切妄想放下，将心摄在听处。盖必善巧收摄其心念，方能谛听。此思慧也。从闻思而起修，三慧具足，方是真闻法人。此谛听善摄句，是诫词。下为汝说之句，是许词。若不能谛听善摄，说复何益？故先诫后许也。自此以下，正示止观矣。讲者固须广说，听者宜择要而行，诸君其善听之。

吾人自无始来，念念流动，不得停息。止者，即止其流动也。夫人之不能止其流动之念者，无他，随一切诸法而转耳。若知心生法生，心灭法灭，一切诸法，惟是一心，有何分别？如能作如是观，妄想自能不流，不流则止矣。此中自所言止者，至故名为止三行文，极关紧要。若能洞知此等道理，对境随缘，皆作如是观，尚复有何妄想？妄想既息，非止而何？知字观字，最当注意。倘不能如是知，如是观，而勉强止之，如何能止？是为以石压草，妄想更多，反增其病矣。今将此三行文，分三节详说之：即一、当知一切诸法，从本已来，性自非有，不生不灭；二、当知一切诸法，但以虚妄因缘故，非有而有；三、当知彼一切从虚妄因缘而有之诸法，有即非有，惟是一心，体无分别。所谓一切诸法者，何法耶？如五蕴，六根，六尘，十二入，十八界，以及十法界等，内而身心，外而世界，凡由因缘和合而生之法皆是，故以一切字诸字包括之。此一切诸法，就表面上看去，生灭不停。吾人不察，迷为诸法实有，乃随之而妄想纷起，此大误也。必须从其根本上体会，而知诸法本无自性，皆从因缘和合而生。既是诸法无性，是为非有，当体不生。本既不生，今何有灭？故曰：一切诸法，从本以来，性自非有，不生不灭也。此理，约三止言，名为体真止；约三观言，名为从假入空观，即《中论》所云，"因缘所生法，我说即是空"是也。此第一节之要理，吾人必应知之者也。

又因缘所生诸法，固性自非有，然而不无虚妄幻相。有幻相故，所以非有现有。故又曰：但以虚妄因缘故，非有而有。当知非有而有，乃是幻有。若真实有之，即不得云非有而有矣。此理，约三止言，名为方便随缘止；约三观言，名为从空入假观，亦即《中论》所云，"亦名为假名"是也。此第二节之要理，吾人必应知之者也。

又彼因缘和合而有之诸法，既是幻有，本自无生，则是有即非有矣。诸法既非有而有，有即非有，本无生灭而见有生灭者，当知唯是一心变现之虚相。若泯相入体，本无有与非有之可言。故又曰：然彼有法，有即非有，唯是一心，体无分别也。无分别者，空有二边，皆无分别。何以故？空有是对待法，心体绝待无外故。此理，约三止言，名为息二边分别止；约三观言，名为中道第一义观，即《中论》所云，"亦名为中道"是也。此第三节之要理，吾人必应知之者也。

若明得此三节中法由心起,心外无法之理,事事皆作是观,则不为境转,妄念不流,不流则息,故名为止也。此种功夫,便是背尘合觉。虽然若但修止行,则住在不生不灭中,心体大用,几乎息矣,故又必修习观行功夫。本文曰:虽知本不生今不灭。虽者,未尽之词也。心性缘起者,此心不守自性,随缘而起,所谓随染缘净缘,造十法界是也。以其随缘即起,故有应世之用。然虽有世用,须了知其虚妄。有世用而不了知虚妄,是为凡夫。我佛说为流浪生死,莫出苦轮者,便是此辈。知虚妄而无世用,是为二乘。我佛说为堕无为坑,焦芽败种者,便是此辈。此中虚妄世用四字,字字紧要,不可不知。犹如幻梦非有而有二句,正明虚妄世用之义。梦字范围极广,睡时固是梦,醒时亦是梦。且如凡夫见思烦恼,二乘尘沙烦恼,菩萨无明烦恼皆梦也。究极言之,惟佛无梦耳。何以故?佛是究竟觉故。幻者,假也,如做戏然。明明知其假,却随缘而做,然虽做却不可不知是假。诸善知识,一切诸法,无非是幻。有是幻,空是幻,中道亦是幻。十方诸佛,即是大幻师。我辈今日建道场,作佛事,亦是以幻除幻。永明大师曰:降伏镜像魔军,大作梦中佛事。广度如化含识,同证寂灭菩提。此之谓观。此种功夫,便是全体起用也。须知此一行余文中,虽知本不生今不灭句,即是随缘不变。以三止三观配之,即体真止,入空观也。而以心性缘起不无虚妄世用句,即是不变随缘,亦即方便随缘止,入假观也。犹如幻梦非有而有,即息二边止,中道观也。又此大乘止观法门,极圆极顿。虽止观分说,实则止观不二。寂而常照,言止而观在其中;照而常寂,言观而止在其中。且不止而止,止而无止,无止无不止;其观亦然,是之谓妙止观。吾人若于此妙止观道理,略得消息,受用不尽矣。

正宗分 此科即正宗分,正曲示心要之文也。心要即止观,观心之要,不过止观而已。机教相扣,感应道交,遂生此文。盖教必投机,有感斯应,如应病与药也。

外人曰:"余解昧识微,闻斯未能即悟。愿以方便,更为开示。"

闻略说而不悟，依然是外人也。盖对圆教而言，藏通别三，皆名为外。圆教名字位人，即可称为内人矣。以当部言，明得自性清净心，从此得门而入，可名为内。不得其门而入者，即名外也。解昧者，智昏也。识微者，见浅也。法门玄廓，前所闻者又系略说，故难领悟。斯字，指前科。即者，当下，言未能当下领会也。故愿大师更以善巧方便，开我心地，示我修途。

沙门曰："然。更当为汝广作分别，亦令未闻，寻之取悟也。

然者，许其请也。大乘止观，先须开悟，悟后随处可修。不然，即是盲修瞎炼。悟如开目，修如举足，目足兼资，方到宝所，达清凉池。故大师许之曰：更当为汝广作开示。意谓略说不悟者，闻广谈当可悟矣。不仅为汝，亦令其余未闻者，寻此广谈而领取法要，开悟心地。此正祖师悲愿宏深，曲示心要之所以也。

就广分别止观门中，作五番建立：一明止观依止，二明止观境界，三明止观体状，四明止观断得，五明止观作用。

先明依止者，先令悟得自性清净心也。此如《楞严经》中，阿难请问妙奢摩他三摩禅那，如来乃先令悟常住真心性净明体。盖此心性，为一切法之所依止。不先悟此，既无所观之境界，奚辨能观之体状？而断得作用，皆无从生起矣。故五番建立，立此为首。次明境界者，对迷而示真性，则有真实境界，迷心而起妄想，则有分别依他境界。三明体状者，依境起修也。体状文中，两重三自性，即其体状。四明断得者，从修而证也。修止，伏见思尘沙等烦恼。止中兼观，则断见思尘沙等烦恼。既断则有得，所谓断见思得般若智，断尘沙得解脱用，断无明得法身体是也。五明作用者，由证得用也。既证妙体，必兴大用。所谓全体起用，自度度他也。此是五番建立生起之次第。

就第一依止中，复作三门分别：一明何所依止，二明何故依止，三明以何依止。

此三科，亦有生起之次第。问：欲修止观，以何为所依止之体耶？答：依止大乘自性清净心。问：何故依止一心耶？答：以此心是一切法根本故。譬如枝叶花果，无根不生。菩提道树，心为之本，故须依止。问：然则以何依止此心修止观耶？答：即是第六识心，当文谓之无尘智，他书名为妙观察智相应品，即与六识相应之慧心所也。用此依止自性清净心以修止观者，何故？当文云：由意识能知名义，能灭境界，能熏本识，令惑灭解成故。

初明何所依止者，谓依止一心以修止观也。就中复有三种差别：一出众名，二释名义，三辨体状。

一心者，大乘自性清净心也，即是吾人现前一念介尔之心。此之心性，体即真如。汝问何所依止以修止观，即依止此一念之心是已。一心既为万法之本，故其名不一。吾人必须知其种种之名，方能会通，故先出众名。一名必有一义，闻名而不知义可乎？故次释名义。有名有义，必辨名义之体状。若不详辨，恐致邪正不分，故三辨体状。此与立科文中之体状不同，彼乃止观之体状，此是众名之体状也。

初出众名者，此心即是自性清净心。又名真如，亦名佛性，复名法身。又称如来藏，亦号法界，复名法性。如是等名，无量无边，故言众名。

此七种名，皆一念心之异名也。心既为万法之本，即有无量之名，故曰无量无边。今之七种，但略举耳。

问曰：云何名为自性清净心耶？

答曰：此心无始以来，虽为无明染法所覆，而性净无改，故名为净。何以故？无明染法，本来与心相离故。云何为离？谓以无明，体是无法，有即非有。以非有故，无可与心相应，故言离也。既无无明染法与之相应，故名性净。中实本觉，故名为心，故言自性清净心也。

问者，自问也，亦名为征。答者，自答也，亦名为释。此心本来清净，即亘古至今，常为染浊之法所覆，其清净之自性，依然不改。何以故？随缘不变故。无始者，不知其所自始。无始以来，即从古至今之意。无明者，迷暗之义。谓不明万法唯心，心外无法也。《楞严经》云：此身外洎山河大地，咸是妙净明心中所现物。盖世出世间一切诸法，皆是唯心所起。既皆心起，见法便当见心，不可心外取法。所以禅宗祖师直指本心，而曰：尽大地是老僧一只眼，即是此意。不明此理，便是无明。无明何以谓之染法？无明者，不觉也。不觉者，昏昧之义。乃染浊相，非清净相也。《起信论》云：当知无明能生一切染法，以一切染法，皆是不觉相故。覆者，障也。何故此清净心，无始以来为无明染法所覆？从来未悟故，不变随缘故。言体虽不变，而随染缘也。所谓不觉念起，而有无明。念起便成动相，违于本寂。无明便成昧相，违于本照。遂举心性之全体，而为阿黎耶识，名为业相。由是而全真成妄，妄分能所。能名转相，亦名见分。所名现相，亦名相分。三细既呈，六粗随具，而惑业苦三，连环不息矣。盖因其不变随缘，从来弗悟，所以无始以来，常为无明染法所覆，而净性不显。然因其随缘不变，万劫常新，所以无始以来，虽为无明染法所覆，而性净不改。必不改者，乃谓之性，改变则非性矣。问曰：不改名性之理，吾知之矣。敢问所以能不改者何故耶？答曰：以无明染法，本来与自性清净之心相离，故不改也。此如捏目成眚，见彼虚空，花起花灭。而彼虚空，并无起灭也。然仍不解相离之故，复问曰：云何为离耶？嗟乎！众生背觉合尘，认他为自久矣。此中自性清净心之自性二字，最宜体认。夫清净心性，为自己本来面目，本有自体，所以名为自性。岂可迷彼无明昏动之染法，以为自体乎？譬如眼见青黄等色，彼青黄色，乃是他物。眼能见者，乃是自性。可知眼见之性，与彼青黄，一自一他，本来相离。故虽彼青黄，遮障我眼，我之清净见性，依然无改也。况乎无明如空中花，本来无体，而此心性为万法本，具有妙体。一有体，一无体，无可相应也；一染一净，无可相应也。应者，合也，既不相合，云何非离？体是无法者，犹言无体之法。本无而幻有，所以有即非有。盖无明全依净心为体，为心识变现之幻相，无有自体。如捏目而见狂花，狂花岂有自体耶？是故以无明无体有即非有故，无可与心相应。以不相应故，说与心离。以相离故，说自性清净也。中实本觉故名为心者，此自性清净中，实具灵明本觉。有体有用，即寂即照，故名为心，言非顽空可比也。性非有无，名之为中，不可误认作对待之中。理非虚谬，谓之为实，不可误认作有质之实。末句乃总括上义，以明立名为自性清净心之所以。学人闻此名，亟当顾名思义，向自己心性上荐取，法众会得么？心性是有体，无明是无体。无可相应，本来相离。若能向这里透得消息，便为知宗达体的英豪，便得返本还源的大路。着眼着眼！

问曰：云何名为真如？

答曰：一切诸法，依此心有，以心为体。望于诸法，法悉虚妄，有即非有。对此虚伪法故，目之为真。又复诸法虽实非有，但以虚妄因缘，而有生灭之相。然彼虚法生时，此心不生；诸法灭时，此心不灭。不生故不增，不灭故不减。以不生不灭不增不减故，名之为真。三世诸佛，及以众生，同以此一净心为体。凡圣诸法，自有差别异相。而此真心，无异无相，故名之为如。又真如者，以一切法，真实如是，唯是一心，故名此一心以为真如。若心外有法者，即非真实，亦不如是，即为伪异相也。是故《起信论》言：一切诸法，从本以来离言说相，离名字相，离心缘相，毕竟平等。无有变异，不可破坏，唯是一心，故名真如。以此义故，自性清净心复名真如也。

真者,不妄。如者,不异。有分释,有合释。分释者,先释真,后释如。释真字又分两层:初以不妄为释,有两行文,此借妄以显真也;次以不生灭为释,有三行文,此就相以显性也。此中有正显,有反显。正显者,直显自性之心体。然真实心体,本离名字之相,无可言说,直显甚难。为开示学人计,莫妙于从反面诠显之,是为反显。凡说深微之理,用反显法,其理易明,此说法讲经之善巧也。盖能了得由心而生之一切诸法,莫非虚妄生灭。则能生之心体,其为非虚妄,非生灭,可知矣。此南岳大师苦心,后人所以名此书为曲示心要也。

一切诸法下五行文,释真。虚妄之法,差别非一,故曰诸法。一切者,括彼世出世间种种诸法而言之也。世出世间一切诸法,莫非因缘和合而有。如世间凡夫,以迷心为因,染境为缘,以迷染因缘和合故,遂有六凡诸法。出世圣人,以悟心为因,净法为缘,以悟净因缘和合故,遂有四圣诸法。此凡圣缘生之诸法,既皆以心之迷悟为因,故曰一切诸法依此心有,以心为体。即《楞严》所云:"诸法所生,唯心所现。一切因果,世界微尘,因心成体",是也。以此有体之自心,望于无体之诸法,则知诸法皆悉幻有,故曰法悉虚妄。既是虚妄幻有,故曰有即非有。有者,言其幻有。非有者,言非真实有。而此心性自体,实无言说名字之相,为破妄故,显其是真耳。故曰对此虚伪法故,目之为真也。此以不妄显真义竟。

又此一切诸法,虽为有即非有。但以因缘和合,不无非有而有。然而缘合即生,缘散即灭,旋有旋无,皆生灭相,以其生灭,名曰虚妄。故曰但以虚妄因缘而有生灭之相,此即幻妄称相之义也。然既诸法无体,以心为体,故此心不随诸法而为生灭。正如翳眼见空花,花起花灭,与空何预焉。夫有生即有增,有灭即有减。真心既不生灭,故不增减。然则诸法生灭,名为虚妄。此心既不生灭不增减,非真而何?故曰名之为真也。此以不生灭显真义竟。

吾人闻此二义,即当认明万法皆妄,唯心是真。然不可误认起心动念之心为真也。一切诸法,正是从念而起。此乃生死根本,《楞严》名为妄心者是也。《起信论》云：以一切法本来唯心，实无于念。而有妄心，不觉起念，见诸境界，故说无明。岂可认此，谓为真心耶？何以故？真心无念故。修多罗说：若有众生能观无念者，则为向佛智故。然而一切众生，从本以来念念相续，未曾离念。今欲证入无念，谈何容易！然有方便法门，法门为何？一念起时，亟为观照。正观照时，前念既灭，后念未起，现在无念。则身心世界一切诸法，悉皆无有。明如皎月，净如精镜。然月镜尚是色法，不过强以作喻。而无念心体，灵光独耀，迥脱根尘，直不可以言语形容，即此便是真心。初用功人，未有定力，一刹那间，第二念又起，即又如是观照。如此久久不懈，定力具足，则步步入胜矣。此法便是观于无念。迨至功力深纯，则不观而观，观即无观。既无所观之相，亦无能观之念。即寂即照，即照即寂，湛寂常恒，是名佛智。即《起信论》所云：心性不起，即是大智慧光明义故，即是遍照法界义故，即有过恒沙等诸净功德相义示现。乃至心有所起，更见前法可念者，则有所少。如是净法功德，即是一心更无所念，是故满足，名为法身如来之藏，是也。欲向于此佛智者，其下手功夫，惟有观于无念。在会法众，不可不知，不可不勉。

或问：此能起观照之一念，是妄耶？是真耶？答曰：亦妄也。须知真心无念，起念即妄。但以真心体不可见，又以妄本全真而起。吾人能不迷真逐妄，正不妨因妄证真。譬如欲寻水源，须溯其流而寻之。妄念者，流也。真心者，源也。又如全水成波，但能不起无明之风，则全波是水。岂可离波，别觅其水乎？此理亟当体认，勿忽！至如体不生灭，诸法生灭之理，亦可从生灭上，体认其不生灭，所谓反显也。譬如今日法会，有讲经人，有功德主，有办事人，复有许多听众。以及一几一榻一瓶一炉，等等，聚无数之缘，而后有此法会生起，所谓缘聚即有也，生也。法会既毕，人物尽散，仍存空屋，所谓缘散即无也，灭也。以其有生有灭，故名虚妄。然此道场一切诸法，虽复生灭，而我等心体，则未有道场时，此心已在。道场离散后，此心常存，是并无生灭也。以其不生不灭，故名之为真。明乎此，则生灭真妄之理，当可了然矣。

三世下两行文，释如。三世诸佛至净心为体，即《华严》所谓心佛与众生，是三无差别是也。众生二字，十法界中，除佛法界，其余九界，皆名众生。盖菩萨为大道心众生，缘觉为孤调众生，声闻为自了众生，天为执乐众生，阿修罗为瞋恚众生，人为苦恼众生，三涂为恶道众生。夫此凡圣诸法，皆从因缘和合而生，故有如是差别异相。若此真心之体，则无差别之异，亦无差别之相，是故名之为如也。释如义竟。由此义故，所以诸佛是众生心内之佛，众生是诸佛心内之众生。而十方三世如来，兴同体大悲，运无缘大慈，度尽众生，无众生相也。所以大悲心为菩提种子，吾辈行人，必须发四宏誓愿也。由此义故，所以心想佛时，是心即是三十二相八十随形好。而念佛求生极乐，随愿得生也。所以无论雕塑绘画佛菩萨像，必应香灯花果，恭敬供养，即是庄严自己法身也。何以故？同以此一净心为体故，心体一如故。法会大众知此妙义，亟当向自己本心中，体念修行。放下一切念头，露出真如本体来。努力努力！上来分释已竟。

又真如者以下，合释也。以一切法真实如是唯是一心，须作一句读之，其义自明。所谓法法皆是心，心外本无法。此理真实不虚，如是如是，故曰真实如是也。此正显心外无法之义。下复反显云：若心外有法者，即非真实，亦不如是。须知法从心起，悉皆幻相，故非真实，故有差别。而能生诸法之体，则不伪不异，故名真如也。是故下，引论为证。心缘缘字，乃攀缘之义。起心攀缘，故曰心缘。意谓离去言说名字攀缘之相，则一切法，无大无小，无高无低，无好无丑，无长无短，毕竟平等。毕竟平等，故无有变异；无有变异，故不可破坏，而一心之真体显现矣，故曰唯是一心。《法华经》云："诸法寂灭相，不可以言宣。"即此义也。行人闻得真如之名，须了不妄不异之义。即以销归自己，自悟本心，方得受用。又应知义从名显，名相因文字而著，吾人今从文字般若，荐取实相般若，则文字实世间之至宝也。近年各地不敬字纸，何怪事变日多。当知事不中理，由于智短。而开发智慧，端赖文字。如是因，如是果，长此以往，可惧孰甚。大众宜辗转劝导，功德无量。

问曰：云何复名此心以为佛性？

答曰：佛名为觉，性名为心。以此净心之体，非是不觉，故说为觉心也。

我国当初造佛字时，本非以觉为义。翻经者既用佛字译其梵音，复因如来是大觉世尊，故以觉义诠显佛字耳。觉义有三：即自觉，觉他，圆满觉也。如来未成佛前，亦是众生。由不觉之众生，证得究竟觉果，是为自觉。此心广大无际，众生是心内之众生，普度心内众生，同归觉道，是为觉他。自觉觉他，无有休息，自觉行圆，觉他功满，曰圆满觉。不改为性，即一心之体也。此自性清净心之体，本来灵灵不昧，了了常知，虽在尘而不染，故曰非是不觉。既非不觉，故说为觉心也。觉心即佛性之义。此科原是释义，故不称佛性之名而举其义。且与下广辨之文，语气相衔，义更明显，此立言之善巧也。

问曰：云何知此真心非是不觉？

答曰：不觉即是无明住地。若此净心，是无明者，众生成佛无明灭时，应无真心。何以故？以心是无明故。既是无明自灭，净心自在，故知净心非是不觉。又复不觉灭故，方证净心，将知心非不觉也。

众生从来未觉，遂致不知此之真心，本非不觉，问意盖从此来。《起信论》云：不觉念起，见诸境界，故说无明，是故不觉即是无明。无明住地者，犹言住地无明，即根本无明也。地指真心言。无明幻法，无有自体，依心为体。无明为能住，心为所住。众生成佛时，住地之无明即灭。若果真心是不觉者，无明灭时，即无真心。既无真心，云何成佛？可知性净真心，非是不觉也。此约净不同染释，以明无明染法自灭，性净真心自在。又众生在染之时，净心莫显，必须无明染灭，方证净心。此约染不同净释。既是染灭而后净显，更可知性净真心，非是不觉也。文中初言染灭净存，继言惟其染灭，乃能显净，其义更进。总以辨明净心之体，非是不觉而已。将者，要也。要知，犹言须知。

问曰：何不以自体是觉，名之为觉；而以非不觉故，说为觉耶？

答曰：心体平等，非觉非不觉。但为明如如佛故，拟对说为觉也。是故经言：一切无涅槃，无有涅槃佛。无有佛涅槃，远离觉所觉。若有若无有，是二悉俱离。此即偏就心体平等说也。若就心体法界用义以明觉者，此心体具三种大智。所谓无师智，自然智，无碍智。是觉心体，本具此三智性，故以此心为觉性也。是故须知同异之义，云何同？谓心体平等即是智觉，智觉即是心体平等，故言同也。复云何异？谓本觉之义，是用。在凡名佛性，亦名三种智性。出障，名智慧佛也。心体平等之义，是体。故凡圣无二，唯名如如佛也，是故言异。应如是知。

上文以非不觉，反显觉心。问者不察，以为既言心体非是不觉，则心体是觉明矣。因复问曰：然则何不直以觉义顺显，说为觉心，而必以非不觉义反显，说为觉心耶？不知此心，有体有用。约体而言，实无所谓觉，无所谓不觉。约用而言，乃有觉与不觉之分。今正明止观依止之心体，乃于无可言说中，不得已故，对不觉而说觉耳。若偏言觉，岂是不可思议之心体。观问者之意，谓之外人，诚不谬矣。因答曰：汝但知觉是净心，不觉是无明。不知觉与不觉，皆心之用，非心之体。汝谓自体是觉，误矣。何则？觉与不觉，对待之名。所谓对众生说佛，对佛说众生，若约心体，则绝诸对待。心佛与众生，是三无差别。所谓平等位中，无自他之形相，岂有觉与不觉之分耶？答词中非觉、非不觉之两非字，即是遣去对待，以明心体平等之义也。

或问：既是心体绝诸对待，不容拟议，云何复说为觉耶？答曰：心体本离言说，但为欲明本有佛性，不得已，拟对不觉说之为觉，非如汝之执言体即是觉也。本有佛性者，所谓自性天真佛，即如如佛是也。智如理如，一如无二如，是为如如，是故下引《楞伽经》证。一切二字，统贯下文。一切者，竖约三世，横约十方，到处求觅，无有涅槃。涅槃者，不生不灭也。此无涅槃三字，是单遣法。无有涅槃佛、无有佛涅槃二句，言无因法而有觉，亦无因觉而有法，是为人法双遣。既遣能觉之人，复遣所觉之法，故曰远离觉所觉。夫平等性中，有无二边，悉不可著，俱应远离。故又曰：若有若无有，是二悉俱离。是为有无双遣，则一切人法有无，悉皆遣尽。

或曰：佛于四月初八降生，二月十五入灭，何言无有？不知佛本不生，为大悲度众生故，非生现生。佛本不灭，为迷昧众生有骄恣心故，非灭现灭。夫本不生，今不灭，即如如佛也。今文以非觉非不觉，明如如佛性，即与《楞伽经》以一切无有显平等不二之义者，正同。故引以为证，以其皆偏就心体平等边说也。谓之偏者，因此心本来即寂即照，即体起用，单说心体，尚属偏于一边，故曰偏也。夫吾人一念之心，具有体用二佛性。必须双显，其义乃全。譬如上言佛本不生不灭，即如如佛也，体也。非生现生，非灭现灭，即智慧佛也，用也。故就心体言，虽实非觉非不觉。而就用言之，亦得说之为觉。下文因复就智用以显觉义。

心体法界用义者，即全体起用之义。此之智用，乃法界缘起之大用，故曰法界用义。所谓三大智者，若能了达真谛，知十法界唯是一相。不假师傅，曰无师智，即他书之一切智也。能了达俗谛，知十法界性相差别，不由作意，曰自然智，即他书之道种智也。了达中道第一义谛，而知十法界一切无相，亦无不相，一一相中，具见一切诸法真实之相，究竟边底，无障蔽故。所谓全体起用，全用即体，理事无碍，曰无碍智，即他书之一切种智也。此三种大智之性，是觉心之全体。心体本具此三智性之用，故名此心为觉。此三既为心体本具，又复在尘不改，故称为性也。一性具三，是差别义。三性即一，是平等义也。

然则此如如智慧二佛性，为同耶？异耶？须知约平等言，本非同非异。约差别言，亦可说其同异。所言同者，心体是随缘不变，心用是不变随缘，二而不二。所谓全体起用，不得离体以言用，全用即体，不得离用以言体，故曰心体平等即是智觉，智觉即是心体平等，此其同也。所言异者，谓约心用而言，在障出障，大有差别。如本觉智之用，在凡夫时，因生种种烦恼，作种种业，受生死报，自作障碍，从来不觉。则始觉尚无，本觉难显。故只可名此本觉曰佛性，亦可名为三种智性。必须破烦恼业报三障，然后本觉三智之大用全彰，方可称为智慧佛也。若约心体而言，则平等平等，在凡不减，在圣不增。无论凡圣，唯有一名，曰如如佛。此其异也。如此知者，是为正知，故结曰应如是知。

此两尊佛，皆在各人自己一念心中。大众欲见之么？欲见如如佛，须彻底放下，一念不生，当下即见。须知正当一念不生时，一如一切如，即如如佛也。若欲见智慧佛，老僧亦可略为指点。须知此佛，在我六根门头，时时全体出现。可惜迷人，不知反求诸己耳。试思两眼生而能见，两耳生而能闻，此非无师智、自然智乎？而眼见青黄等色，而不碍见性；耳闻钟鼓等音，而不碍闻性，即无碍智也。然则正当见闻时，即回光返照，如所谓反闻闻自性者，虽全分不能遽见，亦可见其少分。总之，既云自性，必须自悟。若向语言文字上寻求，寻至驴年，永不能见。且如《弥陀经》云：彼佛光明无量，照十方国，无有障碍，是故号为阿弥陀，即智慧佛是。何以故？光明是智慧义故。又彼佛寿命，及其人民，无量无边阿僧祇劫，故名阿弥陀，即如如佛是。何以故？佛及人民，寿命一如，是如如义故。然则一句阿弥陀佛，即是声声唤醒当人本有佛性也。果能一念相应，此两尊佛俱时显现矣。念佛功德何可思议耶？上来约不觉辨竟。

问曰：智慧佛者，为能觉净心，故名为佛？为净心自觉，故名为佛？

答曰：具有二义：一者，觉于净心；二者，净心自觉。虽言二义，体无别也。

前科约不觉辨是反显。今科约觉辨，是正显。又前科显二佛性义中，如如佛是显性德之体，智慧佛是显修德之用。前单明性体时，双非觉与不觉。今专约修用辨，故双许能觉自觉也。两为字，疑词。能觉净心者，谓别有能觉者，觉于净心也。净心自觉者，谓觉即心，心即觉也。此中能觉句，约性即是始觉；约修即是妙观察智。自觉句，约性，即是本觉；

约修，即是大圆镜智。问意盖云：此之二觉，为是二耶？为是一耶？答曰：言义可开为二，言体则合而一。广如下文。

  此义云何？谓一切诸佛本在凡时，心依熏变。不觉自动，显现虚状。虚状者，即是凡夫五阴，及以六尘，亦名似识似色似尘也。似识者，即六七识也。由此似识念念起时，即不了知似色等法，但是心作，虚相无实。以不了故，妄执虚相以为实事。妄执之时，即还熏净心也。

  若论自性清净心，本无觉与不觉。今约修明觉，而先言不觉者何耶？我辈凡夫，久在迷途，从来不觉。将欲导归觉路，必须先破迷因，所以先约迷真起妄说也。

  此义云何句，承上文征起。谓字以下，释词也。一切凡夫，本具自性清净心，为成佛种子。然此性虽在凡不改，而有随缘之能。以随缘故，为缘所熏，因熏而变。故曰：一切诸佛本在凡时，心依熏变也（变，即随缘之义，非其性体有变也。此理须认清）。夫心既随缘受熏，因缘有染净，熏变即有染净。可怜凡夫，眼所见者，无非妄色。耳所闻者，无非妄声。六根所对，多是染缘。当此之际，因一念不觉故，其心自动。动即真妄和合，转成阿赖耶识。由是而妄分能所，既有能见显现，遂有所见虚状，故曰不觉自动，显现虚状。此即《起信论》，依不觉生三种细相之义也。盖不觉，即是根本无明，乃因地上之无明也。亦名迷理无明，迷心无明，又曰因中痴（无明，为三毒中之痴）。本书名为子时无明，住地无明。子者，种子。子时者，种子力用显现之时。盖种子若不起现行，力用不显也（子时无明，与下文果时无明，此二名，本于天亲菩萨《十地经论》）。住地之义见前。自动，即是业识，即阿赖耶识也，《起信论》名为业相。显现，即是见分，《起信》名为能见相，亦曰转相，本书谓之似识种子。虚状即是相分，《起信》名为境界相，亦曰现相，本书谓之似尘种子。似识似尘二种种子，本书复立总名曰虚状种子。盖就其虚幻而言，则曰虚状。就其成种而言，则曰种子。若就其成果受报而言，则谓之虚状果。虚者，非实。相者，相状。此不实之相状为何？就其粗而易见者言之，即凡夫之五阴六根六尘是也。五阴者，色受想行识。六根者，眼耳鼻舌身意（书中用及以二字括之）。六尘者，色声香味触法。亦名似识似色似尘者，本书受想行识四阴为似识（识阴中，六七二识力用最大。故本书似识二字，专约此二识为言。受想行为遍行心所，六七识起时，相应俱起。故本文虽但举六七识，而受想行已包在内。其余触作意等心所，以本文但举五阴，姑略之），名五根为似色（意根摄入识内），名六尘为似尘。似色似尘，即五阴中之色阴也。谓之阴者，覆障之义。五阴中，色阴所摄甚广，凡身心世界一切色法皆是。受阴即受心所，此心所，于根尘相对时，便能领纳摄受。想阴即想心所，能取境分剂，忆持不忘。行阴即行心所，迁流不息，犹如瀑流前后相续。识阴即八识心王。前五识（眼耳鼻舌身）虽具见闻等性，而无分别。其起分别作用，皆第六识功能也。第六识，即意识，以一境为性相，通于善不善无记三性，与五十一心所，无不相应。第七识，梵名末那，即意也，以思量为性相。在凡夫位，恒审思量所执我相。于三性中，是有覆无记性摄。五十一心所与之相应者，共有十八种。第八识，即阿赖耶识，所谓藏识是也。功能摄藏种子，是无覆无记性。虽去后来先，作主人翁，而常为他力所牵。故吾人之从迷入迷，或转凡入圣，全仗六七两识之力。随净则为功首，随染即成罪魁。然统八识而言，固以六七识力用为大。若就六七识而判，则六识之力用更伟。故书中似识二字，虽双举六七，而说六识处偏多。以进修止观功夫，尤藉六识以为胜用也。然则何故称为似识？谓此两识，在凡夫位中，不了唯心。起迷逐妄，无非虚幻，故谓之似。又此两识随缘熏变时，受想行三，实为助成。此三乃是心所，而非心王，因谓之似。至于色尘有即非有，名之曰似，其义易知。何谓不了唯心？因凡夫不悟常住真心性净明体，于受想行识念念发动时，即不了知内外一切似色等法，但是一心所作（等者，等于似尘。不了，即果时无明）。夫彼似色等，皆是一心所现虚相，本无实体。以不了故，妄执虚相（即下文之妄想也），以为实有（即下文之妄境界）。如风动水成波，妄执波相，而不知全波是水也。所以佛在鹿苑初转法轮，先说苦、空、无常、无我，令知三界火宅，使生厌离。一时闻者，因了一切诸法无非虚妄，不生妄执，即得证道，成罗汉果。我辈凡夫，所以久沉苦海不能脱离者，无他，皆由内执识心为我，外执身为我所。妄执之时，即复还熏自性清净心。令此性净真心，全体变为我及我所，是之谓全真起妄。从迷入迷，遂致无始至今，以本具之佛性，流转五道，成为众生，是故世尊说为可怜悯者。然而全身是病，尚不自知。以不知故，虽遇良医说明，犹复将信将疑。殆哉殆哉！诚足悲矣！

不了之义，与不觉自动之不觉二字不同。不觉是根本无明，本书谓之子时无明是也。不了乃枝末无明，即见思惑，亦名迷境无明，迷事无明，又曰缘中痴。本书谓之果时无明，盖果报上之无明也。

此科前半，明三细之生起。后半（由此似识念念起时，至以为实事），明由三细而有六粗之生起，即是子无明起现行，而成果无明也。末二句，则明果无明起现行，还熏净心，又成子无明也（下科更详言之）。因既成果，果复为因，因果相生，盖自无始以来从无间断，此众生之所以久在迷途也。悲夫！

> 然似识不了之义，即是果时无明，亦名迷境无明。是故经言：于缘中痴。故似识妄执之义，即是妄想。所执之境，即成妄境界也。以果时无明熏心故，令心不觉。即是子时无明，亦名住地无明也。妄想熏心故，令心变动，即是业识。妄境熏心故，令心成似尘种子。似识熏心故，令心成似识种子。此似尘似识二种种子，总名为虚状种子也。

似识不了，解已见前。即是者，言不了之义，即是果时无明，非别有也。果时者，成果之时，谓不觉为因，不了为果。以其不觉，所以不了也。此之无明，他书名为枝末无明。今曰果时者，谓如树所生果，果中有仁，仁复为种。用果时二字为名，即明其成果之时，已含有还复成种之理在，义甚精妙。上科文云，不了似色等法。不了即是迷义，色即所迷之境也。故果时无明，亦名迷境无明。是故下，引经为证，证成迷境之义也。盖一切境界，无非缘生，痴即不了。所以迷境无明，于缘中痴两名，立义正相同也。故字承上文而言，谓似识不了，必起执见。所以似识妄执之义，即是妄想。而有能执，即有所执。其所执者，即成妄境界也。此中似识不了，似识妄执，赅括《起信论》之智，相续，执取，计名字，起业，五种粗相。妄境界，即第六粗，业系苦相也。

似识，本依他起性，若不计执，即圆成实性。亦有何病？病在不了耳。以不了故，于七识起思，于六识起想，于前五识起受。既有能执之妄想，便有所执之妄境，于是造业受苦，不得自在。若能了达凡所有相皆是虚妄，但是心作，则惑、业、苦、息，意识即转成无尘智，得大受用。如或未然，岂但造业受苦而已，且将由粗入细，果子相生，流转无尽，招苦遂无穷矣。如本文以果时无明熏心故四句，是言由枝末之不了，熏成根本之不觉也。盖六识念念分别，七识念念执我，八识即时时藏摄，而令性净真心，不能自觉。此明果无明熏成子无明也。如果中之仁，既不坏烂，即又生根发芽矣。熏心二字，即上文还熏净心之义。子时，住地，义均见前。妄想至业识三句，是言妄想熏成业识也。变者，依熏而变也。动字，即不觉自动之动。盖粗中妄想，即是似识妄执（上文云，似识妄执之义，即是妄想是也），以妄执故，而令净心举体变动，以成业识。此为六七现行，反熏第八而成现行，即三细中之第一业相是也。妄境熏心故两句，是言妄境熏成境界相也。粗中妄境，即五根六尘，名为似色似尘。今言似尘种子者（似尘兼似色言），谓由妄境界，熏第八识而成境界相。此即三细中之第三现相，亦名相分是也。似识熏心故两句，是言似识熏成能见相也。粗中似识，指六七识，及受想行诸心所言。今曰种子，则熏第八识而成能见相矣。此即三细中之第二转相，亦名见分是也。似尘似识，既熏第八识成种。故末二句，复出其总名曰虚状种子。既名种子，又名虚状者，以见相二分，皆由不觉自动而起，本来非实故也。此科于解释名相中，兼释上科还熏净心，果复成子之义。须知粗既转细，病根愈深，拔除愈难。且由是而细复生粗，粗又转细，如环无端，何时得了。此南岳大师大乘止观之所由作也。

然此果时无明等，曷云各别熏起一法。要俱时和合，故能熏也。何以故？以不相离，相藉有故。若无似识，即无果时无明。若无无明，即无妄想。若无妄想，即不成妄境。是故四种俱时和合，方能现于虚状之果。何以故？以不相离故。又复虚状种子，依彼子时无明住故。又复虚状种子，不能独现果故。若无子时无明，即无业识。若无业识，即虚状种子不能显现成果，亦即自体不立，是故和合方现虚状果也。是故虚状果中，还具似识似尘虚妄无明妄执。由此义故，略而说之云，不觉故动显现虚状也。

此科，先明因合而后成果。是故虚状果中以下，次明果成即还具因。和合成果中，先约六粗以明。又复虚状种子下，更推穷三细以明也。盖上科所云，以果时无明熏心故以下四行文，虽明诸法各别生起，实则诸法相依不离，相藉而有，起必俱起，离即不能现于虚状之果矣。虚状果者，即指凡夫五阴及以六尘（解已见前）。此约六粗，以明和合俱起也。虚状种子，即是见分相分。由于一念不觉转成业识而后有。故曰依彼子时无明而住。先安此句，以为下文虚状种子不能独现果张本。此果字及下文显现成果之果，皆指虚状果而言。盖虽由见相二分，生起六粗。然若无根本无明，即无业识。若无业识，则见相二分，自己尚不成立，何能现果乎？若无子时无明下两行文，即明此理。故结云，是故和合方现虚状果。此推穷于三细，以明和合俱起，方能成果也。由此可知，能执之妄想，所执之妄境，由于似识不了。而似识等种子，实依子时无明而住（即是住地无明，地指心言）。足见心外无法，此吾人进修，所以先须悟得常住真心性净明体也。又可知无明等法，既和合俱起，方能现果。故果中即全具有此等诸法种子，此果子之所以相生不已。是故虚状果中以下一行文，即明此果还具因之理也。还具，犹言旋具。似识，即六七识。似尘，兼似色言。虚妄，即指似尘似识二种虚状种子。无明者，果子无明。妄执，即妄想也。

由此义故下，言前明二熏文中，虽未及详和合现果，果中具因之理。而云不觉自动显现虚状，是于和合互依俱起之义，已略说之矣。

如是果子相生，无始流转，名为众生。

以果熏子，起子现行而成果。以子熏果，起果现行又成子。是为果子相生，如上三科所明是也。果为见思烦恼，子为根本烦恼。无时可指，曰无始。盖欲言其最初之生相，而不可得也。无论子时无明，即果时无明当下之起处，亦莫寻其始相。现在尚且无始，何况最初之一念哉？噫！一念既动，直至现在，惑业苦三，流转生死，此众生之所以为众生也。众生可分上中下言之：上者，三乘圣人，以根本无明为惑，无漏二边为业；中者，三善道，以见思惑，起善业、不动业；下者，三恶道，亦以见思惑，起于恶业。既有惑业，动必招报。故九界无非流转，皆曰众生也。

明得此科之理，当知染法熏心，心变为染。若净法熏心，心即变净。是故以菩萨法熏之，可成菩萨。以佛法熏之，即可成佛。所谓一声南无佛，皆已成佛道也。或看经，或听法，或念佛，或礼忏，即由六根门头，熏入八识田中，令成种子为因。从此由名字觉，发起现行，渐渐进修，而证究竟觉果。所谓以其始觉，合于本觉。此即返妄归真之要道也。其义下文广明。今约迷真起妄成不觉义已竟。

上来所说迷真起妄，云何为真？复云何妄？大众明白么？果能彻底放下，净裸裸，赤洒洒，一念不生。且问真妄在甚么处？若未能直下承当，即须向这返妄归真上，下手用功。所谓修行者，修此行此也。若不依教进修，努力向上，将无出头之日也。要紧要紧！

后遇善友，为说诸法皆一心作，似有无实。闻此法已，

众生昏迷倒惑，而心体不变，是为理觉。知名达义，为名字觉。且问在昏迷中，何以忽尔能觉耶？盖由善根为因，善友为缘，因缘和合，闻得佛法名字。即起思惟，三界皆苦，无一可乐，因而知苦求出，是为发觉初心。即吾人苦极思本，初研佛法之时也。

后者，对前迷时而言。举友兼师，谓之善者，善知识也。为说法由心起，除此一心之外，本无有法。先令悟此，方不致盲修瞎炼，堕堑落坑。非善知识而何？诸法者，即十法界因果之法。佛告何难：诸法所生，唯心所现。《华严经》亦云：佛说上下法，唯是一心作。可知不但世间染法，皆一心作。即十方三世诸佛一切净法，亦吾人自心本具之法。除自心外，无片事可得。但不遇善友开发，种子不能发生耳。

问曰：诸法既由心作，心本无相，一切诸法何自来耶？须知即由不了诸法似有无实来也。不了依他，而起执著。非有计有，迷以为实。前所谓迷真起妄是也。若不执著，当下无有。有即非有，本无真实。故曰似有无实。有善根者，闻此法已，必起思惟。闻者，闻其名，闻慧也。思者，思其理，思慧也。然非修不证，故次名字觉而明观行觉。观行者，修慧也。

随顺修行，渐知诸法皆从心作，唯虚无实。

随所闻之言，顺所言之理，修于观行，是为随顺修行。如此渐渐增进，得伏果时无明，及诸妄想，而与所闻之法少分相应。了知一切诸法，果然如幻如化，如镜中花，如水中月，唯是一虚，本来无实，皆从心作。到此境界，则身心悦豫，四大轻安，是为名字觉成就。凡真修行人，此等境界应当常有也。然此于本觉明妙境界，不过微露端倪而已，未能相似也。何以故？界内见思粗惑，尚未脱落故。故次明相似觉。

此中有通有别者，通惑为三界内凡夫之通病，所谓见思烦恼是也。别惑为三乘圣人界外无明，不与凡共，所谓尘沙烦恼是也。修行人先除通惑，渐除别惑，方与常住真心性净明体渐渐相似，故曰相似觉也。

若此解成时，是果时无明灭也。无明灭故，不执虚状为实，即是妄想及妄境灭也。尔时意识转名无尘智，以知无实尘故。

此字，即指观行觉中诸法心作唯虚无实而言。解者，知解，前但渐知渐解而已。必其三障渐除，见思粗垢脱落，乃云解成（解成，即是观行觉成就）。向在迷时，意识念念分别，不了似色等法但是心作，虚相无实。不了之义，即是果时迷境无明。今修观行，了了证知诸法唯虚。则境迷既破，即是果时无明灭也。果无明既灭，见惑粗垢先脱，无师智相似境界现前，然而思惑仍在也。必其证知我空（不执，即我空），则能执之妄想（业障），所执之妄境（苦障）随灭。正当惑业苦三障空时，意识即转为无尘智，不名为识矣。何以故？向迷尘缘，执之为实。今则知无实尘，即为妙观察智相应品，故转名为无尘智。一切菩萨行门，皆以此智为枢机。即《心经》照见五蕴皆空之照字是也（果无明灭，为小乘初果位，大乘圆初信位。妄想妄境灭，为小乘罗汉位，大乘圆二信至十信位）。此中所灭者，为界内见思正使，其习气及界外见思，于下科别惑中明之。

> 虽然知境虚故，说果时无明灭。犹见虚相之有，有即非有，本性不生，今即不灭，唯是一心。以不知此理故，亦名子时无明，亦名迷理无明，但细于前迷事无明也。以波粗灭，故说果时无明灭也。又不执虚状为实故，说妄想灭。犹见有虚相，谓有异心。此执亦是妄想，亦名虚相，但细于前。以波粗灭，故言妄想灭也。又此虚境，以有细无明妄想所执故，似与心异，相相不一，即是妄境，但细于前。以其细故，名为虚境。又波粗相实执灭，故说妄境灭也。

以正使虽灭，习气仍在，故用虽然二字，承接而下。虽然者，未尽之词也。此文可分三节明之：第一节，谓虽知境虚无实，说为果无明灭，然犹见有境虚之相。虚相者，空相也。不知此相，有即非有。论其本性，本不生灭，唯是一心之所现起。以其不知此理，即是根本不觉（知即是觉，若不知，即不觉矣），名曰子时无明，迷理无明者是也（又名迷心无明）。第二节，谓虽不执虚状为实，说为妄想灭，然犹见有虚相，以为有异于清净之心。此亦妄执，亦是妄想，亦名虚相。第三节，谓既有细无明（即子时无明，言其细于果时无明也），能执之妄想，谓有异心。即所执之虚境，似与心异，相相不一，即此便是妄境也。此中细无明，兼指《起信》三细中之业相。细无明妄想，及其所执之虚境，即是三细中之转相现相也。此三节中，每节之末结之曰，以彼粗灭，故说果时无明灭云云。彼字即指上科，以明上科所言之灭，乃但灭其粗惑耳（即界内之通惑）。

犹见虚相之有，见有二字，即是病根。此为界内见惑习气，及界外见惑。第二三节犹见有虚相谓有异心，及似与心异，相相不一，则不但不知唯是一心而已。虽或知之，犹执虚相之有，谓有异心。能执既然，则所执即相相不一，似与净心有异矣。此中异字，即其执虚之根，即是心外取法，但细于前之执实耳。此皆界内思惑习气，及界外思惑。夫前在迷中，执有实体，是为六凡之通病，故粗。今则解成，但执有虚相，是为三乘之别惑，故细也。又见有虚相，即是法执。譬若上见有佛道可成，下见有众生可度，在凡夫视之，推为圣境矣。而佛眼观之，即是妄想。必其上求下化，无休无息，而不见其有。并不见之见，亦复都无。若其有见，便是妄想，便成妄境也。《金刚经》云："以实无有法得阿耨多罗三藐三菩提，是故燃灯佛与我授记。"又云："我应灭度一切众生，灭度一切众生已，而无有一众生实灭度者。"即此理也。

以此论之，非直果时迷事无明灭息，无明住地亦少分除也。若不分分渐除者，果时无明不得分分渐灭。但相微难彰，是故不说住地分灭也。今且约迷事无明灭后，以说住地渐灭因由。即知一念发修已来，亦能渐灭也。

以此论之下，牒前起后。谓根本细惑（无明住地也，亦即子时无明），虽不与枝末粗惑（即果时无明）同灭。但粗惑既灭，细惑亦少分除。若不下，因末验本，略明其理。谓何以知其少分除耶？盖果时无明，即是不了。子时无明，即是不觉。今既了达诸法心作，唯虚无实，圆解成就，非迷时全不觉知者可比。即此便是住地无明渐除之相。若不分分渐除，则是依然迷而不觉。必不能大开圆解，了达诸法是虚。即果时无明，何能分灭耶？然今但说果时无明灭，而不说住地分除者，以其觉相甚微（习气未除，即是觉相微也），未能全彰，故不说耳。今且下，从后追前，略明其由。谓今于果时无明灭后，知其住地渐灭者，以其圆解已成，证相似觉也。然则当其在观行位，发于一念进修之心时，是心即是发觉初心，即可知其自彼时来，住地无明亦已渐灭矣，何况今至十信位耶？一念二字最要，言其发修已来，只此一念，更无杂念。若不如此，何能解成？由此可知，持诵弥陀圣号，其要妙惟在一念。如能一念念佛，即能圆伏五住烦恼。若或未然，念既不一，则一边念佛，一边起烦恼，何能做到一心不乱，未免徒劳辛苦矣。又经教但言界内见思灭时，圆伏界外尘沙（即见思细惑），不言渐灭。今知但以相微难彰，所以不言。实则若非分分渐灭，即亦不能圆伏耳。

> 此义云何？谓以二义因缘故，住地无明业识等，渐已微薄。二义者何？一者，知境虚智熏心故，令旧无明住地习气及业识等渐除也。何以故？智是明法，性能治无明故。二者，细无明虚执及虚境熏心故，虽更起无明住地等，即复轻弱，不同前迷境等所熏起者。何以故？以能熏微细故，所起不觉，亦即薄也。以此义故，住地无明业识等，渐已损灭也。

此义云何句，牒前标起。前云果时无明灭，住地亦少分除者，何故耶？以有二义为其因缘也。不然，住地及业识等，不能渐薄。等者，等于虚状种子等也。云何二义？一约知境虚智熏心义。以明能熏之智是明，性能对治无明，故令原有之住地渐除。二约细无明虚执等熏心义。以明能熏之力轻弱，不同迷境力强，故新起之不觉亦薄。以有此二因缘义，所以住地无明等渐灭也。

知境虚智，即无尘智。约迷境言，名为意识。在观行位，此识渐知诸法唯虚，转名知境虚智。至相似位，见思粗垢脱落，圆解成就，复转名为无尘智。吾辈修行，宜常将所知之境虚道理，存于心中，反熏净心。盖知境虚是智，智乃明法如灯，无明则如暗。以灯照暗，无暗不明。古德云：千年暗室，一灯能照。可显智性能破无明之理。无明既破，尘暗即无。故转名无尘智也。

细无明，即子时根本无明。虚执，即上文见有虚相，此执亦是妄想者是。虚境，即上文细无明妄想所执，以其细故，名为虚境者是。细无明等能熏力弱，所起不觉即薄者，譬如暗主不为愚仆所耸，横暴即为损减是也。

> 如迷事无明灭后，既有此义。应知一念创始发修之时，无明住地即分灭也。以其分分灭故，所起智慧分分增明，故得果时迷事无明灭也。

此义者，指上文二义因缘而言。谓于果时迷事无明灭后，既以有此二义故，住地无明等渐已微薄。即可例知未灭以前（即是观行位一念创始发修之时），亦必有能熏之智分明，及能熏之无明分弱二义，而使无明住地分灭也。以其下，复换言以申明之。谓自一念创始发修以来，以住地分分灭故，所起智慧乃分分增明。不然，果时无明何由得灭，而登圆十信耶？此以结成上来因末验本文中，若不分除不得分灭之义也。分分增明，谓自观行觉至相似觉，分分增进。遂由知境虚智，转为无尘智。智是明法，故曰增明也。

行人修到相似位，为内凡位。从此更进，即转凡入圣，即是转入分真位。以南岳大师之功行，尚复谦示仅居铁轮（即相似位也，一名六根清净位），可见由凡夫证入此位，实非易易。相似云者，言不过与常住真心相像而已，犹未证真也。故继此而明分真觉。分真者，分分证真，亦曰分证。

> 自迷事无明灭后，业识及住地无明渐薄故，所起虚状果报，亦转轻妙，不同前也。以是义故，似识转转明

利。似色等法，复不令意识生迷。以内识生外色尘等，俱细利故，无尘之智倍明，无明妄想极薄。还复熏心，复令住地无明业识习气，渐欲向尽。所现无尘之智，为倍明了。如是念念，转转熏习故，无明住地垂尽。所起无尘之智，即能知彼虚状果报，体性非有，本自不生，今即无灭，唯是一心，体无分别。以唯心外无法故，此智即是金刚无碍智也。

此科文虽不多，而进修位次，共有四十一，即由初住以至等觉是也（十住，十行，十回向，十地，加等觉，共四十一位）。大众须知，何以进修要历许多位次？实因凡夫自无始时，一念不觉。由是而子果无明，相熏相生，惑业苦三，连环不断。直至于今，已历尘沙劫数。病根深固，岂易拔除。所以返妄归真，必须辗转熏修，辗转增进，方能拔尽病根也。可见吾人，但令一念不觉，回头甚难。如给孤独长者，造祇桓精舍时，掘地见蚁。舍利弗长老，天眼垂泪。悲其从毗婆尸佛时，即堕蚁身。至今第七佛释迦出世，犹未得脱。嗟乎！一失足成千古恨，再回头是百年身。以此蚁观之，岂止百年。恐经过微尘点劫，若不得闻佛法，破我迷梦，那有回头之望。然则我辈幸得人身，又闻佛法，光阴易过，岂可蹉跎。又须知修到初住，方登不退。若不修圆顿法门，须历三大阿僧祇劫，乃入初住。人身易失，恶缘又多，此长劫中，能保自己不退堕么？然则奈何？幸有释迦教我，弥陀接我。但能一心念佛，发愿往生。尽此报身，径赴莲池海会，便是阿鞞拔致。阿鞞拔致者，不退之义，即初住位也。盖净土一宗，乃极圆极顿之法。一修一切修，不历僧祇，亦无渐次，所以能径登不退。我辈幸闻此法，安得不感谢佛恩乎？大众思之，猛进猛进！

迷事无明灭，即上科相似觉所明之十信位。从此业识及住地无明渐薄，乃由初住以上，分分断惑之相。虚状果报，即依正二报。依正皆唯心现，故谓之虚状。内识既渐明利，色尘故渐轻妙。与前三界内之依正染浊，大不同矣。盖圆初住以上，皆居实报庄严土，是依报轻妙也（《弥陀经》所明七宝楼台行树等，尚是凡圣同居土境界，实报庄严，倍复过之）。初住以上大士，三心齐发，三德圆明，光明相好，不可思议，是正报轻妙也。以是义故下，申言似识似色等辗转明细。智慧辗转倍明，习气辗转渐薄，如是辗转相熏，以至住地等渐欲向尽，则证入圆十地矣。又复转转熏习增明，而住地无明垂尽，即等觉位也。至此豁然证知，即此虚状之轻妙依正果报，亦复体性非有。本无生灭，唯是一心，于是全体是智，无有分别。何以故？以唯心之外，无有一法故。至此，无尘智又转为金刚无碍智矣。金刚者，言其坚利。无碍者，无所障碍也。或曰：此中何言似识？答曰：宗圆记谓：此处似识，不同前文指于六七，乃《唯识论》之似尘识，即指第八。然本文云：似识转转明利，乃至无尘之智倍明。玩其词意，仍指六七而言，亦无不可。须知六七二识因中转，未至金刚道后（即未转成金刚无碍智之后），异熟未空，意识尚在。故约其智用言之，仍名无尘智。约体而言，仍名似识也。又似识转转明利者，以分真位中，前五识有天眼天耳神足通，六识有他心通，七识有宿命通，故云明利也。

上言南岳但证相似觉，何以得知分真觉境界？要知圆教大士，最初在名字觉时，虽未起修，便能了达究竟位中义蕴，岂不能知分证境界？何以故？知一切法当体无性，唯是一心，大开圆解故。大开圆解，禅宗名为彻透三关。盖约位，则有分证不同。约悟，则一悟一切悟。昔沩山谓仰山曰：顿悟虽同佛，多生习气深。以习气深故，须分分证真。以顿悟同佛故，前位岂不能知后位耶？

> 此智成已，即复熏心。心为明智熏故，即一念无明习气，于此即灭。无明尽故，业识染法种子习气，即亦随坏。是故经言：其地坏者，波亦随坏。即其义也。

金刚智已成，又复熏心者，以异熟识（即第八识）中，尚有一分微细无明。所谓一念无明习气，即生住异灭四相中之生相，极其微细。前等觉位中，谓住地垂尽。即明其尚有一丝生相，未能净尽耳，须用金刚智断之，而后异熟识空，则住地全坏，彼业识等即亦随坏，而成清净法身，居常寂光土，即究竟觉果位也。是故下，引经以证其义。

此中明智，即金刚智。前明二熏文中云：不觉自动，显现虚状。须知最初不觉，即此中一念无明，所谓微细生相是也。自动，即此中业识。显现者，转相。虚状者，现相。此二，即此中染法。无明生相既灭，则业识染法之种子习气，一切永尽。所谓皮之不存，毛将安附也。

以金刚智断异熟，若论位次，则如我世尊，从兜率降生，示现八相成道。从金刚干慧，历经金刚信、住、行、向、地、等觉，而至金刚，金刚方至究竟妙觉位也（圆教位次，一位摄一切位）。上来初明能觉净心义已竟。

> 种子习气坏故，虚状永泯。虚状泯故，心体寂照，名为体证真如。何以故？以无异法为能证故，即是寂照。无能证所证之别，名为无分别智。何以故？以此智外，无别有真如可分别故，此即是心显成智。智是心用，心是智体。体用一法，自性无二，故名自性体证也。

上来明觉于净心义，全是修证功夫。故分五科详谈。今明净心自觉义，则证无别证，证于自心之本觉；觉无别觉，觉于自心之本具；具无别具，具于诸佛之自证，则唯一离名字相、离言说相、离心缘相之真如本体是已。所谓全体是觉，全体是智，不可思议。然此不可思议之全体，实具于吾人当下之一念，又极浅近。一念即是，非浅而何？当下即是，非近而何？然则众生何不自证耶？无他，向外驰求故。若能彻底放下，回光返照，即可见其少分如如佛性。若欲证到全分，令智慧佛出生，即须从上观行功夫，步步修进；而相似（此位为转凡入圣之枢机），而分真（至此则超凡入圣矣），而究竟（即妙觉），至于究竟，称为佛果，实亦不过复其本有之性而已。所谓"从来真是妄，今日妄皆真。但复本时性，更无一法新"是也。众生所以不能证者，所谓"动静理全是，行藏事尽非"是也。此众生与佛之别也。须知从名字觉至究竟觉，皆是做一复字功夫耳。功夫做到究竟，则无明之种子习气尽坏。生灭虚状，永永泯息。唯一不生不灭净心真体，即寂即照，即照即寂，是名真如。到此地位，真如寂照，性体全彰。别无异法而为所证，所证即真如自体，故曰体证真如。其别无所证者何故耶？因其本无异法而为能证，能证即自体寂照，故曰即是寂照。既无能所，安有分别？故名为无分别智。盖心缘永息，圆智现前。灵峰曰：无分别智，即大圆镜智是也。夫所以谓之无分别者，以此智寂而常照，照而常寂，唯一真如自体，并非此外别有真如为寂为照，而可为之分别故也。盖此常寂常照之智，即是净心显成。故智用是心之用，心体即智之体，体用合一，非有二法也。以自性本无二故，故名为自性体证。上文但言体证真如，今更加自性二字者。显其自性无二，非别有体也。

觉于净心义，是明其以始觉合于本觉，实则始本二觉，唯一净心自觉所显，本无二体。前谓一念发修已来，根本不觉亦能渐灭。又云应知一念创始发修之时，无明住地即分灭也，即本此理。盖一念发修，即是发觉初心。《起信论》云：依本觉故，而有不觉。依不觉故，说有始觉。今既发觉，非其不觉迷根，已呈破裂而何？但约修证功夫，非觉彻心源，不名究竟。觉未究竟，尚以金刚无碍智为能证，清净真如为所证，而有能觉所觉之分。若金刚道后，住地无明尽坏，则始本合一，唯一常住真心性净明体，更无分别。故今于究竟觉后，明净心自觉文中，方出无分别智之义也。前双许二义中：觉于净心，净心自觉，虽言二义，体无别也。详此广释之文，其理当可了然矣。已上辨智慧佛性约修广释竟。

如似水静内照，照润义殊，而常湛一。何以故？照润润照故。心亦如是，寂照义分，而体融无二。何以故？照寂寂照故。照寂，顺体。寂照，顺用。照自体，名为觉于净心。体自照，即名为净心自觉。故言二义一体，此即以无分别智为觉也。净心从本已来，具此智性，不增不减，故以净心为佛性也，此就智慧佛以明净心为佛性。

上来所明觉于净心，净心自觉，二义一体之理，恐或未了。故更举喻显之。喻中言水静内照者，谓动水不能内照，必水澄静相，方起照用。以喻凡夫，自不觉自动以来，昏扰扰相，岂能自照？必其一念发修，具有觉心，方起内照之功也。内照者，内性自照。谓内照自性，非向外驰，即觉于净心义。亦照起内性，不由外来，即净心自觉义。照润义殊下，举喻。谓水有二义：一、照义，是用。照者，水之功能，故曰用也。二、润义，是体。润者，水之湿性，故曰体也。然照润之义虽殊，而常湛一。湛一者，清净不二之义。何以故下，释成湛一。照润润照者，谓照而常润，润而常照，故常湛一也。心亦如是下，法合。谓心亦具二义：一、寂义，是体。心本非动，故是体也。二、照义，是用。内起觉照，故是用也。吾人依寂义修妙止，依照义修妙观，所谓全修在性，全性起修，是也。故寂照之义虽分，而体融无二。何以故下，释成无二。照寂寂照者，照而常寂，寂而常照，故无二也。夫照而常寂，顺体而言。寂而常照，顺用之词。实则用者即体之用，体者即用之体，以用即体故，所以照寂，即是照其自体，名为觉于净心。以体即用故，所以寂照，即是本体自照，名为净心自觉也。故言觉于净心，净心自觉，似有二义，实则唯一净心之体耳，岂有二哉？此觉于净心，净心自觉，所以同名为觉者，即以其觉智本无分别之故，故名为无分别智耳。然无论圣凡，自性清净心中，从本已来，莫不具此无分别智之性。在圣亦不增，但复之耳。在凡亦不减，特在缠耳。以复其本性故，名为智慧佛。以本性在缠故，名之为佛性也。上来南岳不惮劳苦，反覆详辨者，盖欲闻者明此本具在缠之理耳。夫知此智本具，岂可妄自菲薄？又知佛性在缠，即当努力修证。大众须向自性领会，莫负大师婆心。又觉至究竟，名智慧佛。究竟以下皆名佛性。若仅知名字，而不一念发修，则仍执迷未悟，毫无觉心，仍即随业流转。以能成佛之智性，而令随业流转，可惜可惜！大众急宜觉悟，令智慧佛出生，勿负自性也。末句，总结上来初辨智慧佛性之文。

又此净心自体，具足福德之性，及巧用之性。复为净业所熏，出生报应二佛，故以此心为佛性也。

佛有法报应三身。而此之三身，一切众生清净心中，无不本来具足。如上科所明智慧佛性，修之至究竟觉位，即出生法身佛也。此科则明净心自体，复具足福德之性，及巧用之性，是故六度万行，广修福德，因之而出生报身佛矣；善巧智用，回向众生，因之而出生应身佛矣。然自性清净心，虽具足报应二佛性，若不以净业熏之，二佛亦不出生。净业者，佛界清净之业也。凡一切佛法，皆为净业。以净土宗言之，如观想，如持名，如礼拜，以及《观经》所说之三福净业，皆是也。夫修净宗者，初以净念熏其染念，即是观行报应佛出生，便生极乐凡圣同居土。恳切执持，渐至一心不乱，则无明不破自破。迷境烦恼，任运脱落，即相似报应佛出生，便生极乐方便有余土。念至无念而念，念即无念，以念佛心，入三摩地，则豁破无明，即分真报应佛出生，便生极乐实报庄严土也。

又复不觉灭故，以心为觉。动义息故，说心不动。虚相泯故，言心无相。然此心体，非觉非不觉，非动非不动，非相非无相。虽然，以不觉灭故，说心为觉，亦无所妨也。此就对治出障心体，以论于觉，不据智用为觉。

此下二科，皆补释前义以遮难也。前云：以此净心之体，非是不觉，故说为觉心（觉心即是佛性）。又云：心体平等，非觉非不觉。且引《楞伽》为证，复于约修广辨文中，以子果无明俱灭，明其觉义。不得意者，将生难词曰：不觉灭故，说心为觉，则觉义乃是智用，并非性体。若许觉义是体者，又与心体平等，非觉非不觉之义相违也。虽然下，遮词。谓心体平等，说有觉不觉固非，而说无觉不觉亦非也。前引《楞伽云》：若有若无有，是二悉俱离。然则以不觉灭故说心为觉，与心体平等之义亦无所妨。何则？不觉灭故说心为觉者，乃约智慧佛性，具有对治不觉之出障心体，以论于觉耳。不据出障之智用，说其为觉也，则与体义有何妨哉？

出障者，破妄境，出报障；破业识，出业障；破无明，出烦恼障。三障既出，成智慧佛，即妙极法身也。

又复净心本无不觉，说心为本觉；本无动变，说心为本寂；本无虚相，说心本平等。然其心体，非觉非不觉，非动非不动，非相非无相。虽然，以本无不觉故，说为本觉，亦无所失也。此就凡圣不二，以明心体为如如佛，不论心体本具性觉之用也。

难意曰：前云净心之体，非是不觉，故说为觉心。夫非是不觉，犹言本无不觉。既是本无不觉，说为本觉。然前又云：本觉之义是用，用即非体。若许本觉是体者，又与心体平等，非觉非不觉之义相违也。遮曰：非不非，皆堕二边。既许非觉非不觉，是心体平等。则说本无不觉，说本觉，亦与平等义无所失也。盖此本无不觉说为本觉者，乃就如如佛性，以明凡圣不二之在缠心体。并不论及体具之觉用，则与体义有何失哉（如如是平等义，此性出缠，即清净法身也）？此两科文中，如对不觉灭而说为觉，对动息而说不动，对虚相泯而说无相，以及对本无不觉说为本觉，对本无动变说为本寂，对本无虚相说心平等，皆是对待用义，故难者疑非绝待体义。殊不知用是即体之用，体是即用之体，故顺用义，则言体即是言用；若顺体义，则明用即是明体。岂可拘文牵义，妄生偏执。然世间有文字人，最易犯此病。大众须知，无论讲经看经听经，皆须因言悟性，乃得真实受用。若著文字相，虽令辩如悬河，与自性毫无干涉，即与佛法毫不相应，切宜戒之。又须知，本性上离四句，绝百非，本无言说，不可思议。然为四悉檀故，亦何妨说觉说不觉，何妨思何妨议耶！但须离文字即文字，即文字离文字，始得耳。四悉檀者，悉，普遍义；檀即檀那，翻为布施，谓普遍法施，成就众生也。盖如来说法，不外四种：一、世界悉檀，随顺世情，令生欢喜故。二、为人悉檀，对机而说，令起正信故。三、对治悉檀，应病与药，令得法益故。四、第一义悉檀，说诸法实相，令入圣道故。以上广辨中约觉辨竟。

凡经教中释疑之文，皆是度人要术，治病良方。夫愚者安愚，尚少疑病。惟聪明人，疑病最多，且不易治。尔诸大德，发起大心，为自度度人故，即须明理除疑。譬如知方识病，其病自除。此四科文，皆南岳自设问答，苦心度世之良方也。其谛听之。

问曰：若就本无不觉，名为佛者，凡夫即是佛，何用修道为？

答曰：若就心体平等，即无修与不修，成与不成，亦无觉与不觉。但为明如如佛故，拟对说为觉也。又复若据心体平等，亦无众生诸佛与此心体有异。故经偈云：心佛及众生，是三无差别。然复心性缘起法界法门，法尔不坏，故常平等，常差别。常平等故，心佛及众生，是三无差别。常差别故，流转五道，说名众生，反流尽源，说名为佛。以有此平等义故，无佛无众生。为此缘起差别义故，众生须修道。

上文明如如佛中云：本无不觉，说为本觉。此乃依体立说，称理之谈耳。闻者不察，自谓已悟本性，我即是佛，何须修证？误矣误矣！此极大极险之病也。古德云：执性废修，如贫士拾豪家之券。著事迷理，类童蒙读古圣之书。此言著事迷理，远胜于执性废修也。盖童蒙读书，虽不明理，果能熟读，功不唐捐。如愚夫愚妇，只知老实念佛，毫不明净土义理。然能至诚恳切，决定往生。若念至一心不乱，便即暗与道合。彼聪明人谈玄说妙，自以为深通佛理矣。而胸中横有唯心自性之说，不著相之见，遂致佛亦不念，念亦不诚。或虽念而不发愿，如此，即永无往生之日。以视愚人但重事相，居然成就者，相去天渊。譬如贫士，拾得豪富财产契券，不觉大喜，据为己有。殊不知产属原主，徒得空券，毫无实益。经云：如数他家宝，自无半钱分。此是执性废修者，覆车之鉴也。天台家立六即之义，甚为精要，不可不知。六即者：所谓理即，名字即，观行即，相似即，分证即，究竟即是也。众生本来是佛者，理即佛耳。但知名义，是名字即佛耳。必须从此进修，由观行即而至究竟即，方成佛果。汝既悟知名义，则悟后正好修行，何云不修耶？又六即者，若约理言，则六而常即，即本文答中常平等义。所谓心佛众生，三无差别。明乎此，令人不生退屈。若约事言，则即而常六，即本文答中常差别义。所谓流转名众生，返源名为佛。明乎此，令人不起上慢。流转者，随生死流，轮转五道（天、人、地狱、饿鬼、畜生，为五道。按五道六道，诸经开合不同。开则加阿修罗，曰六道。合则摄修罗于天道或鬼道。见《唯识枢要》。又《法华文句》云：修罗有二种，鬼道摄者，居大海边；畜生道摄者，居大海底。则可摄于鬼畜二道也，故只曰五道）。返源者，逆生死流，返溯其源（喻由观行进修，而至究竟）。《起信论》云：觉心源故，名究竟觉是也。学人明得平等义，尤须明差别义。以有此差别义故，所以众生必须修道。若不修道，永远是众生，何名为佛耶？若以净宗念佛法门言之：唯心净土，自性弥陀，所谓理即也。闻得一心不乱，信愿往生等道理，名字即也。发心初念，观行即也。由此念念不已，至于念空真念，则由相似即而达分证即矣。总之，事修即理性之事修，理性乃事修之理性，切不可执性废修，自误误人也。

答中，若就心体平等云云。所谓真如界内，本无生佛之假名。体绝对待，无可言说。但为明如如之体，强为拟对说名觉耳，非谓凡夫即是佛也。又复下，牒平等义，以起缘起差别义。缘起者，遇缘而起。法界者，即理法界、事法界。法尔者，天然也。不坏者，理不坏事，事不坏理也。不坏含有二义：以理事不相坏故，则全理成事，全事即理，故常平等。以理事各不坏故，则理仍是理，事仍是事，故常差别。此非人造，实属天然，故曰法尔不坏。盖当下一念心之性，本是随理事法界而起之法门，所以心性常平等常差别也。

心佛及众生，是三无差别。是引《华严经》偈，以明平等之理。然经偈实亦兼约理事，盖此偈本有八句。云：心造诸如来，及种种五阴。一切诸法中，无法而不造。如心佛亦尔，如佛众生然。心佛及众生，是三无差别。既云心造，非事修而何？或谓心是能造，佛众生是所造，既有能所，云何是无差别义？要知心为能造，则佛与众生为所造；佛为能造，则心与众生为所造（佛造众生，如随类应现，广度群品是也）；众生为能造，则心佛为所造。各各互为能所，此之为无差别也。此义我荆溪九祖辨之详矣。

问曰：云何得知心体本无不觉？

答曰：若心体本有不觉者，圣人证净心时，应更不觉。凡夫未证，得应为觉。既见证者无有不觉，未证者不名为觉，故定知心体本无不觉。

问曰：圣人灭不觉故，得自证净心，若无不觉，云何言灭？又若无不觉，即无众生？

答曰：前已具释，心体平等，无凡无圣，故说本无不觉。不无心性缘起，故有灭有证，有凡有圣。又复缘起之有，有即非有，故言本无不觉。今亦无不觉，然非不有，故言有灭有证，有凡有圣。但证以顺用入体，即无不觉，故得验知心体本无不觉。但凡是违用，一体谓异，是故不得证知平等之体也。

此中双问双答。初疑本无不觉，虽已于前广辨文中发问，然问意不同。如释要所明，前疑全体不觉，今疑双具觉与不觉是也。故其疑意，实趋重于第二问中"若无不觉，云何言灭？若无不觉，即无众生"二语。盖疑情实由上文常差别义生起，意谓既常差别，必是心性常有不觉。而前云本无不觉，云何得知心体本无不觉耶？故释要科目，标为释本有不觉疑者，因此，答词重重释破，最后结以凡圣皆以自性清净心为体。然凡夫不得证知平等之体者无他，由于迷情不觉，违体起用。以致本是一体，谓为有异，此正对机开示之语。盖谓因迷始有不觉耳，非本有也。因迷而有，是虚妄有，故能证灭。若心体本来实有不觉者，即不能灭。则圣人证觉果时，应更不觉。既是觉果还同不觉，等于凡夫。是彼凡夫，得名为觉矣。岂不谬哉！既见证者无有不觉，彼未证者不名为觉，可知不觉因迷始有。有即非有，所以定知心体本无不觉也。

第二问，紧蹑上文生起。一曰若无不觉，云何言灭？二曰若无不觉，何来众生？至此则疑情全吐，执见益坚矣。次答中，就平等差别二义，作三番释破。可约三义显之：一、心体平等下，体无用有。二、又复缘起之有下，实无虚有。三、但证以顺用入体至末，顺无违有。夫平等心体，觉且无名，何况不觉？故以无凡无圣，而说本无不觉。是为体无。此约平等义，说非觉非不觉也。然缘起法门，随净成觉，染成不觉。故有灭有证，有凡有圣，是为用有。此约差别义，说有觉与不觉也。虽然，譬如劳目成眚，幻起空花，所以有即非有，是为实无。此约缘起，说本无不觉也。然既无明风动，性海波翻，不无非有现有，是为虚有。此约缘起，说有凡圣有证灭也。又复若其顺性起修，证入本体，则成圆满大觉，是为顺无。此约顺用入体，明本无不觉也。但因背觉合尘，流转迷途，遂致不认家宝，是为违有。此约违体起用，故有不觉也。明此三义，则心体本无不觉，尚复何疑哉！总之，吾人闻法，是因病求药，不可执药成病。其关键，要在销归自性，得意忘言而已。

问曰：心显成智者，为无明尽故，自然是智，为更别有因缘？

答曰：此心在染之时，本具福智二种之性，不少一法，与佛无异。但为无明染法所覆故，不得显用。后得福智二种净业所熏，故染法都尽。然此净业除染之时，即能显彼二性，令成事用。所谓相好、依报、一切智等。智体，自是真心性照之能；智用，由熏成也。

问者不了平等差别之义，乃是即平等起差别，即差别见平等，故谓之常平等常差别耳。以不了此义故，遂计常平等句，以为自然；计常差别句，以为因缘。因举前释净心自觉之文，以兴问端。曰：前所谓心显成智者，为无明种子等尽坏之故，由于其心本具有自然之智耶？若自然者，何谓缘起差别，则常差别义不成？为更别有熏习因缘，方能无明尽坏而成智耶？若因缘者，何谓心体平等，则常平等义不成？答中乃双破二计，令得融会。如云：本具福智二性，与佛无异。及显彼二性，令成事用，所谓相好依报等，则非因缘也。此显心体常平等义。又云：但为染法所覆，不得显用。及福智二净业，熏令染尽而后能显，则非自然也。此显缘起常差别义。由此可知，虽本具，而为染覆，非熏不显，所以常平等常差别。虽为染覆，非熏不显，而实本具，所以常差别常平等也。末二句结辞。若知体是性具，用由熏成，则平等起差别之义明矣。若知用虽熏成，体本性具，则差别见平等之义明矣。此义既明，自然因缘二计自破也。

自性本具之福德性，能成报身佛；智慧性，能成智慧佛及应身佛。福慧二种净业者，如世间功德，福业也。三宝功德，则福慧兼具。其中若印造经像，修庙供僧等，福业偏多。闻法看教，慧业偏多。相好光明，正报也。国土庄严，依报也。此二，约福德言。一切智等，约慧业言也。所谓见思惑尽，成一切智，即无师智。尘沙惑尽，成道种智，即自然智。无明惑尽，成一切种智，即无碍智也。

问曰：心显成智，即以心为佛性。心起不觉，亦应以心为无明性？

答曰：若就法性之义论之，亦得为无明性也。是故经言：明与无明，其性无二。无二之性，即是实性也。

问者至此，前疑虽释，复疑智固心显，无明亦由心起。则以心为佛性固可。若以心为无明性，应无不可？答谓：若偏就心法之性而论，亦得谓心为无明性。因引《楞伽经》，证其无二。无二者，譬如水之与冰，言相固不一，言性即不异。何以故？同一湿性故。是故智与不觉，言相固不一，言性则不异。何以故？同一心性故。无二之性即是实性二句，犹言性实无二。然则何故独说有佛性，不说有无明性？说有佛性者，令众喜乐，发心修证故。若说有无明性，令众沮丧，毫无利益故。吾人闻性实无二之说，便当转无明以成智，不可认无明即是智。例如水冰之性无二，应知冰销即可成水，不可迷水而认其冰也。已上释佛性竟。

问曰：云何名此心以为法身？

答曰：法以功能为义，身以依止为义。以此心体有随染之用，故为一切染法之所熏习。即以此心随染故，能摄持熏习之气，复能依熏显现染法。即此心性能持能现二种功能，及所持所现二种染法，皆依此一心而立，与心不一不异，故名此心以为法身。此能持之功能，与所持之气和合故，名为子时阿赖耶识也。依熏现法之能，与所现之相和合故，名为果报阿赖耶识。此二识，体一用异也。然此阿赖耶中，即有二分：一者，染分，即是业与果报之相。二者，净分，即是心性及能熏净法。名为净分，以其染性即是净性，更无别法故。由此心性为彼业果染事所依，故说言生死依如来藏，即是法身藏也。又此心体，虽为无量染法所覆，即复具足过恒河沙数无漏性功德法。为无量净业所熏故，此等净性，即能摄持熏习之气，复能依熏显现诸净功德之用。即此恒沙性净功德，及能持能现二种功能，并所持所现二种净用，皆依此一心而立。与心不一不异，故名此心为法身也。

此第四释自性清净心，又名法身之所以也。凡立一名，含义匪一，即各有所取。如法身二字，寻常释法为轨持，谓摄持之轨则也。如长短方圆等，是取体义。释身为积聚，谓积而聚之。如积聚五阴，和合四大等，是取用义。本书以功能释法，则为用义，盖举体起用也。以依止释身，则为体义，盖摄用归体也。此科文长，兹先分出章段，令易体会。自问曰至依止为义，乃标示名义也。自以此心体至显现染法，释功能义。自即此心性至不一不异，释依止义。故名此心以为法身句，结成。此初约染分，以名法身义也。又自此能持之功能，至果报阿赖耶识，明功能之体状也。此二识体一用异句，明依止之体状也。自然此阿赖耶中，至名为净分，为牒染标净明有二分。盖法身一名，含有具足随染随净二种功能，及染净二法皆以此心为所依止之义。以上既明染分，以下须更说净分也。自以其染性，至更无别法故，明此心能随染净及染净皆依一心之所以也。自由此心性，至即是法身藏也，结前染分，兼明如来藏、法身藏，名异实同。自又此心体至功德之用，释功能义。自即此恒沙至不一不异，释依止义。末句结成。此次约净分，以明法身义也。

约染分明功能义中，先明能随，继明能摄，更明能现。以能随故，为染所熏。以能摄故，染法不失。以能现故，染法显现。具此三能，染法成就矣。明依止义中，谓能持能现二种功能，固依一心而立。其所持染熏之气，与所现之染法，亦皆依一心而立，与心不一不异者。盖就心体言，本无能所，故与心不一。而就能所言，皆依一心，故与心不异也。此中但举能持能现二种功能不及能随者，以由能随而后有能持，言持则随自见矣。故名此心以为法身句，总结上文。此约染分结法身义。若对净分言，此为在缠之法身，即如如佛也。

明功能体状文中，初约能持所持以明体状。能持与所持和合句，言其状也。气字，即上文熏习之气。能持之能，即是心依熏变，所谓能持之功能为因，所持之气为缘。此之因缘和合，即是三细中之业相，亦名业识是也。名为子时阿赖耶识句，出其体也。次约能现所现以明体状。能现与所现合和句，言其状也。能现所现，即所谓妄分能所，为三细中转现二相，本书说为显现虚状是也。名为果报阿赖耶识句，出其体也。此之三细，同以第八识为体。起即俱起，极其微细，故同名阿赖耶识。然对转现言，则业相是因。对业相言，则转现是果。故上名子时，此名果报。然此尚是界外无明，所谓见思细惑（以其俱名阿赖耶，是专就三细说故也）。由此而生起六粗，则为界内粗惑矣。明依止体状文中，此二识，即指子果二阿赖耶识。体一者，出体。名虽有二，而同是阿赖耶，故言体一。用异者，显状。子阿赖耶能持，果阿赖耶能现，故言用异也。

明有二分文中，一者染分下，牒染也。业者，业相。果报者，转相现相，即是子果阿赖耶识，上文所明者是也。二者净分下，标净也。即是心性者，谓即是此心随缘不变之性也。能熏净法者，即诸佛清净之业。《起信论》心生灭门中云：依如来藏故，有生灭心。所谓不生不灭与生灭和合，非一非异，名为阿赖耶识。又云：此识有二重义：能摄一切法生一切法。云何为二？一者觉义，二者不觉义。须知生灭即不觉义，为染分。不生灭即觉义，为净分。夫《起信》言能摄能生，此中言能持能现。《起信》明二种义，此中明有二分，其理正同也。以其染性即是净性更无别法句，明其所以也。盖染净同依心性而起，故曰即是，曰更无别法。须知心中本无染净，而具随染净缘之能。无以名之，姑说为有染净二分耳。岂染外更别有净，净外更别有染哉。结前染分文中，由此者，由此心性随缘之义也。心性为彼业果染事所依者，结前随染。盖由此心性随染，故为染事所依。既为染事所依，所以生死流转。生死依如来藏者，正明染净同依一心更无别法之义。即是法身藏者，兼明二名名异实同。以二名皆以性具染净义而立故也。自又此心体下，释净分功能依止，寻文可知。无量染法者，心体为见思尘沙无明烦恼，及业苦等障所覆，故曰无量。过恒河沙者，恒河之沙绝细，其数无量。经中凡言恒河沙，皆喻无量数。过者，超过也。无漏者，圆满之意。上用虽字，下用即复字，乃显随缘不变之义，所谓性净不改也。此之净性，本来具有无量无漏净法功德，故曰性功德法。夫吾辈凡夫在染之时，其一心中复有超过无量数之圆满净性功德，当下即是。一念具足者，所谓理具三千也。自发觉初心以后，以净业熏之。如四谛，十二因缘，三十七道品，乃至慈悲喜舍，六度，十八不共等，所谓事造三千也。然净业无量，可以福慧二字赅之。以为此净业所熏故，性净渐显。此等净性，复能摄此净熏，显现净用，而成佛果。然此本具之无量性净功德，及持现之功能事用，亦实皆同依一心而立，与心不一不异也。末句结成。此约净分结法身义，若对染分言，此为出障之法身，即清净法身，妙极法身也。

问曰：云何复名此心为如来藏？

答曰：有三义。一者，能藏名藏。二者，所藏名藏。三者，能生名藏。所言能藏者，复有二种。一者，如来果德法身。二者，众生性德净心。并能包含染净二性，及染净二事，无所妨碍，故言能藏名藏。藏体平等，名之为如。平等缘起，目之为来。此即是能藏名如来藏也。第二所藏名藏者，即此真心，而为无明壳藏所覆藏故，名为所藏也。藏体无异无相，名之为如。体备染净二用，目之为来。故言所藏名藏也。第三能生名藏者，如女胎藏，能生于子。此心亦尔。体具染净二性之用，故依染净二种熏力，能生世间出世间法也，是故经云：如来藏者，是善不善因。又复经言：心性是一，云何能生种种果报？又复经言：诸佛正遍知海，从心想而生也。故染净平等，名之为如。能生染净，目之为来。故言能生名如来藏也。

有三义者，谓如来及藏，各有三义。初明能藏义，如来修圆性显，故约果德法身以明能藏。众生有性无修，故约性德净心以明能藏。果德者，法身，般若，解脱，为如来果上三德。性德者，正因、了因、缘因三佛性，为众生性具三因。今言果德因心，并能包含染净二性二事。盖如来具净性故，所以常乐我净，而显相好庄严。具染性故，所以能入六道，而现随类应身。众生具净性故，所以能发觉、除妄、证真。具染性故，所以能起惑、造业、招苦也。平等心中，隐含二性。对缘即应，非一非异，是之谓无所妨碍。此明能藏名藏之义。又能藏之体，圣凡平等，即名为如。随缘生起，事用繁兴，故名为来。此明约能藏义名为如来之所以也。次明所藏义，上以真心为能藏，染净为所藏。此以无明为能藏，真心为所藏。谓之壳藏者，卵内生机，具足飞腾之性，孵化即出。喻染中真体，具足恒沙功德，熏习即显。此明所藏名藏之义也。藏体无异无相者，谓虽曰真心为无明妄想所覆故，名为所藏。然非真心体别有异，体别有相。何则？全妄即真，故无所异。全真起妄，故别无相也。以其无异无相，故名为如。即此所藏之体，备具染净二用，目之为来。此明约所藏义名为如来之所以也。三明能生义，以胎藏喻心体，以子喻染净之用。胎藏以孕育功能，能生于子。喻心依染净熏力，能生世出世间之法。是故下引《楞伽》、《华严》、《观无量寿》三经证之。善不善因者，言其能生善恶业报也。心性是一，是不变体，能生种种果报，是随缘用。正遍知海者，言如来正知，竖穷横遍，如海之无底无涯。从心想生者，所谓是心是佛，是心作佛。此明能生名藏之义。染净依心，心本平等，为如；染净之用，唯心能生，为来。此明约能生义名为如来之所以也。

问曰：云何复名净心以为法界？

答曰：法者，法尔故。界者，性别故。以此心体，法尔具足一切诸法，故言法界。

法界二字，或约理体，或约事用，诸家释义不同。以理事融通，性修不二，故可作种种释也。如通常释法曰诸法，是约体义。释界曰界限，是约用义。此中以法尔释法，即下文所云法尔具足，是就能具边说，属用。以性别释界，即下文所云一切诸法，是就所具边说，属体。盖以此心，天然有染净二性，所以具足十法界差别因果。故曰法尔具足一切诸法，此名心为法界之义也。文并可知。

问曰：云何名此净心以为法性？

答曰：法者，一切法。性者，体别义。以此净心有差别之性，故能与诸法作体也。又性者，体实不改义。以一切法，皆以此心为体。诸法之相，自有生灭，故名虚妄。此心真实，不改不灭，故名法性也。

释此法性，义有两重。初约不变随缘释，三千性相，俱名为法，故曰一切。体别者，心体不变，起差别用。今曰体别，顺用而说也。谓诸法无体，唯此净心具有染净差别之性，能与诸法作体，故名此心以为法性也。次约随缘不变释，法仍前义。性者，体实不改，谓心体真实，性净不改也。彼一切法，有生灭相。如依报有成住坏空，正报有生老病死，故皆名虚妄。唯此真心，既不改变，故无生灭。所以一切诸法，以之为体，故名此心以为法性也。

> 其余实际实相等无量名字，不可具释。上来释名义竟。

经教中自性清净心之异名，数多无量，如实际实相等皆是，不可具释也。末句结第二释名义已讫。实际者，真实无际。实相者，实无妄相也。

> 次出体状。所言体状者，就中复有三种差别：一举离相以明净心，二举不一不异以论法性，三举二种如来藏以辨真如。虽复三种差别，总唯辨此净心体状也。

何谓体状？即形体相状也。前出七名，皆是自心本来面目。吾人既闻其名，复知其义，不辨其形相可乎？世出世间一切法，差别之相甚多。若不辨明，必致误认。且大乘止观，必依止净心而修。心体形相既未辨清，即无依止之境。云何修证？以此义故，本科所以广辨，大众即须悉心而听也。

就中三种差别，初明离相者，为从假入空。须知一切法可于有相中求，净心必于离相中悟。《金刚经》云：若见诸相非相，即见如来。何以故？凡所有相，皆是虚妄故。诸相非相，即明离意。如来即是净心也。次明不一不异者，为从空入假。离而不即，乃不一也。即而不离，乃不异也。既明离义，须更明即义，方能不堕偏空。所以古德又云：不见诸相非相，即见如来。此是明即义也。三明如来藏者，如来藏兼如实空、如实不空而言。上言不一不异，尚恐学人自生隔别，故复双明空不空义，则不即不离，融归中道第一义谛矣。净心，法性，真如，异名同体。今单举离相以明净心等者，何耶？曰顺文便故。盖净心之名，于离相义便；法性之名，于不一不异义便（不一不异，为真实性故）；真如之名，于空不空义便（《起信论》本约真如明二藏，今故以二种如来藏转辨真如），故顺名偏举耳，实则总唯辨此净心。上来广陈名义，名即名其体也，义即体之义也。得意者，闻名思义，便了得净心体状。若或未然，则恐偏执名义，不能会归一体。故复于此融会辨释，而令闻者忘言悟体，销归自性，此大师之苦心也。是故当知净心体状本来离相，本与诸法不一不异，本是如实空、如实不空。又复初句离是真谛，次句即是俗谛，三句不即不离，是中道第一义谛。七名中虽仅举三名，实则净心无量名字，以此三谛会其体状，罄无不尽。观其以如来藏释真如，便可悟知名虽不一，理本互通，总唯辨此净心而已。会得此旨，自性清净心体状，仿佛现前，则名名归体，义义知宗。从此发足精进，便是由名字觉入观行觉。而不著二边，宛合中道，便是大乘圆顿行门。其造诣何可限量哉！末二句，结指总唯辨明心体，令闻者自悟净心之意。

第一明离相者，此心即是第一义谛真如心也。自性圆融，体备大用。但是自觉圣智所知，非情量之能测也，故云言语道断。心行处灭，不可以名名，不可以相相。何以故？心体离名相故。体既离名，即不可设名以谈其体。心既绝相，即不可约相以辨其心。是以今欲论其体状，实亦难哉。唯可说其所离之相，反相灭相而自契焉。所谓此心从本已来，离一切相，平等寂灭。非有相，非无相，非非有相，非非无相，非亦有相，非亦无相，非去来今，非上中下，非彼非此，非静非乱，非染非净，非常非断，非明非暗，非一非异等，一切四句法。总说乃至非一切可说可念等法，亦非不可说不可念法。何以故？以不可说不可念，对可说可念生，非自体法故。即非净心，是故但知所有可说可念不可说不可念等法，悉非净心，但是净心所现虚相。然此虚相，各无自实，有即非有。非有之相，亦无可取。何以故？有本不有故。

若有本不有，何有非有相耶？是故当知净心之体，不可以缘虑所知，不可以言说所及。何以故？以净心之外，无一法故。若心外无法，更有谁能缘能说此心耶？是以应知所有能缘能说者，但是虚妄不实，故有；考实，无也。能缘既不实故，所缘何得是实耶？能缘所缘皆悉不实故，净心既是实法，是故不以缘虑所知也。譬如眼不自见，以此眼外，更有他眼能见此眼，即有自他两眼。心不如是，但是一如，如外无法。又复净心不自分别，何有能分别，取此心耶？而诸凡惑分别净心者，即如痴人大张己眼，还觅己眼。复谓种种相貌，是己家眼，竟不知自家眼处也。是故应知有能缘所缘者，但是己家净心为无始妄想所熏故，不能自知己性，即妄生分别。于己心外建立净心之相，还以妄想取之以为净心。考实言之，所取之相，正是识相，实非净心也。

此科文长，须分四节明之。自第一至难哉，为第一节，明净心是自觉圣智所知，本难言说。自唯可至所知也，为第二节，是明于无可言说中，唯可说其所离之相，令当人反相灭相以自契。自譬如至眼处也，为第三节，举喻，明张眼觅眼，即迷眼处。自是故至实非净心也，为第四节，合法，明起心觅心，即非净心。

第一节中，初两句总标。此心者，即自性清净心也。离四句，绝百非，无相不相，名第一义。真实不虚，名之为谛。不妄不变，名为真如。吾人心体本来如是，故曰此心即是第一义谛真如心。文殊菩萨曰：法筵龙象众，当观第一义。须知诸佛菩萨，历代祖师，说法弘经，皆是以文字语言为方便法门，藉以显此第一义谛。而文字语言，乃第二义，非第一义也。是故今日法众，闻此大乘止观曲示心要法门，若不即文字离文字，何能明得第一义谛。昔我释迦说法四十九年，而曰未曾说着一字，即是令凡夫离去名字言说心缘之相，乃能领会第一义谛耳。《维摩经》中，三十二大士说不二法门，及至维摩，默然无说。文殊曰：此真不二法门也，亦是此意。虽然，实际理地，不染一尘。佛事门中，不舍一法。得意者，说亦是，不说亦是。何以故？自性圆融故，体备大用故。圆融者，空假中三谛圆融。若偏空、偏假、但中，皆非圆融也。圆融即是第一义谛。若约教而论，非圆非融是藏教，融而不圆是通教，圆而不融是别教，即圆即融为圆教也。约自性言，竖穷横遍，无不赅罗，曰圆；无挂无碍，自在解脱，曰融。体备大用者，所谓具足过恒沙无漏性净功德是也。然此圆融之自性，体备之大用，惟独圣人转识成智，净心自觉之所证知。本非业深障重之凡夫，用其识情度量，所能窥测。《圆觉经》云："以轮回心，起轮回见。入于如来大寂灭海，终不能至。"即此理也。近世哲学，不外情量。若欲用彼法门以测佛法，是南辕而北辙也，不可不知。昔有僧问师：如何是本来面目？师曰：离四句，绝百非。又请的指西来大意。师曰：汝须放下着，谓须放下心意识也。若用识情格量，云何能知西来大意？即云何能知净心。盖本来面目，直是不可思议。不可议者，言语道断，口欲言而词丧，不可以名言名之也。不可思者，心行处灭，心欲缘而虑亡，不可以相状相之也。古人悟道时，有云：一念不生全体现，六根才动被云遮。故欲本来面目全体显现，正须于不思不议一念不生之际，惺然自证。何以故？心体本来离名绝相故。既无名相，云何可用名相以谈心体？然则今欲强言心体相状，岂不甚难哉！此第一节之义也。

第二节中，反相灭相者，反相是即流寻源，即生灭之流，溯不生灭之源也。谓正于起心动念时，当下回光返照，究其起处。宗下参父母未生以前，即是反相功夫。灭相是停波得水，波喻妄想，水喻净心，波停水静，喻妄想灭则净心显。所谓不思善，不思恶，正恁么时，当下领会。夫善恶一切不思，即诸相灭矣。曰反曰灭，即是离相功夫。诚以净心无可言说，惟有反相灭相，离之罄尽，以自契悟耳。何以故？此心本来离一切相，平等寂灭故。平等者，无相不相。寂灭者，即此无相不相之名言，亦不可得。《法华经》云："诸法寂灭相，不可以言宣"是也。非有相下，正明所离之相。非者，离也。有无四句，皆是识情度量，故当远离。此所谓离四句也。《楞伽经》约此四句，开为百句，是为绝百非。四句能离，百非自绝。去来今，约三世言。净心古今不变，奚有三世之分。此即《金刚经》"过去心不可得，现在心不可得，未来心不可得"之意。上中下，约根性言。净心人人具足，岂是根性所限。彼此，约自他言。平等不二，何云自他？亦约方所言。心量周遍，并无方所。动静，约迁流言。自性本寂，岂落动静。染净，约世出世言。生死涅槃，犹如昨梦，有何染净。非常断者，不落边见也。非明暗者，非觉非不觉也。非一异者，一异皆执情分别也。等者，世间一切名相，不可殚述。皆属情见，皆应远离，故以等字赅之。又去来今等，每句各可开为四句。如有去来今，无去来今，以及非有非无，亦有亦无等，故曰一切四句法。此一切四句法，皆是可说可念之法，皆落名相，皆应离之。不但此也，总说乃至一切可说可念等法，亦皆离之；一切不可说不可念等法，亦复离之。因不可对可而生，皆属对待，是生灭法。即非净心，以净心自体，本是绝待，本无生灭故。是故当知，所有对待生灭等法，悉是净心所现之虚相耳。既是虚幻，可知各各无自实体，有即非有，何所可取？故应离也。且既是有本不有，则即此有与非有之名相，亦属假设，亦应离也。是故当知，所有分别（缘）、思想（虑）、名言、谈说，悉是一心所现。除心之外，别无一法。以悉由心现故，则净心之体，岂是缘虑所能知，言说所能及。以心外无法故，则净心之体，复更有谁能缘之能说之耶。盖所有能缘能说者，但是心现虚相，不实故有（即非有现有之意）。考其实体，皆本无也。能缘者既非实法，其所缘者岂是实法。然此净心，乃是真实不虚之法。是故必须反其虚相，灭其虚相，方能契合领悟耳。《圆觉经》云：心如幻者，亦复远离；远离为幻，亦复远离；离远离幻，亦复远离；得无所离，即除诸幻。此节所明，即是此旨。须知所离之相固应离，能离之念亦须离，一离彻底，是谓得无所离。得无所离，当下真心显露，真露即是幻除也。昔文殊以无言遣可言，维摩以无言遣无言，所以必须遣之又遣，离之又离者，以众生处处著耳。著即有住，住即有取，生死流转，悉由于此。所以修行人最初下手，必须从假入空，修离相法，治其著病。悲哉凡夫！无始以来，攀缘不息。今虽闻知离相，云何能离？我佛慈悲，复有胜异方便，教以执持弥陀圣号。盖念佛之念虽亦是幻，然与迷著世情之幻，一净一染，霄壤悬殊。以净是顺用入体，染为违体起用故也。是故由念佛发愿生西故，渐得远离尘幻。由坚执持远离尘幻故，染念销融，净念纯熟，则见思烦恼，一旦脱落，不假方便，自得心开，是为以幻修幻法门。《圆觉经》云：譬如钻火，两木相因，火出木尽，灰飞烟灭，以幻修幻，如是如是。此净土之所以万修万人去也。近来念佛人，每苦幻想甚多，念佛不得力，而欲别求方便。不知正由念佛不着力，所以幻想多耳。一句弥陀，正是离幻方便。幻想起时，紧提佛号，幻想自无存身处。《圆觉经》云：善男子，知幻即离，不作方便。离幻即觉，亦无渐次。一切菩萨，及末世众生，依此修行，如是乃能永离诸幻。念佛诸善人，当明此旨，加紧念去，勿以幻念为虑也。

第三节举喻中，初异喻，次同喻。异喻者，眼不自见。以有自他之眼，故他眼能见自眼。然心不如是，心必自契。虽有自他之心，而他心不见自心。何以故？眼有相，心无相故。心既无相，则两心相合，如空合空，但是一如，如外无法，可知净心必当离相自契矣。又复下，同喻。谓净心本无分别，岂有以能分别者，取此净心之理。而诸凡夫愚惑，分别净心者，即如痴人张眼觅眼，复谓种种相貌，是己家眼，竟不自知眼处。此喻凡惑不但分别净心，且认能分别者，即是净心。须知不觅则当下即得眼处，觅即向外驰求，岂知眼处？

第四节合法中，但以同喻为合也。前谓不能分别净心者，以能缘（即能分别者）、所缘（即所分别者）但是净心为无始妄想所熏故，不能自知己性。即妄生分别，而为能缘。以妄生分别故，遂于自己本心之外，立相妄取，以为净心，而成所缘。此与不知眼处，张眼觅眼，复谓种种相貌是己家眼者，其痴正同。考实言之，能取既是妄想，所取正是识相，实非净心也。此结上文能缘既不实，所缘何得是实之意，以明非离相不能显心。须知净心不自分别，而众生自无始来，不觉自动，妄分能所。于是自心取自心，非幻成幻法。如凡夫著有，外道断见，二乘偏空，以及一类菩萨执于但中，皆是心外建立，实非净心。何以故？有能所相，即不清净故。

问曰：净心之体，既不可分别。如诸众生等，云何随顺而能得入？

答曰：若知一切妄念分别，体是净心。但以分别不息，说为背理。作此知已，当观一切诸法，一切缘念，有即非有，故名随顺。久久修习，若离分别，名为得入，即是离相体证真如也。此明第一离相以辨体状竟。

此科文虽不长，而字字紧要。正南岳苦口悲心，的指吾人进修之路，方便之门也。明得此旨，始有入处。上言净心之体，不可分别。能分别者，实非净心。其如诸众生等，无始以来，念念不停，无非住在分别心中。即令发心修行，亦是起念分别。既是分别，即与心体相违。然则云何方为随顺净心，而能得入耶？此段问词，正是吾人所欲问者，即如本书，以第六意识修止观，而此识即分别心也。以此而修，与《楞严》不可用生灭心为本修因，及本书净心不可以缘虑所知之义，如何融会？凡抱此等疑情者，可将本科答词，仔细究明，则疑团尽释。而于下文所明以何依止之义，便能得其纲要矣。大众其谛听之：夫一切分别，但是净心所现之虚相。以但是虚相故，名之为妄念。以原是净心所现故，则体是净心。所谓全真起妄，全妄即真。如全水起波，全波即是水也。此理为吾人所应知者。又分别既体是净心，有何背理，名之为妄？然所以说为背理者，无他，但以其分别不息耳。当知种种过咎，皆由不息二字而起。所以名为妄念，不名真心。若当下息得，即是唯一净心。妄于何有？所谓狂心顿歇，歇即菩提，是也。盖浊波一停，便得净水。若其迷水逐波，徒资流浪。然若波外觅水，亦是痴人。此理尤为吾人所应知者。能如是知，便当起修。夫众生住在分别心中久矣，若虽知之，而不修观行，妄念云何便息？作此知已四字，不可忽略读过。须知若无第六识分别作用，如何能知。今云作此知，可见全仗此识作意，方能知也。吾辈凡夫，久在迷途，所以能知佛法好处，能知念佛生西，以及能知妄心真心之别，无非此识作用。由此即可例知本书以第六识依止净心修止观之理矣。已字当着眼。既作此知，便起观行。若其徒知不行，作而弗已，便是分别不息。凡夫过咎，全在于此。遂致第六识慧心所，本是妙观察智相应品。而无始以来，反得一妄念之名。背理之愆，岂不可痛，岂不可惜。前返妄归真文中，闻此法已之已字，亦是此意。若但求多闻而不已，则既无观行，必致所知障起。增长我慢，反招罪过，不但被嗤为口头禅已也，不可不知。

上来为名字位，以下当观至随顺一行文，为由观行位入相似位，作此知已，云何观行耶？谓当外而对于一切诸法（妄境），内而对于一切缘念（妄想），皆作有即非有观，此即从假入空观也。有，假也。非有，空也。由作此观故，渐能证知凡所有相，皆从心作，唯虚无实。则尘想渐薄，烦恼粗垢脱落，净心相似境界现前，名为随顺。夫观有观非有，亦是第六识分别作用。云何得名随顺耶？须知起念作观，虽未离分别。然能观之智，即是发觉初心。所观之境，又复达妄明真，故名随顺耳。言其随时随处随事随念，以顺理之智，顺用入体也。至此，意识即转为无尘智，倍增明利矣（按有即非有句，即具含不一不异空不空等句之理。盖诸法、缘念，同一虚妄，原非净心之所本有。但由心动，不无虚相显现。实则有即非有。夫一有一非有，不一也。有即非有，不异也。又有即非有，是空义。非有而有，是不空义。故下二科文，皆由此句开出耳）。

久久下，为由分真位至究竟位。分真位须历四十一位次，故曰久久。谓修习渐久，无尘观智转转明利，虚状果报转转轻妙。又复转转熏习，转转修证，直至无明垂尽。所起无尘智，能知虚状果报，亦复体性非有，唯是一心，体无分别。此智，即转名金刚无碍智。至此，已入等觉位矣。然既曰能知，是尚有能知之一念在，此即所谓一念无明习气。即复以此习气为所断，金刚智为能断。夫既有能所，仍是极微细之分别。迨金刚智还复熏心，一念无明习气，于此泯灭。则无能无所，方离分别。若离分别，便为得入。得入者，谓入究竟觉，得证真如本体也。故曰即是离相体证真如。言体证者，至此无复能证所证之别，但是自体亲证，故曰体证。离相者，离分别相也。大众明白么？必至究竟觉，证入佛位，方离分别。其在等觉金刚智以前，仍不无分别。但由前至后，转转微细耳。若未得无尘智前，则全仗第六识分别作用进修。盖一面藉此识了解之能，顺净心之体而起净用。即一面藉净业熏习之力，还令此识渐增明利，转而成智。驯至能所分别泯尽，遂成佛果。此随顺之巧用也。亦因巧用，故名随顺也。要知吾人但藉意识功能，为能修之器用（如以指指月，非认指为月），而其所修之因地，则是净心。并非以意识为本修因（此如煮沙成饭），亦非以意识测度净心（此如扬汤止沸），乃是以意识为能依止，净心为所依止。所谓依心本寂而修妙止，依心本照而修妙观。由是可知所以用意识者，乃用以即流溯源耳。与煮沙成饭等，大相迳庭。盖意识作用，能为功首，能作罪魁，惟在用之者何如耳。用以背觉合尘，则谓之违。用以背尘合觉，即名随顺。至其所以起违理用，背觉合尘者，其咎全由分别不息，而不息由于无始妄想所熏。因熏故不息，不息又还熏，从迷入迷，愈迷愈深。所以不能自知本性，立相妄取。致如痴人张眼觅眼，向外驰求。若能回光返照，通体放下，当下便见自心。何以故？一切分别，体是净心故。若虑无始妄想熏力久长，息之不得，莫妙于仗三宝力，至诚忏悔，便得销除夙业，就路还家。譬如浪子，误入迷途，难归故土。但能痛改前非，一心上进，便可仗大力人提携，重见天日，衣锦还乡也。

此中有即非有，离相体证真如等，若约三止三观，顺文配之，即是体真止，从假入空观。实则离相者，乃是一离彻底，一切对待，无不俱离。真如者，本具空不空二义。有即非有，亦具含不一不异空不空义。若作是观，则即空即假即中，三谛圆融。故《释要》曰：圆顿止观，尽在是矣。但依文便故，以此科与下二科历别言之，以待圆人自悟耳。以上明第一离相以辨体状文已竟。

次明不一不异以辨体状者，上来昆明净心离一切分别心，及境界之相。然此诸相，复不异净心。何以故？此心体，虽复平等，而即本具染净二用。复以无始无明妄想熏习力故，心体染用依熏显现。此等虚相无体，唯是净心，故言不异，又复不一。何以故？以净心之体，虽具染净二用，无二性差别之相，一味平等，但依熏力，所现虚相差别不同。然此虚相，有生有灭。净心之体，常无生灭，常恒不变，故言不一。此明第二不一不异以辨体状竟。

初句，标词。上来至境界之相句，牒上起下。然此诸相下，先明不异。又复不一下，次明不一。先明不异中，可开为二。此心体虽复平等两句，是从心体之一，说到性用之异。复以无始无明至唯是净心四句，是从虚相之异，说到净心之一。因结之曰，故言不异。文中染净二用等用字，是指自心中之性用言，非谓相用。若依熏显现之虚相，乃指相用耳。又净用顺体，其不异也，人所易知。惟染用违体，而亦唯心所具，则人或未晓，故文中但约染边以明不异也。次明不一中，亦开为二。以净心之体至差别不同六句，明性用虽若不一，而实不异。相用乃由不异，而成不一。然此虚相至常恒不变三句，明虚相虽体唯净心，而就相言之，则有生有灭。净心虽显现虚相，而克体辨之，则常恒不变。因结之曰，故言不一。夫明得不一，不致认他为自。明得不异，便当就路还家。须知净心体用，本不异而常不一，所谓常平等常差别也。明乎此，则知一心具十法界因果之理矣。虽不一而仍不异，所谓常差别常平等也。明乎此，则知返妄即可证真，众生皆能成佛之理矣。又此科之文，是即相明心，在宗下为重关功夫。若上科之离相明心，在宗下为本分功夫。其余可知。以三止三观配之，约本不异而常不一言，是从空入假观。约虽不一而仍不异言，是方便随缘止也。

次明第三二种如来藏以辨体状者，初明空如来藏。何故名为空耶？以此心性，虽复缘起建立生死涅槃违顺等法，而复心体平等，妙绝染净之相，非直心体自性平等。所起染净等法，亦复性自非有。如以巾望兔，兔体是无。但加以幻力，故似兔现。所现之兔，有即非有。心亦如是。但以染净二业幻力所熏，故似染似净二法现也。若以心望彼二法，法即非有。是故经言：流转即生死，不转是涅槃。生死及涅槃，二俱不可得。又复经言：五阴如幻，乃至大般涅槃如幻。若有一法过涅槃者，我亦说彼如幻。又复经言：一切无涅槃，无有涅槃佛。无有佛涅槃，远离觉所觉。若有若无有，是二悉俱离。此等经文，皆据心体平等，以泯染净二用。心性既寂，是故心体空净。以是因缘，名此心体为空如来藏，非谓空无心体也。

缘起者，因缘和合而起。以有生起，名为建立。迷则违体起染法，而建立生死。悟则顺体起净法，而建立涅槃。绝者，绝待也。心体平等绝待，本无染净之别，而常缘起染净之相。虽起染净之相，而仍不碍绝待之体。是之谓妙绝。流转不流转，皆对待而有。心体绝待，故二俱不可得。此四句是《楞严经》偈。五阴如幻至我亦说彼如幻，是引《楞伽经》文。乃至者，超略之词，赅含六根六尘十二入十八界等染法，四谛十二因缘六度十波罗蜜等净法。一切如幻者，以心望之，有即非有故。其余文义甚显，或已见前，寻之可知。大旨谓一切染净因果诸对待法，虽复缘起建立，但以幻业熏现。非但心体平等，妙绝诸相，即所起染净等法，亦复有即非有。譬如幻巾为兔，而巾本无兔。虽有兔现，何关巾体。即彼幻兔，亦性自非有也。是故《楞严》、《楞伽》等经，据体泯用。则心性既寂，心体空净。以是义故，名之为空。盖空其心体显现之幻相，非谓空无心体也。得意者，闻言便了。若或逐语生解，不免怀疑。故有下五种疑问。此等释疑之文，最宜加意。

问曰：诸佛体证净心，可以心体平等。故佛常用而常寂，说为非有。众生既未证理，现有六道之殊，云何无耶？

答曰：真智真照，尚用即常寂，说之为空。况迷暗妄见，何得不有有即非有。

此疑盖由上文心性既寂是故心体空净而来。意谓：既是因寂故空。必如诸佛体证净心，则心体平等，用而常寂，说为有即非有可也。若夫众生，既未体证平等之理，而现有六道之殊，云何非有耶？不知既寂者，言其心体本寂，非约修证言也。且在凡不减，在圣不增，是为心体平等。若心体而有圣凡之异，尚得谓之平等乎？须知据体论空，本无圣凡之异。诸佛真体之智照，尚且用即常寂，可说为空。何况迷暗妄见，本是违体起用者，何得不有即非有乎？文中有即非有上，《释要》疑衍一有字，应从之。

问曰：既言非有，何得有此迷妄？

答曰：既得非有而妄见有，何为不得无迷而横起迷？空华之喻，于此宜陈。

上言六道之殊，由于迷暗，妄见为有，有即非有。问者理未洞彻，随语生执。以为由迷暗故，乃生妄见。既言心体空净，有即非有。则空净心中，即应无迷，亦无于妄。何得有此妄，有此迷耶？不知心体平等，不拒非有，亦不拒有，亦无迷悟之别。然则既得非有而妄见有，何为不得无迷而横起迷？盖曰迷曰妄，皆有对待。曰见曰起，皆属于用。而心体绝待，本无是事，故曰空净。如眼虽因翳而见空花，然清净眼中，本无是事也。空如来藏，亦复如是。于此宜陈者，谓于此疑，宜陈空花之喻以晓之。

问曰：诸余染法，可言非有。无明既是染因，云何无耶？

答曰：子果二种无明，本无自体，唯以净心为体。但由熏习因缘，故有迷用。以心注摄，用即非有，唯是一心。如似粟麦，本无自体，唯以微尘为体。但以种子因缘，故有粟麦之用。以尘注收，用即非有，唯是微尘。无明亦尔，有即非有。

此疑，即蹑上文而来。意谓：迷者何？所谓无明也。无明既得于心体空净中横起，而一切染法，又皆由无明而生。既能自起，复为染因，云何说为非有耶？不知无明虚幻，无有自体，故说非有耳。盖无论子果无明，皆本无自体，唯以净心为体。净心本体，亦无无明。但因旧无明幻力熏习因缘，故有无明用现，如以心摄之（犹言泯用入体），用即非有，唯是一心矣。若犹未明，可用喻譬。今以粟麦喻无明，以微尘（兼地水火风言之）喻心。夫粟麦者，乃是四大和合而成（一切人物皆是四大幻有，粟麦亦然），本无自体。微尘亦本无粟麦，但以旧粟麦幻力熏习因缘，故有粟麦用现。如泯粟麦用，入微尘体。用即非有，唯是微尘矣。然则无明有即非有之理，复何疑哉！

问曰：既言熏习因缘，故有迷用。应以能熏之法，即作无明之体。何为而以净心为体？

答曰：能熏虽能熏他令起，而即念念自灭。何得即作所起体耶？如似麦子，但能生果，体自烂坏，归于微尘，岂得春时麦子即自秋时来果也。若得尔者，劫初麦子，今仍应在。过去无明，亦复如是。但能熏起后念无明，不得自体不灭，即作后念无明也。若得尔者，无明即是常法。非念念灭，既非常故。即如灯焰，前后相因而起。体唯净心也。是故以心收波，有即非有。故名此净心为空如来藏也。

问者闻熏习因缘之说，疑情更执。以为既言以熏习因缘，故有迷用。则应即以能熏之前无明（文中法字即指前无明言），作为后无明之体。若是体者，云何说有即非有？而必言其非有，别以净心为体者，何为耶？不知生灭之法，不得为体。今以净心为体者，因其不生不灭故也。若前无明，虽能熏起后念无明（文中熏他令起之他字，即指后念无明），而前无明念念自灭，是生灭法。何得即作所熏起者之体耶？今以麦子喻前无明，麦果（即后麦子）喻后无明。则前麦但能生起后麦，而彼前麦，体自烂坏，归于微尘。譬如今春之麦（是后麦子），虽从去秋之麦（是前麦子）生起，而彼秋麦，于抽芽时，即渐烂坏。岂得即是去秋麦子，自来作今春麦果耶？若得如此，则劫初麦子，今当仍在。既不存在，可知其烂坏久矣。过去无明，亦复如是。但能熏起后无明，而彼自己不得不灭，何能自作后无明也。若不灭者，无明即是常法。若常法者，众生何能成佛耶？更以灯焰为喻，虽前焰后焰，相因而起。而彼前焰，刹那自灭。当知无明亦尔，念念熏他，念念自灭，故曰体唯净心。所以以体收用，彼即非有。以彼非有，故名此净心为空如来藏也。

问曰：果时无明，与妄想为一为异？子时无明，与业识为一为异？

答曰：不一不异。何以故？以净心不觉，故动。无不觉，即不动。又复若无无明，即无业识。又复动与不觉和合俱起，不可分别。故子时无明，与业识不异也。又不觉，自是迷暗之义。过去果时无明所熏起，故即以彼果时无明为因也。动者，自是变异之义。由妄想所熏起，故即以彼妄想为因也。是故子时无明，与业识不一。此是子时无明，与业识不一不异也。果时无明与妄想不一不异者，无明自是不了知义。从子时无明生，故即以彼子时无明为因，妄想自是浪生分别之义。从业识起，故即以彼业识为因，是故无明妄想不一。复以意识不了境虚故，即妄生分别。若了知虚，即不生妄执分别。又复若无无明，即无妄想。若无妄想，亦无无明。又复二法和合俱起，不可分别，是故不异。此是果时无明，与妄想不一不异也。以是义故，二种无明是体，业识妄想是用。二种无明，自互为因果。业识与妄想，亦互为因果。若子果无明互为因者，即是因缘也。妄想与业识互为因者，亦是因缘也。若子时无明起业识者，即是增上缘也。果时无明起妄想者，亦是增上缘也。上来明空如来藏竟。

此科来意，因上来何因迷妄，乃至能熏为体之疑，虽已破遣。然若于无明业识等不一不异，及其熏习内缘之理，未能了彻，则前数疑，终难释然。故南岳大师彻底悲心，复假设问答以明之。俾得洞知能熏之法，一异因果等义。此义既明，当可恍然彼能熏等，皆是对待而有，皆依此心虚妄建立。故有即非有，体唯净心也。问词可知。夫一切诸法，不能执一，不能执异。执一执异，皆落情见，皆是妄念分别。故若问子无明与业识，果无明与妄想，为一为异者，须知乃是不一不异耳。不一不异者，不可定说一，不可定说异也。何以故下，正明其理。盖约三义以明不异，约二义以明不一。明不异有三义者，一、由起义。如文云：不觉（即子无明）故动（即业识），无不觉即不动。此就一向而论，以明此起彼即起，此不起彼即不起，起必有由，故不异也（一向者，一方面也。谓由起之义，乃约一方面为言。如曰不觉故动等，皆就不觉方面，以明生起之由是也）。二、有无义。如文云：若无无明，即无业识。若无业识，即无无明。此就交互而论，以明有即双有，无即俱无，有无相应，故不异也（约有无论，可交互说。不同由起，只能约一面说。又文中虽无若无业识即无无明两句，然据下明果时无明之文，例知应有）。三、同时义。如文云：动与不觉和合俱起，不可分别。此就和合而论，以明二法同时。起则俱起，不可分别，故不异也。明不一有二义者，一、相别义。如文中：不觉是迷暗义，动是变异义。此约相状各别，故不一也。二、因别义。如文中：不觉以过去果时无明熏起为因，动以过去妄想熏起为因。此约起因各别，故不一也。果时无明，与妄想不一不异，例此可知。以是义故三句，结判，结上文而判其体用也。夫二种无明之与业识等，以不一不异故，不妨强立体用之名。然以望于净心，则实为心性缘起建立之染用。虚妄故有，岂真有体哉。知此，则无明有体之疑，可释然矣。

二种无明自互为因果两句，承上起下。盖无明与业识等，既有体用对待之义，所以二种无明，自为因果，业识妄想自为因果也。若子果无明下，谓就其自互为因而言，则为同法相生之亲因缘。若就子无明起业识果无明起妄想而言，则为异法相成之增上缘。明其以有此熏习因缘，所以子果无明等，相生相成，而有迷用耳。知此，则何因迷妄之理，既得了然。而无明有体，能熏为体，其疑亦可尽袪矣。何以故？吾人清净妙心，无始以来久为无明幻法所障者，因此幻法，互相熏起。有如昨麦能生今麦，今麦复生后麦。当知今麦生时，昨麦已灭，后麦生时，今麦复灭。以其生灭如幻，所以无体，体乃微尘。故以尘收之，有即非有。无明幻法，亦复如是。以其熏习生灭，刹那不停，所以无体，体唯净心。故以心摄之，有即非有。以彼非有，故名此心为空如来藏也。末句总结上文。

次明不空如来藏者，就中有二种差别：一明具染净二法，以明不空；二明藏体一异，以释实有。第一明染净二法中，初明净法，次明染法。初明净法中，复有二种差别：一明具足无漏性功德法，二明具足出障净法。

二种差别者，初明染净二法，是约体具之用以明；二明藏体一异，是约具用之体以明。一异者，以用从体则一，是为理法界；以体从用则异，是为事法界。实有，即不空义。无漏性功德法，是明具足净性。出障净法，是名具足净事也。余如下科广明。

第一，具无漏性功德者，即此净心，昺平等一味，体无差别，而复具有过恒沙数无漏性功德法，所谓自性有大智慧光明义故，真实识知义故，常乐我净义故。如是等无量无边性净之法，唯是一心具有，如《起信论》广明也。净心具有此性净法，故名不空。

即此净心者，谓即是吾人一念介尔之心。此之心体，性净不改，故曰净心。此一句，统贯下文。平等者，不二之义。因其不二，是为一味。既曰一味，故无差别。此二句，约性体言。而复下，约性用言。而复者，谓此心体，虽常平等，复常差别。过恒沙数，正明差别之义。无漏，犹言不漏失，明其始终不变也。性功德法，犹言性净功德。依此性净之法，以自度度他。故曰功德。所谓下，引《起信论》，以释性具过恒沙无漏功德法之义。自性二字，标体。大智慧等三句，明体具之性德。大智慧者，即一切智，道种智，一切种智。此句是翻无明迷暗，故曰大智慧光明义。此句翻虚妄情见，故曰真实识知义。第三句翻无常、苦、无我、不净，故曰常乐我净义（常乐我净，为佛果四德）。如是等无量无边句，明性净之法，不可殚述，故以此句括之。上来诸义，皆此心本具之性德，故曰唯是一心具有。一心具有者，所谓理具三千，事造三千，两重三千，同居一念是也。以上释义之文，详见《起信论》，故曰如《起信论》广明。末二句，结显上来所言，乃约心体具足净性，以明不空也。

第二，具出障净德者，即此净心，体具性净功德，故能摄持净业熏习之力。由熏力故，德用显现。此义云何？以因地加行般若智业，熏于三种智性，令起用显现，即是如来果德三种大智慧也。复以因地五波罗蜜等一切种行，熏于相好之性，令起用显现，即是如来相好报也。然此果德之法，虽有相别，而体是一心。心体具此德故，名为不空。不就其心体义，明不空也。何以故？以心体平等，非空不空故。

障者，烦恼业报三障也。众生未有修德，为三障所障，而不能出，故净德不显。然虽未显，而实本具，故曰具出障净德。即此净心三句，言因其体具净德之性，故能摄持净熏之力。若非性具，即不能摄。净业者，一切出世功德皆是。如听大乘止观，亦净业也。由熏力故两句，言此体具之净德，非藉净业熏习之力，虽曰本具，用亦不显。此义云何下，正明熏显之义。因地者，凡未证究竟觉果以前诸位次，皆名因地。因者，修因也。加行者，精进之义，犹言加功修行。梵语般若，华言智慧。梵汉双举，故曰般若智业。如闻法，如看经，皆智业也。三种智，即一切智，道种智，一切种智。众生尚未熏显，故但曰智性。必以智业熏之，令其生起智用，是谓起用显现。若智用显现，即是般若波罗蜜也。此即如来果德上三种大智慧，成为自受用报身者是也。五波罗蜜者，即是布施、持戒、忍辱、精进、禅定。因般若上已言之，兹故但举其五。在因地为五度，到果位方名波罗蜜。波罗蜜之义，翻为所作成办，亦翻彼岸到。今系就因地之加行而言，故曰因地五波罗蜜。言五则不止一种，故曰等也。此之五度，为成就一切种智之功行，故曰一切种行。而对上智业言之，乃是福业。能熏众生性具之三十二相，八十随行好，故曰熏于相好之性。迨至熏令用显，即是如来相好之报，成为他受用，及胜劣应身是也。夫智福二性，因熏显用而成果德，名为出障。然此果德，虽有智福二相之别。而智福之性体，则唯是一心。以心体具此出障果德故，名为不空。勿因体是一心之言，误认为系就心体明其不空也。以心体平等，无所谓空不空故。又由熏力故，德用显现，是增上缘。体具性净功德为因，成如来智慧相好为果，是为亲因缘。

问曰：能熏净业，为从心起，为心外别有净法，以为能熏耶？

答曰：能熏之法，悉是一心所作。此义云何？谓所闻教法，悉是诸佛菩萨心作。诸佛心，菩萨心，众生心是一，故教法即不在心外也。复以此教熏心解性，性依教熏以起解用，故解复是心作也。以解熏心行性，性依解熏以起行用，故行复是心作也。以行熏心果性，性依行熏起于果德，故果复是一心作也。以此言之，一心为教，乃至一心为果，更无异法也。以是义故，心体在凡之时，本具解行果德之性，但未为诸佛真如用法所熏，故解等未显用也。若本无解等之性者，设复熏之，德用终不显现也。如世真金，本有器朴之性，乃至具有成器精妙之性。但未得椎锻而加，故器朴等用不现。后加以钳椎，朴器成器次第现也。若金本无朴器成器之性者，设使加以功力，朴用成用终难显现。如似压沙求油，钻水觅火，锻冰为器，铸木为瓶，永不可成者，以本无性故也。是故《论》言：若众生无佛性者，设使修道，亦不成佛。以是义故，净心之体，本具因行果德性也。依此性故，起因果之德。是故此德，唯以一心为体。一心具此净德，故以此心为不空如来藏也。

上科出障净德，是约性具果德言。此科能熏净业，是约性具因行言。既知由于体具性净，故能摄持净熏以成果德。应知亦由体具性净，乃能作起能熏以成因行。非心外别有净法，以为能熏也。故曰能熏之法，悉是一心所作。此义云何下，正释能熏由心之义。知此，则心为不空如来藏之理益明矣。

释义中，大略可开为四：初，自谓所闻教法至更无异法也，约教解行果四法以明性具。次，自以是义故至终不显现也，就法总显。三，自如世真金至以本无性故也，以喻巧明。四，自是故论言至末，引证总结也。且初，一切经教所说佛法，本由诸佛菩萨一心所作。而心佛众生，三无差别，故诸佛心，即众生心。心既是一，则诸佛心作之教法，岂在众生心外？须知一切佛法，原是众生家藏珍宝，一心之中，本来具足。明得此理，凡遇看经听教，便当反照自心。若不返观内照，而执著文字，向外驰求，便如痴人张眼觅眼，反认其他是己家眼，岂不可悯？教法既不在心外，则依教得解，依解起行，行圆证果，皆由心作，易可知矣。解字须读去声，领悟之义，由内出也。如读上声，则为由外剖解，非今义也。解性，指能领悟之本性言。解用，指能领悟之功用言。行性等例此。迨证极果，则功用成就，净德显现，故不言果用而称果德，即法身般若解脱三德是也。以此言之下，结显因行果德唯是一心之意，故曰更无异法。二就法总显中，先以本具正显，后以若无反显，在文可见。总之能所本不二，理事本一如。理具具于事造，事造造于理具，若能了此，则终日全性起修，即终日全修在性；终日全修在性，即终日全性起修。此理为行人亟应体会者，不然，便是心外取法。真如用法者，即指教法言。以一切教法，是诸佛真如之德用故也。次之德用二字，指当人本具之真如德用言。本具是种子为因，为诸佛真如用法熏起，是增上缘。行圆德显，是果也。三以喻巧明中，如世真金下，喻上本具一段文。真金喻净心，器朴喻解性，成器喻果性。未及行性，故用乃至二字括之。朴，坯形也。未成精器，故曰器朴。椎锻而加，及加以钳椎，喻净业熏力。钳椎者，钳而椎之也。朴器成器次第现者，喻解用行用果德次第现也。若金本无朴器下，喻上反显一段文。压沙成油等，更引他喻以明若非性具不能修显之义。四引证总结中，初引论为证。修道指因言，成佛指果言。谓若非本具佛性，即无因行果德也。以是义故下，结成。先承引证之义，结显心体本具因果净性，故起因果德用。次以唯以一心为体，一心具此净德两语，总结上来两科所言显果修因，种种净事，皆藏体之本具，以明如来藏不空也。

次明具足染法者，就中复有二种差别：一明具足染性，二明具足染事。

如下广明。

初明具足染性者，此心虽复平等离相，而复具足一切染法之性。能生生死，能作生死。是故经云：心性是一，云何能生种种果报？即是能生生死。又复经言：即是法身流转五道，说名众生，即是能作生死也。

心体平等，而具随缘之性。故净法熏之则净显，染法熏之即染成。书中言性，无论净染，必从平等说起者，显其体唯一心。虽复染净性殊，实亦无差别之差别耳。能生生死，能作生死者，自一念不觉而起无明，因无明而造种种业，因业而招生死苦报。此中若约由起言，则生死是由染性生起，故曰能生。《释要》所谓从此有彼，名之为生是也。若约作成言，则生死本即染性显成，故曰能作。《释要》所谓举体成彼，名之为作是也。是故下，引《华严》等经证成其义。心性是一者，谓心性本来平等一味也。能生种种果报句，释成能生。盖以心性平等，何以生种种果报？须知果必有因，因乃招果，而因果不外一心，是能生义也。即是法身流转句，释成能作。盖众生本住法身，因其起惑造业，遂致流转。须知流转五道者，即是此本住法身，并非他物，是能作义也。生死二字，足以概括一切染法，故举能生能作二义，以显此心具足染性，明其不空也。

此中释疑之文，极关紧要。盖祖师悲心，深虑后人不明体用之分，性修之别，理事之异，违顺之差，必致情执横生，增无穷过。故因文便，于此假设问答，重重释破。若于此中道理，一一了彻，则不变随缘随缘不变之自心体性，洞然明白。从此疑计尽销，开解起行，大得受用矣。

问曰：若心体本具染性者，即不可转凡成圣？

答曰：心体若唯具染性者，不可得转凡成圣。既并具染净二性，何为不得转凡成圣耶？

俗语有云：江山易改，秉性难移。此中所疑，正同俗见。释之云：若单具染性，即不可移。既并具染净，何为不能转移耶？须知亘古亘今，常恒不改者，约性体而言耳。然性体虽不改，性用则随缘。以其随染净缘，故曰并具，故能熏变。然则性用既随熏转变，所以染熏则流转五道，净熏即转凡成圣矣。疑者盖执不改之性体，疑随缘之性用。若明此理，尚何疑焉。

问曰：凡圣之用，既不得并起。染净之性，何得双有耶？

答曰：一一众生心体，一一诸佛心体，本具二性。而无差别之相，一味平等，古今不坏。但以染业熏染性故，即生死之相显矣。净业熏净性故，即涅槃之用现矣。然此一一众生心体，依熏作生死时，而不妨体有净性之能。一一诸佛心体，依熏作涅槃时，而不妨体有染性之用。以是义故，一一众生，一一诸佛，悉具染净二性。法界法尔，未曾不有。但依熏力起用，先后不俱。是以染熏息故，称曰转凡。净业起故，说为成圣。然其心体二性，实无成坏。是故就性说故，染净并具。依熏论故，凡圣不俱。是以经言：清净法中，不见一法增。即是本具性净，非始有也。烦恼法中，不见一法减。即是本具性染，不可灭也。然依对治因缘，清净般若转胜现前，即是净业熏，故成圣也；烦恼妄想尽在于此，即是染业息，故转凡也。

以净熏之，染即分分除。以染熏之，净即分分隐。是不能并起也。既不并起，何云并具？此疑意也。释之云：性体原无染净差别，一味平等，故能随缘。以其既能随染，亦能随净，故说为本具二性。复以能随缘故，依净熏，即涅槃之用现；依染熏，即生死之相显。所以二性不能并起，然而性体则古今不坏（即不改意）。虽依染熏作生死，而仍有净性之能。不然，众生将永沉苦海，而无成圣之望矣。虽依净熏得涅槃，而仍有染性之用。不然，诸佛将无现身六道，广度众生之事矣。以是义故，一一众生，一一诸佛，悉具染净二性。此是法界自然之理，故曰心体二性，实无成坏，以其本来成故，不可坏故。经云：清净法中，不见一法增。既非始增，可知本具性净矣。又云：烦恼法中，不见一法减。既不可减，可知并具性染矣。但就熏修对治因缘而论，则染净先后不俱。故净业熏而清净智慧转胜，称为成圣。染业息而烦恼妄想尽除，说为转凡耳。由此可知，凡圣不俱，是就缘熏之事修而说；染净并具，乃约本具之理体而言。何得执缘熏之用，而疑不坏之体耶？按证究竟觉入佛位时，有大智慧光明。所谓染性之用者，谓其性能随六道之染，起不思议度生之用耳。不得误认此语，滥同凡夫。即如众生正作生死时，性能随三宝之净，而起治惑之功。然不得因其有净性之能，便谓即已成圣也。此理务宜辨清。

问曰：染业无始本有，何由可灭？净业本无，何由得起？

答曰：得诸佛真如用义熏心故，净业得起。净能除染故，染业即灭。

迷事昧理，遂生此疑。释之曰：众生虽自无始以来，有染业，无净业，然特未遇净熏耳。若得诸佛教法熏心，净业即起，染业随灭。何以故？本具净性故，能摄净熏故。何得执染业之事相，而昧净熏之理性耶？

问曰：染净二业，皆依心性而起，还能熏心。既并依性起，何得相除？

答曰：染业虽依心性而起，而常违心。净业亦依心性而起，常顺心也。违有灭离之义，故为净除。顺有相资之能，故能除染。法界法尔，有此相除之用，何足生疑。

由于不知违顺之理，复起此计。释之曰：常住真心性净明体，本无染净差别。虽染净二业，同依心起，然而力用则大不同。盖心体本净，故净业熏之，常与心顺；染业熏之，常与心违。顺则与心体之明净相即，故有相资之功，而能除染。违则与心体之真常相离，故有息灭之义，而被净除。由是义故，所以众生若能返妄证真，即永无轮转也。此是天然之理，又何疑乎？

问曰：心体净性能起净业，还能熏心净性。心体染性能起染业，还能熏心染性故。乃可染业与净性不相生相熏，说为相违。染业与染性相生相熏，应云相顺。若相顺者，即不可灭。若染业虽与染性相顺，由与净性相违，故得灭者，亦应净业虽与净性相顺，由与染性相违故，亦可淂除。若二俱有违义故，双有灭离之义，而淂存净除染。亦应二俱有顺义故，并有相资之能，复淂存染废净。

答曰：我立不如是，何为作此难？我言净业顺心故，心体净性即为顺本。染业违心故，心体染性即是违本。若偏论心体，即违顺平等。但顺本起净，即顺净心不二之体，故有相资之能。违本起染，便违真如平等之理，故有灭离之义也。

上文违心顺心之义，但据染净二业而言，不据染净性用为言也。闻者不察，计为染净性事，各自相生相熏。应以染业与净性，说为相违；染业与染性，说为相顺。若相顺者，染性既不坏，染业云何可灭？若谓染业违净性而得灭者，则净业违染性，亦应净被染除。若二俱相违（即染业与净性，净业与染性，应云相违是也），独得存净除染者，亦应二俱相顺（即净性起净业，染性起染业，应云相顺是也），偏得存染废净可乎？此疑全由误会而起，故答以我之立义，不如是也。顺本者，顺用之起本，指净性言。违本者，违用之起本，指染性言。故文云净性即为顺本，染性即是违本。谓净染二业，起于净染二性也。答意盖言，我言净业顺心，染业违心。其约净染二业为言，不约净染性用为言，彰彰明矣。夫心体净染性用，诚为顺违之起本。然若偏就心体论之，虽具净染二性，实无差别之相，一味平等，本无顺违之可言。所以说顺说违者，但以顺本所起之净业，顺于净心不二之体，故有相资之能；违本所起之染业，违于真如平等之理，故有灭离之义耳。

问曰：违本起违末，便违不二之体，即应并有灭离之义也。何故上言法界法尔具足二性，不可破坏耶？

答曰：违本虽起违末，但是理用。故与顺一味，即不可除。违末虽依违本，但是事用。故即有别义，是故可灭。以此义故，二性不坏之义成也。

问曰：我仍不解染用违心之义，愿为说之。

答曰：无明染法，实从心体染性而起。但以体暗故，不知自己及诸境界，从心而起。亦不知净心具足染净二性，而无异相，一味平等。以不知如此道理故，名之为违。智慧净法，实从心体而起。以明利故，能知己及诸法，皆从心作。复知心体具足染净二性，而无异相，一味平等。以如此称理而知故，名之为顺。如似穷子，实从父生，父实追念。但以痴故，不知己从父生，复不知父意。虽在父舍，不认其父，名之为违。复为父诱说，经历多年，乃知己从父生，复知父意，乃认家业，受父教敕，名之为顺。众生亦尔。以无明故，不知己身及以诸法，悉从心生。复遇诸佛方便教化故，随顺净心，能证真如也。

南岳大师，婆心太切。犹恐学人于净染性用顺违平等之理，未能了无疑蕴，复设为问答而详释之。问曰：违末之染业，实起于违本之染性。既性业俱染，即俱违心体。则染业可灭者，染性亦应并有灭离之义，何谓染性不可破坏耶？释之曰：染性虽生起染业，然是体家之用。所谓理用，亦云性用。须知心性是一，而有随缘之能。以是义故，随染之性，即是随净之性。故虽名曰违本，实与顺本体融一味。既同一味，云何可除？染业虽依染性而起，然名为事用，即是用家之用。盖已离平等之性体，而成差别之事相矣。以是义故，有与心体违别之义，是故可灭。以有此理事不同之义故，染净二性，并皆不坏之义得成也。以下复就染业（即染用也）所以违心之义，设为问端而更释之。又上科言，顺于净心之体曰顺。违于真如之理曰违，是但就所顺所违之心体而言。今答中，更就能顺能违之净染二业自身上明之。则于顺违之义，当可洞然明白矣。问词可知。答曰：无明染法，虽实从心体染性而起。但无明者，迷暗之义，以自体迷暗故，遂生二过。一、不知自身及一切境界，悉由迷心所现，譬如穷子，流落他乡，竟不知有生身之父，实常追念。复不知所遇穷境，皆由背父逃逝而有也。二、无明既不知自身等皆从心起，亦即不知自性清净心，具足染净二性。且性用虽二，性体实一。并无差别之义，差别之相，平等一味。譬如逃亡穷子，虽或寻至父舍。以不知己是父生，复不知父意，竟不敢认也。夫不知即是不觉，此等道理既不觉悟，是为背本逐末，故谓之违也。明得违义，则顺义可知矣。盖一切净法，亦实从心体净性而起。且净法，本是诸佛大智慧光明真如用法。又既修净法，即是发觉初心。既能发觉，便是智慧，故曰智慧净法。以智慧明利故，遂得二益。一、能知自己及一切诸法，皆从心作。譬如穷子，经父多年诱说，乃知己实父生，已得父子相认也。二、复知心体本具染净二性，而无异无相，一味平等。譬如穷子体会父心，受父教敕，承认家业也。如此而知，一一合理。是为循末归本，故谓之顺也。夫一切众生，以无明不觉故，久已违体起用，逐末忘本。幸遇诸佛大慈悲父，方便教化，令其顺用入体，便能即染性而成净性，转业识而证真如。可知平等一心，本无异相，何有于染性之除不除哉！

问曰：既说无明染法与心相违，云何得熏心耶？

答曰：无明染法，无别有体，故不离净心。以不离净心故，虽复相违而得相熏。如木出火炎，炎违木体而上腾。以无别体，不离木故，还烧于木。后复不得闻斯譬喻，便起灯炉之执也。此明心体具足染性，名为不空也。

妄计无明别有自体，遂来此疑。释之曰：无明染法，何所从来耶？由此心体随染之性，为染所迷，迷即背觉合尘。迷者，无明之义。背觉者，违心之义。可知无明离此净心，无别有体。以其背觉合尘故，乃致相违。以其不离净心故，故得相熏也。今以木喻净心，以火喻无明，以烧木喻熏心。则如木中出火，火炎违木体而上腾。然火无别体，不能离木，故得还烧于木耳。闻斯譬喻，理可明矣。然汝随语生执，闻火能还烧之说，更不得妄计灯炉之火，何不还烧灯炉。须知灯炉之火，由柴等起，非由炉等起也。总之看经闻法，要当遣情会体，返照自心。若执计横生，便成戏论。大师所以警诫众生者至矣。末句结成体具染性名为不空之义。

> 次明心体具足染事者，即彼染性，为染业熏故，成无明住地及一切染法种子。依此种子，现种种果报。此无明及与业果，即是染事也。然此无明住地及以种子果报等，虽有相别显现，说之为事。而悉一心为体，悉不在心外。以是义故，复以此心为不空也。譬如明镜所现色像，无别有体，唯是一镜。而复不妨万像区分不同，不同之状，皆在镜中显现，故名不空镜也。是以《起信论》言：因熏习镜，谓如实不空。一切世间境界，悉于中现。不出不入，不失不坏，常住一心。以一切法，即真实性故。以此验之，具足世间染法，亦是不空如来藏也。上来明具足染净二法以明不空义竟。

若了得心外无法，则心体具足染事之理，不烦言而可解。譬如人不起心作恶，即一切恶事，何从有乎？染事者，对净事而言。约世出世间言之，六凡所作皆染事，四圣所作皆净事。又六凡作世间业为染事，如作出世业，即为净事。又四圣中，二乘住空沉寂，缺大悲心。不知空无空相，寂无寂相。曰住曰沉，亦非净也。菩萨上见有佛道可成，下见有众生可度，即是有佛相众生相，虽净而未极于净也。惟至佛果，则虽成佛，而无成佛之相；虽度生，而无度生之相。体用一如，净德圆显，故约十法界言，惟佛称净，余九皆染（如观世音等诸大菩萨，位邻于佛，即与佛无异也）。克实论之，住世而不染世间相，则染事皆成净事。若修出世净法而住于相，即净事而成染事。昔梁武帝问达摩祖师曰："朕一生刻经造像斋僧，有何功德？"达摩曰："毫无功德。不过人天有漏之因而已。"梁武又问:"云何无漏?"达摩曰:"净智妙圆,体自空寂。"盖极言不可住相也。此如《金刚经》云:"若以色见我,以音声求我,是人行邪道,不能见如来。"谓为邪道者,正以其著相耳。不可著有,不可着无,并不著有无之相亦无,如此方是自性清净心。何以故?此心本来性相不二,理事双融,云何可著?著即与本性相违,违即成染。故修行人作种种功德,本是成佛之因,但令心有所著,即此一念,便是随染而为染熏。由是净法皆变成染法种子,而现种种染报。永嘉大师曰:"住相布施生天福,犹如仰箭射虚空。势力尽,箭还坠,招得来生不如意。"盖如是因,如是果,一丝不爽。法会大众,不可不深明此理也。

无明住地,解已见前。一切染法,谓三细及前五粗。由此而现种种果报,故曰种子。无明及与业果即是染事者,无明即惑,业即种种染法,如三细及前五粗等。果即苦果,此明兼惑业苦名为染事之义。相别者,惑业苦名相各别也。虽复名相各别,实则事皆虚幻,无有自体,皆依心现。此心本无内外,云何可说事在心外耶?故曰悉不在心外。明得染事亦不在心外,则心为不空如来藏之义,更可了然矣。镜喻心,明喻心体本净,万像喻种种染事。区分者,区别也。合法可知,末复引论,证明此心不空。因熏习镜者,喻心为能熏所熏之因。以染事言之,则无明等熏心,即是染报之因也。如实者,真如实相也。性相一如,是谓不空。不出不入不失不坏者,内本无相,曰不出;相不入镜,曰不入;虽不出不入,而在镜中显现,是为不失。唯是一镜,而万像区分,是为不坏。喻净心本无染事出生,亦非染事从外而入。而心能依熏显现无量无边因果,不失不坏也。常住一心句,会法归心,谓万法皆依一心而住也。以一切法即真实性故者,正明会法归心之所以。以此验之下,结成。末句,总结上来具足染净二法以明不空之文也。

次明藏体一异以释实有义。就中复有六种差别:一明圆融无碍法界法门,二明因果法身名别之义,三明真体在障出障之理,四明事用相摄之相,五明治惑受报不同之义,六明共不共相识。

此总立科之文也。就中自分六科，文相虽显，底蕴甚深。若不洞明其义蕴，即不能照了自己清净真心，则道理不明，触途成滞。若能了得，则路路皆通，得大受用。兹恐大众不易领会，先为说其纲要。则于向后分科各释时，不致茫无头绪矣。

藏体者，如来藏之真体，即吾人天真之性德是，当部名为自性清净心。一异者，如一心可开为染净二性。若单约净说，复可开三，即正因缘因了因三佛性。若以性从修，三复开九。即正因开为法报应三身，了因开为文字观照实相三般若，缘因开为性净方便净圆净三解脱。约染说之，如起信开为三细六粗等。若就染净一一细开，可至无量，而合之仍是一心。一异之义，即此是也。实有，即是不空。须知此中六科所明，不外性修二德。如上文所言净染二性用，即性德也。净染二事用，即修德也。但上是别说，今则合辨，以显藏体非一非异，亦一亦异，不可思议。如全修在性，性不可分，则一。全性起修，修有差别，则异。又性修不二而二，故开则成异。性修二而不二，故合则成一。此之谓圆融。又复说一不碍异，说异不碍一，此之谓无碍。因其无碍，所以圆融。所谓明心见性者，明此耳，见此耳。藏体又名法界。此一法界，《华严》开为四法界（理、事、理事、事事），《法华》开为十法界（四圣六凡）。然分则有各种界别，合则为一真之法。一真者唯一真心，《华严》名为一真法界是也。以此心体，法尔具足一切诸法，故名法界。而此圆融无碍之法界，乃是轨生物解，摄持自性之法。开则能通，闭则能禁之门，故曰法界法门。

此初明圆融无碍法界法门一科，是总；余五科，是别，以其皆是复明初科之义故也。如第二明因果法身名别之义者，约因果名别，则异。约法身本体，则一也。第三明真体在障出障之理者，约真体是一，约在障出障是异也。此两科皆明性用。至第四科，则明事用相摄之相。夫约事用，固成差别。然约相摄，乃极圆融。若五明治惑受报不同，此虽多谈事修，实则性事双明，显成无碍。六明共相识不共相识，亦为性事双辨，一异兼陈之文。总之，自二至六，凡以发明法界法门常同常别，圆融无碍之理而已。闻得此六科妙旨，当一一会归不空如来藏之自性上，令其了了分明。从此进修，便与未明了时，其受用迥乎不同矣。

第一明圆融无碍法界法门者。问曰：不空如来藏者，为一一众生，各有一如来藏；为一切众生，一切诸佛，唯共一如来藏耶？

答曰：一切众生，一切诸佛，唯共一如来藏也。

此科来意，即蹑前，初明具足染净二法之文生起。盖大师虑不明圆融之旨者，闻得前文所明净染二性，圣凡并具。净染二事，圣凡不俱。然不知并具二性之藏体，凡之与圣，为异为同。若如此起计，必将高推圣境，自生退屈。故设为问答而的指之曰：一切生佛，唯共一如来藏也。吾人闻此开示，若不勇猛精勤，上求佛道，不但辜负大师，且辜负己灵矣。又问词中，于各有一如来藏一层，但问一一众生，不及一一诸佛者，因诸佛是法界身，其为同一藏体，人所易知。惟众生种种不同，最易起藏体各异之计，故单约一一众生为问耳。

问曰：所言藏体具包染净者，为俱时具？为始终具耶？

答曰：所言如来藏具染净者，有其二种。一者，性染性净。二者，事染事净。如上已明也。若据性染性净，即无始以来俱时具有。若据事染事净，即有二种差别。一者，一一时中俱具染净二事。二者，始终方具染净二事。

大师又防众生处处起执，若其偏执藏体是一，必致增长我慢，执性废修。故复以染净性事为俱时具，为不俱时具，设为问答以明之。吾人若明染净性事俱时得具之理，则知同时之内，有凡圣之区分。是为常同常别，即一而异也。若明染净二事始终方具之理，则知净熏染除，乃得转凡成圣。是为常别常同，即异而一也。总之，非一非异，亦一亦异，乃是法界法尔。吾人不明此理，动成偏执。明得此理，则既不退屈，亦不我慢，即无事不办矣。具包者，包含染净性事，无不具足也。问词浑言染净，故于答词中，先为点明有其性事二种。如此分析标列，方不笼统。盖性是不改之体，古今不坏，故俱时具有，非始终具。若偏约事，则有俱时始终二义。一者，就多人言，得二事同时并具，如凡圣同时是也。二者，就一人言，必二事始终方有，如先凡后圣是也。

此义云何？谓如来藏体，具足一切众生之性，各各差别不同，即是无差别之差别也。然此一一众生性中，从本已来，复具无量无边之性。所谓六道四生，苦乐好丑，寿命形量，愚痴智慧等，一切世间染法，及三乘因果等，一切出世净法，如是等无量差别法性，一一众生性中，悉具不少也。以是义故，如来之藏，从本已来，俱时具有染净二性。以具染性故，能现一切众生等染事，故以此藏为在障本住法身，亦名佛性。复具净性故，能现一切诸佛等净德，故以此藏为出障法身，亦名性净法身，亦名性净涅槃也。

此义云何句，牒前起后。一切众生者，九界皆可云众生。以其有九界之殊，故曰一切。然一心本具十法界，文中不言佛界者，以既称为如来藏体，则本具佛界可知。又在障但名佛性，出障而后成佛，故此处不明言之耳。夫藏体是一，而具缘起十法界差别之异者，乃是全理以成事，全体以起用，故曰无差别之差别。此是约藏体以明具足之义也。一一众生，从本以来，复具无量无边之性者，盖谓一一众生，皆以全如来藏体为性，非是少分。此是约一一众生，以明俱时之义也。无量无边之性句，如引百界千如义详后释之，固无不可，但此下所谓六道四生等四行文，惟举一心具十法界之义以释。本书既未及此，故亦不复繁引。所谓二字，释词也。六道者，天、人、修罗、地狱、鬼、畜。四生者，胎、卵、湿、化。四生生于六道，六道不出四生。所谓人傍生（傍生者，畜生也）具四，天地狱从一（化生），鬼通胎化二，修罗通四生，是也。苦乐好丑，说其报也。约六道论，则三善道得乐好报，三恶道得苦丑报。若细别之，每道复各有差别。寿命形量，说其果也。如不持杀戒为因，则寿命夭短为果。而因地戒杀放生者，必得高寿长命之果。若贡高我慢为因，则形量侏儒为果。而因地恭敬忍辱者，必得相好庄严之果。然苦乐等，可约六道通论。寿命等则否，如鬼道寿命形量，皆胜过人道也。愚痴智慧，可约十界通论，有兼不兼而已。世间染法，不可殚述，故以等字一切字括之。三乘因果等者，谓以四谛十二因缘六度为因，成声闻缘觉菩萨三乘之果。等者，等于佛也。如是等十法界无量差别染净二法之性，悉具于一一众生性体中，一丝不少。以是义故，可知其俱时具有矣。藏体在障，名为本住法身者，众生虽为三障所覆，然藏体本来常住，故曰本住法身，通常名为自性天真佛，亦名佛性，即如如佛也。出障法身，即智慧佛也。性净法身，约智德言。性净涅槃，约断德言。通常名为妙极法身，清净法身。余文可知。

　　按智者大师《法华玄义》，发明百界千如之旨：谓一法界即具十，十法界则具百。而每一法界，又具十如，百界则具千如，故曰百界千如。十如者，如是性，如是相，如是体，如是力，如是作，如是因，如是缘，如是果，如是报，如是本末究竟等也。又《摩诃止观》言：一如有三世间。一界十如，则具三十世间。百界千如，则具三千世间。而此三千性相等，具于一念之心，故曰一念三千。若约性德，谓之理具三千。若约修德，谓之事造三千。世间者：过、现、未三际迁流，曰世；彼此间隔，曰间，即有为法之别名。三世间者：一切有为法，可类分为三：一者，五阴，色受想行识是也（十界五阴，各各有差别之性相等，迁流不息，间隔不通，故名五阴世间）；二者，众生，此是五阴假立之内身，亦即正报；三者国土，此是五阴假依之外器，亦即依报。十界之正报依报，亦各各有差别之性相等，迁流不息，间隔不通，故名众生世间，国土世间。前者亦名情世间，或曰假名世间，后者亦名器世间也。三世间名义，见《大智度论》。百界千如，三千性相等，教乘中常引用之，学者不可不知其义，故附述于此。

　　然诸一一众生，无始已来，虽复各各具足染净二性。但以造业不同故，熏种子性，成种子用，亦即有别。种

子用别故，一时之中受报不同。所谓有成佛者，有成二乘果者，有入三途者，有生天人中者。复于一一趣中，无量差别不同。以此论之，如来藏心之内，俱时得具染净二事。如一时中，一切时中，亦复如是也。

此约多人，以明一时俱具也。谓一一众生，虽本来各各具足二性，并无差异。但以旧日所造之业，染净不同，因而熏性成种，种起现行，成为事用，遂各不同。由种子而起事用，既多差别，故一时之中，各受各报，亦即大有不同矣。有成佛者数句，正明十法界受报不同，以显净染二事俱时具有之义。一一趣，犹言一一界。通常趣字约六道言，然亦通于四圣。趣者，趣向也。无量差别者，如同一人法界，即有贤愚贫富之种种殊异，故曰一一趣有无量差别。以此论之下，结成约多人言，俱时得具二事也。

然此一一凡圣，虽于一时之中，受报各别。但因缘之法无定，故一一凡圣，无始已来，具经诸趣，无数回返。后遇善友，教修出离，学三乘行，及得道果。以此论之，一一众生，始终乃具染净二事。何以故？以一众生受地狱身时，无余趣报。受天报时，亦无余趣报。受一一趣中一一身时，亦无余身报。又受世间报时，不得有出世果。受出世果时，无世间报。以是义故，一众生不得俱时具染净二事，始终方具二事也。一切众生亦如是。是故如来之藏，有始终方具染净二事之义也。

此约一人，以明始终方具也。凡圣因果，无非缘起之法。故染熏成染，净熏成净。无定者，正明其因熏修而致异，不能执性以废修也。具经诸趣，无数回返者，如水陆道场文云"钻马腹，入驴胎，镬汤炉炭经几回，才从帝释殿前过，又向阎君锅里来"是也。此中趣字，专指六道言。因证声闻果者，已出轮回矣。教修出离者，教以修行出离苦海之净法。三乘行，谓四谛十二因缘六度等功行。得道果者，修道而得果也。缺大悲心，则得二乘果。发大道心，则趣向佛果。若遇善友教以净土法要，则一生极乐，便登不退，直至成佛，此念佛法门之所以尤妙也。何以故下，正明一众生受一报时，同时不受余趣余身之报，以显始终方具之义。以是义故下，结成约一人言，始终方具二事也。末句，总结约事染、事净以论藏体，不但有俱时具有之义，复有此始终方具之义也。

问曰：如来之藏，具如是等无量法性之时，为有差别，为无差别？

答曰：藏体平等，实无差别，即是空如来藏。然此藏体，复有不可思议用故，具足一切法性，有其差别，即是不空如来藏。此盖无差别之差别也。此义云何？谓非如泥团具众微尘也。何以故？泥团是假，微尘是实。故一一微尘，各有别质。但以和合成一团泥，此泥团即具多尘之别。如来之藏，即不如是。何以故？以如来藏是真实法，圆融无二故。

自此以下共五科文，正明藏体一异无碍圆融之旨。法众其谛听之，问词中如是等三字，承上来具明染净性事而言。无量法性者，藏体缘起十法界，故曰无量法。性即染净之性，此中虽单举性，实亦兼事。以向下四科理事无碍等，皆是显成本科所云圆融无二之理。故知此中，隐括有事也。问意以为，藏体是一，则为无差别。而复具无量法性等之异，则为有差别。然则究为一耶？为异耶？答之曰：藏体平等，本无染净之殊，岂有差别之相？此如来藏之所以为空也。复具有缘起十法界，不思议差别之性用，此如来藏之所以为不空也。若闻空而以为定一；闻不空而以为定异；闻空而不空，以为一当碍异；闻不空而空，以为异当碍一，皆执见也，皆妄计也。须知藏体具如是等缘起之用时，乃是全体起用，全用即体，故不妨其有差别，不碍其无差别。以其虽有差别，实为无差别之差别耳。此之谓无碍圆融。此义云何下，举喻反显其理。何谓反显？泥团具众微尘，有似藏体具无量法。然而藏体，非如泥团之比也。何以故下，正释其非。盖泥团由众尘和合而幻有，藏体则自起诸法之幻用，故如来藏是真实法，非如泥团为幻有法也。当知众尘本各有别质，故泥团之具有众尘，即各成差别。诸法乃并无实体，故如来藏虽具足诸法，而圆融无二也。

> 是故如来之藏，全体是一众生一毛孔性，全体是一众生一切毛孔性。如毛孔性，其余一切所有世间，一一法性，亦复如是。如一众生世间法性，一切众生所有世间一一法性，一切诸佛所有出世间一一法性，亦复如是。是如来藏全体也。

此约不变随缘，举如来藏全体而成众法，以明其无碍圆融也。由一众生之一毛孔，推至一切诸佛出世法，皆是如来藏全体起用。非少分藏性所成，故举一众生一毛孔性，全体即是一切毛孔性。乃至一众生世间法性，全体即是一切世间出世间一一法之性也。何以故？理外无事故。

> 是故举一众生一毛孔性，即摄一切众生所有世间法性，及摄一切诸佛所有出世间法性。如举一毛孔性，即摄一切法性。举其余一切世间一一法性，亦复如是，即摄一切法性。如举世间一一法性，即摄一切法性。举一切出世间所有一一法性，亦复如是，即摄一切法性。

此约随缘不变，举一一法即摄如来藏全体，以明其无碍圆融也。由一众生之一毛孔性，推至一切诸佛出世法，一一皆摄如来藏全体，非摄少分。故举一众生一毛孔性，即摄一切世出世间法之全性也。乃至举一切出世间一一法性，亦复如是即摄一切法性。何以故？事外无理故。

> 又复如举一毛孔事，即摄一切世出世事。如举一毛

孔事，即摄一切事。举其余世间出世间中一切所有，随一一事，亦复如是即摄一切世出世事。何以故？谓以一切世间出世间事，即以彼世间出世间性为体故。是故世间出世间性，体融相摄故。世间出世间事，亦即圆融相摄无碍也。

上两科，明全理而成一一事，一一事即摄全理，所谓理事无碍也。今明事事皆全理之事，故一事可摄一一事，所谓事事无碍也。夫事相虽差，性体则一。性体既圆摄，事相亦即圆摄，故无碍也。须知凡夫处处执著，所以事事成碍。如证人空，成罗汉，便眼能见耳能闻，纳须弥于芥子等。可知事相虚假，原无质碍耳。

是故经言：心佛及众生，是三无差别。

全藏性而成事用，全事用即是藏性。虽性为能成，事为所成，似有能所之差。实则藏体平等，本无差别。既是无差成差，当知差即无差。因引《华严经》"心佛众生，三无差别"为证。夫由一心而成佛成众生，无差之差也。然众生是佛心内之众生，佛是众生心内之佛，差即无差矣。明得理事无差之差，差即无差，则藏体一异无碍圆融之义，罄无余蕴矣。

以文字语言，显深微妙理，本是难事。是故诸佛说法，必加譬喻。喻者，晓训之义。所谓月隐重山，举扇以晓之。风息太虚，动树以训之。此亦如是。恐法说弗了，故复举明镜，以喻清净妙心之圆融无碍也。因法立喻，分科故同。

譬如明镜，体具一切像性，各各差别不同，即是无差别之差别也。若此镜体，本无像性差别之义者，设有众色来对，像终不现。如彼炽火，虽复明净，不能现像者，以其本无像性也。既见镜能现像，定知本具像性。以是义故，此一明镜，于一时中，俱能现于一切净秽等像。而复净像不妨于秽，秽像不妨于净，无障无碍，净秽用别。昱然有此像性像相之别，而复圆融不异，唯是一镜。

明镜具一切像之性，喻藏体具染净之性。镜体，是一，无差别也。像性不同，是异，有差别也。虽具一切像性，而镜体平等一味，是谓无差而差。此总义也，下复别明。若此镜下，谓明镜若不具有像性，即无像相显现。喻藏体若不具有染净之性，即无染净事现。复以炽火帖喻（帖与贴通，附益之义。举火喻附镜喻，益足以反显镜具像性之理），炽火虽明，以本无像性故，不现像相。反显镜现像相，知其本具像性矣。以是义故下，言明镜于一时中，净像秽像，互现无妨。然虽有净秽性相之别，而圆融不异，体唯一镜。以喻藏体于一时中，净事染事，不妨各现。然虽具染净性事之别，而无碍圆融，唯是一心，则无差而差之理可明矣。

何以故？谓以此镜全体是一毛孔像性故，全体是一切毛孔像性故。如毛孔像性，其余一一微细像性，一一粗大像性，一净像性，一秽像性等，亦复如是，是镜全体也。

无论一切大小粗细净秽等像，彼一一像现，皆是明镜全体性现。是举明镜之性，全体而成一切像之性也。微细像，如羊毛尘等。粗大像，如山河等。净像，如四圣。秽像，如六凡。此喻举全藏体以成世出世间一切之事，以显全理成事之义。

是故若举一毛孔像性，即摄其余一切像性。如举一毛孔像性，即摄一切像性。举其余一一像性，亦复如是即摄一切像性也。

一毛孔像性，乃至一切像性，既皆摄明镜全体之性。故举一一像性，即摄其余一切像性也。合法可知。此明全事摄理，故举像性言。下明全事摄事，故举像相言也。

> 又若举一毛孔像相，即摄一切像相。如举一毛孔像相，即摄一切像相。举其余一一像相，亦复如是即摄一切像相。何以故？以一切像相，即以彼像性为体故。是故一切像性体融相摄故，一切像相亦即相融相摄也。

此科文相易知。至一相摄一一相之理，可以通俗共见之电光影戏譬之。若非相摄无碍者，以一小小纸片，何能于电光中现出山河人物相哉？知此，则事事相摄之理可明矣。或曰：此虚幻耳。嗟乎！正由凡夫妄想，不知此身，外洎山河虚空大地，咸是妙明真心中物，而妄执为实有，所以不能事事无碍耳。此之谓迷，此之谓无明。所以惑业苦三，头出头没，循环不断者，皆由于此。若了得一切皆是虚幻，无非电光影戏。则能知境虚，便是观智。从此加用功行，即可转凡入圣矣。大众猛省！

> 以是譬故，一切诸佛，一切众生，同一净心如来之藏，不相妨碍，即应可信。

此如来藏。约众生言，为本明。如镜为尘埋，故名为有垢净心。约诸佛言，是修明。如尘磨明显，故称为无垢净心。然非今喻意。今喻但谓，明镜虽现像差殊，而无障无碍，唯是一镜。以喻藏体虽缘起各异，而无障无碍，唯一净心。结成初明法界体一文中，一切众生、一切诸佛唯共一如来藏之义，以明差即无差也。

> 是故经言？譬如明净镜，随对面像现，各各不相知，业性亦如是。此义云何？谓明净镜者，即喻净心体也。随对者，即喻净心体具一切法性，故能受一切熏习。随其熏别，现报不同也。面者，即喻染净二业也。像现者，即喻心体染净二性，依熏力故，现染净二报也。各各不

相知者，即喻净心与业果报，各不相知也。业者，染净二业，合上面也。性者，即是真心染净二性，合上明镜具一切像性也。亦如是者，总结成此义也。又复长行问云：心性是一者，此据法性体融，说为一也。云何能生种种果报者，谓不解无差别之差别，故言云何能生种种果报也。

经偈中，约义有八，即一镜、二明、三净、四随、五对、六面、七像、八现。此八义中，具三重能所，即明净镜为能现，像为所现；面为能对，明净镜为所对；镜之明净为能随，面像为所随也。明净镜，喻净心藏体。开之则为三：镜喻法身之体，明喻般若之相，净喻解脱之用。体相用三大，绝对无双。故具足一切法性，而能随其熏别，显现世出世果报不同也。面即喻业，对则喻熏，像喻果报。各各不相知者，谓镜面像等，云何随，云何对，云何现，互不相知。以喻心业果等之于随对现，亦各不相知也。业性亦如是句下，合法，在文可知。末复引长行，结成无差别之差别义。长行中，心性是一，云何能生种种果报二句，是文殊菩萨问语。菩萨岂不知无差成差，以大悲故，为众生问耳。凡一切经中，请法之语，权现之迹，皆同此理，不可不知。

此修多罗中喻意，偏明心性能生世间果报。今即通明能生世出世果，亦无所妨也。是故《论》云：三者，用大能生世间出世间善恶因果故。以此义故，一切凡圣一心为体，决定不疑也。

上来所引经偈，本是单喻心性能生世间因果。然即以之通明世出世因果，亦无所妨。是故下，引《起信论》以证其无妨也。用即体相用之用，世间通指六凡，出世间通指四圣。此十法界因果，皆由一心缘起，故曰能生。以一心能缘十法界因果，故曰用大也。按今本《起信论》，此句无恶字。唐贤首国师《起信论义记》亦然，当别有据。吾辈读古德书，凡遇异义之处，会其通，取其精可也。因此而起偏执斗诤，大不可也。学者戒之！以此义故下，结成差即无差之义。

> 又复经言：一切诸佛法身，唯是一法身者，此即证知一切诸佛，同一真心为体。以一切诸佛法身是一故，一切众生及与诸佛，即同一法身也。何以故？修多罗为证故。所证云何？谓即此法身流转五道，说名众生。反流尽源，说名为佛。以是义故，一切众生，一切诸佛，唯共一清净心如来之藏平等法身也。此明第一圆融无碍法界法门竟。

先引经言，一切诸佛是一法身。例知一切众生及与诸佛，即同一法身。何以故下，更引修多罗法身流转说名众生，反流尽源说名为佛，证成一切众生一切诸佛唯共一如来藏之义。平等法身，即自性清净心，亦即如来藏，《楞严》所谓常住真心是也。须知十方诸佛，为究竟佛。约三世言，过现皆究竟佛也。而一切众生，则未来佛也。即一阐提，时节因缘到来，亦可作佛。盖法身常住，在凡不减，在圣不增，本来平等，所惜者众生迷真逐妄耳。若能一念回光，发心念佛，即是反流功夫，迨得往生极乐，便登不退。从此见佛闻法，而与清净海众，共为伴侣，直至成佛。此真胜异方便，大众所宜努力也。此中虽但言生佛，已括三乘在内。因其正在反流之中，虽非流转五道，而为尘沙无明所障，尚有变易生死。及断生相无明，乃觉尽心源，说名为佛矣。末句总结。

> 次明第二因果法身名别之义。问曰：既言法身唯一，何故上言众生本住法身，及云诸佛法身耶？

> 答曰：此有二义：一者以事约体，说此二名；二者约事辨性，以性约体，说此二名。

上科明藏体圆融无碍文中，有云：如来之藏，在众生为在障本住法身，在诸佛为出障法身。今复征起而重释之。盖本住法身，是因地之称。诸佛法身，乃果德之号。今明法身之体唯一，所以说此因果各别之名者，其义有二：一者，约染净之事以明体，得立二名；二者，约染净之性以明体，亦得立二名。以性约体上，复云约事辨性者，明性本无相，即二即一。但由其有染净事，得辨有染净性耳。

  所言以事约体，说二法身名者，然法身虽一，但所现之相，凡圣不同。故以事约体，说言诸佛法身众生法身之异。然其心体平等，实无殊二也。若复以此无二之体，收彼所现之事者，彼事亦即平等，凡圣一味也。譬如一明镜，能现一切色像。若以像约镜，即云人像体镜，马像体镜，即有众镜之名。若废像论镜，其唯一焉。若复以此无二之镜体，收彼人马之异像者，人马之像，亦即同体无二也。净心如镜，凡圣如像，类此可知。以是义故，常同常别。法界法门，以常同故，《论》云：平等真法界，佛不度众生；以常别故，《经》云：而常修净土，教化诸众生。此明约事辨体也。

  首二句标词。然法身虽一下，可分四节明之：一法说，二喻说，三法合，四示义。法说中，法身虽一，以有随缘之能，故现凡圣因果事相。此以体从事，无差成差也，实则心体平等无二。若融事入体，彼事亦即平等一味。此以事从体，差即无差也。喻说中，明镜喻心，人马像喻凡圣。以镜从像，故有二镜之名。若以像从镜，则唯一镜体，无二无别。废像论镜，犹言不论像专论镜。人像体镜等，犹言现人体像之镜，现马体像之镜。随像而立人镜马镜之名，喻如随事而立因法身果法身之名也。法合可知，总之，约事言，即事造三千；约性言，即理具三千，此其异也。而两重三千，同居一念，可知藏体唯一矣。示义中，谓事相随缘，性体不变，所以差即无差，是之谓常同。体虽不变，而事随缘，所以无差成差，是之谓常别。常同常别，一心天然具此二门，故曰法界法门。末复引经论以证常同常别之义。以常同故，则一真法界，平等无二。既无众生可度，即亦无佛可成。此是称理之谈。所谓普度众生，无度生相。上成佛道，无成佛相。非谓不度生，不成佛也。以常别故，则众生应常修净土而上求，佛亦广度众生而下化，弥陀常教化娑婆，吾辈常求生极乐是也。末句结明约事辨体。

> 所言约事辨性以性约体，说有凡圣法身之异名者，所谓以此真心能现净德故，即知真心本具净性也。复以真心能现染事故，即知真心本具染性也。以本具染性故，说名众生法身。以本具净性故，说名诸佛法身。以此义故，有凡圣法身之异名。若废二性之能，以论心体者，即非染非净，非圣非凡，非一非异，非静非乱，圆融平等，不可名目。但以无异相故，称之为一。复是诸法之实，故名为心。复为一切法所依止故，名平等法身。依此平等法身有染净性故，得论凡圣法身之异。然实无别有体，为凡圣二种法身也。是故道一切凡圣，同一法身，亦无所妨。何以故？以依平等义故。道一一凡，一一圣，各别法身，亦无所失。何以故？以依性别义故。

首二句标词，自所谓至本具染性也。初明约事辨性，自以本具染性故至异名；次明以性约体，自若废二性之能至法身也；三明泯能显体，自是故至末；四结成常同常别义。初明约事辨性者，言若非能现，安知本具；若非本具，云何能现？此即理具具于事造，事造造于理具之义也。次明以性约体，即承约事辨性而来。谓以其能现染净事故，知其本具染净性。然则性既本具，所以生佛皆得名为法身。既有染净之别，所以说因果法身之异名也。三明泯能显体中，若废二性之能以显心体句，标起；非染非净下，释成。能谓随缘之能，指性用言。废犹言泯也。一异，约体用言。静乱，约涅槃生死言。今既泯用入体，故一切俱非，圆融平等，不可名目矣。夫约体言之，本无差别之异，差别之相，故称之为一。然虽无异相，而是圣凡诸法之真实性体，故名之为心。即此一心，能为染净因果一切法之所依止，故名平等法身。此皆约性体以立名也。而依此平等法身有随缘之性，故得凡圣法身之异名。此则约性用以立名也。然用虽别，而体仍一。岂因果法身，各有一体哉？此一节文，盖明体一用异，而异复体一。直是一不定一，异不定异，极显藏体一异圆融无碍之旨。四结成常同常别义中，道字作说字解。平等，谓染净二性之体同也。性别，谓染净二性之用别也。

问曰：如来之藏，体具染净二性者，为是习以成性？为是不改之性耶？

答曰：此是理体用不改之性，非习成之性也，故云佛性大王。非造作法，焉可习成也。佛性即是净性，既不可造作故，染性与波同体，是法界法尔，亦不可习成。

大师虑人随文起执，以为染净事用，系随缘熏成。然则上言以能现染净事故，知其本具染净性者，不知性用亦由熏习而成乎？抑始终不改乎？今释之曰：此之性用，乃是全理成体，全体起用，始终不改之性，非习成也。盖佛性称为大王，大者统摄之义，王者自在之义。性体天然自在，能统摄十法界因果。本非造作文法，岂可习成？非但净性法界法尔，不由造作，即随染之性，与彼净性原同一体，亦复法界法尔，不可习成也。须知约性用言，虽亦有熏习成种义。然必其性本具，方能习成。如上明能熏亦唯心所具文中，已广辨之矣。

问曰：若如来藏体具染性，能生生死者，应言佛性之中有众生，不应言众生身中有佛性。

答曰：若言如来藏体具染性能生生死者，此明法性能生诸法之义。若言众生身中有佛性者，此明体为相隐之语。如说一切色法,依空而起,悉在空内。复言一切色中,悉有虚空。空喻真心,色喻众生,类此可知。以是义故,如来藏性能生生死,众生身中悉有佛性,义不相妨。

问意蹑上文来。盖谓佛性大王,义固然矣。但如来藏,即是佛性异名。既如来藏体具染性,能生生死,非由习成者。但应言佛性之中有众生,不应复言众生身中有佛性矣。释之曰:所谓如来藏体具染性,能生生死者,此义是明心法之性,能生诸余染法,则谓众生在藏体内可也。而复言众生身中有佛性者,此语是明藏体为生死相所隐覆(即真如在障意),则谓佛性在众生身中,亦无妨也。今以空喻真性,以色喻众生,如言一切色法,悉在空内。复言一切色中,悉有虚空。两义并不相妨,以此类推,则藏性生生死,众生有佛性,两语义不相妨,亦可知矣。譬如此一讲堂,堂之内外,空空如也。故说堂在空内,说空在堂内,皆无不可,有何妨碍。虚空无处不遍,可喻心性之无内无外,无在无不在矣。

问曰:真如出障,既名性净涅槃;真如在障,应名性染生死,何得称为佛性耶?

答曰:在缠之实,虽体具染性故,能建生死之用;而即体具净性故,毕竟有出障之能,故称佛性。若据真体具足染净二性之义者,莫问在障出障,俱得称为性净涅槃,并合名性染生死。但名涉事染,化仪有滥。是故在障出障,俱匿性染之义也。又复事染生死,唯多热恼。事净涅槃,遍足清凉。是以单彰性净涅槃,为欲起彼事净之泥洹。便隐性染轮回,冀得废斯事染之生死。若孤题性染,惑者便则无羡于真源。故偏导清升,愚子遂乃有欣于实际。是故在障出障,法身俱隐性染之名。有垢无垢,真如并彰性净之号。此明第二因果法身名别之义竟。

问意谓，众生有佛性，义固无妨。但立名有滥，何则？佛者，觉也。众生者，不觉也。诸佛之真如出障，既名曰性净涅槃。众生之真如在障，应名为性染生死。何得概称为佛性耶？答释中，具有二义：一、本具净性义，二、令起净修义。自在缠之实，至故称佛性，明初义也。实者，真实性也，即是真如，亦即佛性。言在缠之真如，体具随缘之能。今虽随染熏而作生死，若遇净熏，即毕竟有出障之能。既具性净之能，是故称为佛性也。自若据真体，至并彰性净之号，明次义也。此中复分为二：先约体具二性，以明在障出障，并得名净名染。后约恐滥化仪，以明彰净匿染，为欲令起净修。盖约真如本体言，平等一味，本无涅槃生死，有何染净之差？而约体具性用言，则众生作生死时，不妨体具净性之能。诸佛作涅槃时，不妨体有染性之用。故无论在障出障，并得名为性净涅槃，名为性染生死。然而生佛概称佛性者，以生死名涉事染，恐滥教化之仪，故不言耳。要知诸佛分上，说净，说染，说涅槃，说生死，毫无关系。众生则不然，闻说本具佛性，则心生欢喜，而遍体清凉。闻说性染生死，则心生恚怒，而反增热恼。是故单彰性净者，为欲令彼顾名思义，厌生死，修泥洹也（泥洹即涅槃，不生不灭之义）。若说性染，何益之有？又须知众生愚惑，处处生著，若闻出障亦有性染之用，而不知诸佛不住生死，不住涅槃。所谓染用者，乃是不起道场，随类应现。以不知故，便谓真堕轮回，滥同凡夫，我何羡于真源？故必偏举清凉升进之名义导之，彼乃欣欣然发心修证于实际矣（真源者，所谓觉心源故，名究竟觉是也。实际者，实际理地也。皆自性清净心之异名）。以是义故，无论在障出障，俱隐性染而名为法身。无论有垢无垢，并彰性净而说为真如也。是故吾辈欲弘扬佛化，劝导世人，必称善哉善哉，令生欢喜。然后婉言曲喻，以引导之。若说佛理，尤宜圆满，无漏无偏。且对浅人，亦不可遽谈深理也。为善知识者，不可不知。末句总结。

次明第三在障出障之义。问曰：既言真如法身，平等无二，何得论在障出障，有垢无垢之异耶？

答曰：若论心体平等，实无障与不障，不论垢与不垢。若就染净二性，亦复体融一味，不相妨碍。

此第三科，乃重就初科中法身在障出障，及第二科有垢无垢之文，明其所以也。又前第二科，是就法身之名别，以明其一而异。今第三科，是就在出之真体，以明其异而一。会得此两大科道理，则于藏体一异，圆融无碍之旨趣，便可洞然明白。或问：当文云在障出障之义，而科目云在障出障之理，敢问义理二字，通别如何？须知：义理皆名下之诠。然有相可指曰义，无相可指曰理，此其别也。克实言之，义相乃显理体，理体必具义相。故言理言义，皆无不可，此其通也。

所谓障者，何物耶？我辈凡夫，正在障中。若不先知障之名相，云何修断？在前虽已略说，今更为详言之。障有三种：一烦恼障，二业障，三报障。烦恼障亦名惑障，即是妄想。在菩萨，有无明惑，即根本无明是也，能障中道实相理谛。在二乘，有尘沙惑，能障化道，谓不能通达多如尘沙之法门，而自在教化也。尘沙，约法门言，若约惑体，则唯一劣慧而已。在凡夫，有见思惑，即枝末无明。贪嗔痴等，由倒想起，名为思惑。身边等见，由邪见起，名为见惑。此见思惑，能障自心真空之理，能造善与不善及不动之业，能成分段生死。分段者，凡夫正报，有分段差异。《唯识论》曰：身命长短，各有定限是也。若断见思二惑，便了生死而离三界，此即二乘所证之涅槃。又见思惑，三乘通断，名为通惑。无明尘沙，名为别惑。别惑虽二乘未断，至菩萨位，乃断尘沙。金刚道后，方断无明。业障者，在菩萨为二边业，即非漏非无漏业。漏者，漏落于生死轮回也。谓非如凡夫之漏于分段生死，亦非如二乘之住于偏空涅槃，即不住生死不住涅槃之意。此业能感实报庄严土，在二乘为无漏业。二乘已离分段生死，但有变易生死，故曰无漏。变易者，谓二乘圣人，色形寿命，随意生灭，微细变易，亦名为意生身。是故变易本非生死，因其随意生灭，是无常法，故名为生死耳。此业能感方便有余土，在凡夫为善业，则感三善道；为恶业，则感三恶道；为不动业（即界内禅定），则感色无色等天也。报障者，在菩萨，正报为胜妙身（随类应现，神化殊妙），依报为实报土。在二乘，正报为意生身，依报为方便土。在凡夫，正报为五阴分段之幻身，依报为凡圣同居之秽土。业报二障中，凡夫业报，未出生死轮回，名之为障，其义易知。若菩萨二乘之业报，则因其未证佛果，未居常寂光土，故皆称为障也。此惑业报三种障，非忏悔不能除。而真实忏悔，须念实相。欲证实相，须修止观。盖由体真止，入空观，能破见思惑，空善恶不动业，了分段报。由方便随缘止，入假观，能破尘沙惑，空无漏业，脱变易报。由息二边分别止，入中道观，能破无明惑，融二边业，而知虚状果报，不生不灭，唯是一心，体证真如也。下约用差别中，明真如在障出障，由于染熏净熏。须知修习止观，即是净熏令起净用之无上法门耳。他如净土宗之念佛，不起杂念，止也；字字分明，观也。禅宗之看话头，不可用心意识参，止也；又不可堕入无事甲里，观也。岂有一法，能出止观者哉。

文中，问意可知。答谓：就心体言，一切平等，实无障垢与否之可说。即就性用言，虽有染净二名，实则原同一体，融成一味，并无差别。不相妨碍者，差即无差之意。

但就染性依熏起故，有障垢之名。此义云何？谓以染业熏于真心，违性故，性依熏力，起种种染用。以此染用，违隐真如顺用之照性故，即说此违用之暗，以为能障，亦名为垢。此之垢用，不离真体故，所以即名真如心，为在障法身，亦名为有垢真如。若以净业熏于真心，顺性故，性依熏力，起种种净用，能除染用之垢。以此净用，顺显真心体照之明性故，即说此顺用之照，以为圆觉大智，亦即名大净波罗蜜。然此净用，不离真体故，所以即名真心，为出障法身，亦名无垢真如。以是义故，若总据一切凡圣，以论出障在障之义，即真如法身，于一时中并具在障出障二用。若别据一一凡圣，

以论在障出障之义，即真如法身，始终方具在障出障二事也。

初句中，染性二字，宜依宗圆记，改作二性，或作染净，于文相方合。因其下此义云何句，是承上启下，而下文则兼明染净。由此例知此句，必为总标之词也。有障垢之名句，文略。如云：有在障出障有垢无垢之名，则意义显明矣。染业，即无明种子等。违性者，违于清净自性。染业皆是向外驰求，故曰违也。种种染用，其总相不出贪嗔痴。违隐者，真如本具顺用之照性，因染垢之违用而隐覆之也。隐即障义。违用之暗者，违于真如照性，故曰暗也。真体竖穷横遍，本无可离。犹如穷子，虽舍父逃逝，实未离长者之心，故曰垢用不离真体也。此中有三重能所：一、染业为能熏，真心为所熏。此明由于染熏，故性随熏变。二、染性为能起，染用为所起。此明种种染用，皆由性依熏力而起。三、染用为能障，真如为所障。此明因染用违本照之性，致真如为所隐覆，故名染用为能障。然而染用复不离真如自体，而违隐真如，故名真如为所障也。净业，即前文所云诸佛真如用法，及福智二种净业是也。以此熏心，则顺于性净明体，故曰顺性也。种种净用，可概括为戒定慧。如持戒不犯，能除贪也。定者，放下六根，归于一念。复观一念之起灭，何来何去，能除嗔也。慧者，照了妄想本空，真心本有，能除痴也。若戒开为三，则摄律仪戒，即诸恶莫作；摄善法戒，即众善奉行；摄众生戒，即广度众生。定则有世出世定，及出世间上上定。慧则有生空法空及一切智等。总之，戒定慧三学，为除心垢之帚。故曰，能除染用之垢也。顺显者，净用既与真如相顺，故心体明照之性显现。一切智，道种智，一切种智，一心圆发，故曰圆觉大智。大净波罗蜜，即究竟清净也。此中亦具三重能所：一、净业为能熏，真心为所熏。二、净性为能起，净用为所起。三、净用为能出，真如为所出。以此三重能所，顺文销之，文相易知。以是义故下，应设问曰：所谓在障出障者，为同时并具？为前后方具？答曰：约多人横论，同时并具。约一人竖论，始终方具。然此是约大体而言，若就一人在障出障之始终，分析言之，则自一念不觉，法身流于五道，是为在障之始。后遇良师善友，闻法知义，发心修行，是为出障之始。然障未除尽，即出未究竟。故自观行至等觉，障垢分分除，法身分分显。直至妙觉，上成佛道，然后三身圆现，三德圆彰。是故约一人而论其在障出障之始，则有前后。若论其在障出障之终，乃是同时也。

> 然此有垢无垢在障出障之别，但约于染净之用说也。非是真心之体，有此垢与不垢障与不障。

此明名虽异，而体实一也，即常别常同意。盖说在说出，皆系约用立名。何则？克实论体，本无障与不障、垢与不垢。但因一念不觉而起违用，名为在障；一念发觉而起顺用，名为出障。是则惟就违顺用别，而有在出之假名。于真心本体上，有何关系乎？

> 问曰：违用既论为垢障，违性应说为碍染。
> 答曰：俱是障性垢性，亦得名为性障性垢。此盖平等之差别，圆融之能所。然即唯一真心，勿谓相碍不融也。
> 问曰：既言有平等之差别能所，亦应有自体在障出障耶？
> 答曰：亦得有此义。谓据染性而说，无一净性而非染，即是自体为能障，自体为所障，自体为在障。就净性而论，无一染性而非净，即是自体为能除，自体为所除，自体为出障。是故染以净为体，净以染为体。染是净，净是染，一味平等，无有差别之相。此是法界法门，常同常别之义。不得闻言平等，便谓无有差别。不得闻言差别，便谓乖于平等也。此明第三在障出障之义竟。

此设为问答，结显藏体之圆融无碍也。初问：染用既得论为垢障，则染性应亦得说为垢障。文中碍染二字，即障垢义也。答之曰：障垢之用，俱是从性而起。故约性用而言，亦得名为性障性垢。然虽可如此说，实为平等之差别，圆融之能所。平等差别者，无差而差也。圆融能所者，差即无差也。何谓圆融能所？如染性为能障，净性即为所障。净性为能除，染性即为所除。平等一性，自为两重能所，故曰圆融。圆融能所，不外一心，故曰唯一真心。既是唯一真心，可因其有差别能所，便谓为相碍不融乎？次问：既是一性而有圆融之能所（圆融，即平等义。能所，即差别义），则即谓真心本体，自为能障所障在障，自为能除所除出障可也。亦应有此义否？答许得有此义也。盖心体无二，如以染为法界，则一染一切染，一切法趣染；以净为法界，则一净一切净，一切法趣净。故即谓真心本体，自为能障所障，能除所除，在障出障可也。由此观之，染净二性，实为体融一味，平等平等，并无差别之异，差别之相。染以净为体四句，正明其一味平等也。须知此中所说，皆是显明法界法尔，常同常别，常别常同之义。令悟不空如来藏，圆融无碍耳。明得此旨，便能理事通达，不致执平等而碍差别，执差别而乖平等。末句，总结第三科文。

次明第四事用相摄之相。问曰：体相染净，既得如此圆融，可解少分。但上言事法染净，亦得无碍相摄，其相云何？

答曰：若偏就分别妄执之事，即一向不融。若据心性缘起依持之用，即可得相摄。所谓一切众生，悉于一佛身中起业招报。一切诸佛，复在一众生毛孔中修行成道。此即凡圣多少以相摄。若十方世界，内纤尘而不迮；三世时劫，入促念而能容，此即长短大小相收。是故经云：一一尘中，显现十方一切佛土。又云：三世一切劫，解之即一念。即其事也。又复经言：过去是未来，未来是现在。此是三世以相摄。其余净秽好丑，高下彼此，明暗一异，静乱有无等，一切对法及不对法，悉得相摄者，盖由相无自实，起必依心。心体既融，相亦无碍也。

上来明理事无碍，此明事事无碍也。若不能了达事事相摄，即于理事相摄之义，未能洞彻。云少分者，并非谦词。以其于事法相摄，犹未了然故也。答有三义：一、能执之情，二、所执之事，三、所依之体。谓以情从事，则一向不融。若以事从体，则本来相摄。盖事是依他起，体是圆成实，情乃遍计执也。若不遍计起执，则依他起即是圆成实，何不可相摄之有？相无自实，起必依心，心体既融，相亦无碍四句，正明此义。谓一切事相，自无实体，所谓依他起也。而心是圆成之实体，事相之起，起必依心，是依他起本是圆成实，所谓全理起事，全事即理是也。可见一向融摄无碍。其所以一向不融者，由于分别妄执。若情执空，则心体融。心体既融，事亦无碍矣。缘起者，心性随缘而起也。既随缘起，则心性为能依能持，事相为所依所持，遂有染净事相，种种差殊。然若不分别妄执，则缘起无性，当体即空。以空印空，更何所碍。如佛心众生心，本来无二无别，本来遍周沙界。故一切众生，虽在自心中起业招报，悉不出佛身之外。一切诸佛，虽在自心中修行成道，复不出众生一毛孔之外。何以故？身及毛孔，皆具心性全体，非是少分故。推之十方微尘，三世促念，皆以一心为性。所以无边刹海，不隔毫端；十世古今，不离当念。其余事之净秽，报之好丑，位次之高下，自他之彼此，以及菩提之明，烦恼之暗，涅槃之静，生死之乱，一异之平等差别，有无之边见等，一切对不对法，凡所有相，皆是虚妄，皆无自实，唯是一心所现。其悉得相摄，可无庸疑矣。不对法者，谓不相敌对之法。如举笔，又举非笔，约名相可称相对。实则非笔中，含有墨砚及其他等等，并非一一敌对也，总以谓一切虚妄事相而已。此中凡三引经文：初所引者，证明尘刹之大小多少相收。余二所引，则证明时劫一念之长短相摄。在文可知。

问曰：我今一念，即与三世等耶？所见一尘，即共十方齐乎？

答曰：非但一念与三世等，亦可一念即是三世时劫。非但一尘共十方齐，亦可一尘即是十方世界。何以故？以一切法，唯一心故。是以别无自别，别是一心。心具众用，一心是别。常同常异，法界法尔。

问者未明圆融之义，以为既许事相相摄，则是小可入大，大可入小。岂非大小长短之相，互相齐等矣乎？不知非但相等，乃可相即。相即者，谓小即是大，大即是小。上云相等，犹有大小长短之相。今云相即，并大小等相亦无。相摄相即，浅深递进。至此而圆融无碍，发挥尽致矣。何以故下，释成。谓所以能相即者，以一切法，唯依一心而现。故一心是同，一切法是别。然而心外无法，即是同外无别。故曰别无自别，别是一心也。心具众用者，具众用于一心，别而常同也。一心是别者，标一心于众用，同而常别也。此是天然，非造作法。故曰常同常别，法界法尔。须知凡夫修道，若不悟此圆融心性，则处处著相，长劫不成。既悟而修，则时劫相倍。何谓相倍？谓既悟之后，较诸未悟以前，其修功之得益，一时可超过一劫也。

问曰：此之相摄，既理实不虚。故圣人即能以自摄他，以大为小，促长演短，合多离一。何故凡夫不得如此？

答曰：凡圣理实同尔圆融。但圣人称理施作，所以皆成。凡夫情执乖旨，是故不得。

疑意谓事法相摄，理固不虚。但在圣既然，在凡亦应得尔。何凡夫不得如此耶？答谓约理而论，凡圣实同。惟以圣人无分别心，施用作为，事与理称，所以皆成。所谓拈来无不是，用去莫生疑也。凡夫处处分别，妄情执著，不合于理，是故不得。所谓动静理全是，行藏事尽非也。乖谓不合，旨者理也。

问曰：圣人得理，便应不见别相。何得以彼小事，以包纳大法？

答曰：若据第一义谛，真如平等，实无差别。不妨即寂缘起，世谛不坏而有相别。

圣既得理，应不见有分别之相。今以小容大，是大小之相历然。何谓得理耶？不知中道第一义谛，诸法即是真如。平等平等，无相无不相。故圣人即寂即照，不妨不变随缘，而不坏世间差别之相。此正圣人之得于理也。盖大无大相，小无小相，圣人原无分别。有分别者，正汝之情执耳。世谛，即是俗谛。世谛不坏，犹言不坏世间相。

问曰：若约真谛，本无众相，故不论摄与不摄。若据世谛，彼此差别，故不可大小相收？

答曰：若二谛一向异体，可如来难。今既以体作用，名为世谛。用全是体，名为真谛。宁不相摄？

甚矣，凡夫之处处著也！初则计凡圣不同，次则计性相有异，今又计体用不融。问曰：约真谛言，本无众相，即不必论摄与不摄。约俗谛言，事相有别，即不可言大小相收。不知真俗二谛，假名有二，本体是一。盖全真谛之理，成世谛之用。全世谛之用，即真谛之理。二谛本来融通。若二谛一向不融者，汝生疑难可也。既是全体起用，名为世谛。全用即体，名为真谛。岂不可论相摄乎？

问曰：体用无二，只可二谛相摄，何得世谛还摄世事？

答曰：今云体用无二者，非如揽众尘之别用，成泥团之一体。但以世谛之中，一一事相，即是真谛全体，故云体用无二。以是义故，若真谛摄世谛中一切事相得尽，即世谛中一一事相，亦摄世谛中一切事相皆尽。如上，已具明此道理竟，不须更致余诘。

此又执理事而疑事事也。问曰：体用无二，只可言二谛相摄。何得偏就世谛,而云事事相摄耶?不知体用无二者,非如泥团之与众尘。夫揽(集合也)尘成团,似乎无二矣。然泥团是集众尘而成,非一尘能成。真谛之体,固摄世谛之一切事相。然而举世谛中之一事,亦莫不具足真谛全体。如举一事,举一一事,亦复如是具足真谛全体,非具少分,是之谓体用无二。以是义故,真谛既摄一切事相得尽。复一一事相,莫不具足真谛全体。故一一事相,各摄一切事相得尽也。如上来所说毛孔事像等,已具明此理,勿须更疑矣。须知世谛当体即空,所以一一事相,互不相乖。譬如虚空,不拒诸相发挥,故诸相亦不互拒发挥也。此中以泥团喻真谛,以众尘喻世谛,乃是异喻,故曰非如。盖就泥团众尘克实论之,实为合众尘之别质,成泥团之幻用。而今云揽众尘之用,成泥团之体者,盖约貌似为言耳。

问曰:若言世谛之中一一事相,即是真谛全体者,此则真心遍一切处。与彼外道所计,神我遍一切处,义有何异耶?

答曰:外道所计,心外有法。大小远近,三世六道,历然是实。但以神我微妙广大,故遍一切处,犹如虚空。此即见有实事之相,异神我。神我之相,异实事也。设使即事计我,我与事一。但彼执事为实,彼此不融。佛法之内,即不如是。知一切法,悉是心作。但以心性缘起,不无相别。虽复相别,其唯一心为体。以体为用,故言实际无处不至。非谓心外有其实事,心遍在中,名为至也。

西竺有一种黄发外道,为九十六种外道中最高者,立二十五谛。谛者,谓其理真实也。第一为冥谛,第二十五为神我,神我为其主要之义。盖计诸法从冥谛生,而神我即受用诸法者也。因彼初用苦功,遏捺六识妄想,返入七识。以为功已究竟,即执八识之见分为我。见此我微妙广大,能遍于一切山河大地（此即八识之相分），因以为神。故名为神我也。又外道神我之计，复有二别：一者，计异物是我，谓物我虽异，我能遍于一切物也。二者，计即物是我，谓遍处是物，即遍一切处是我也。此等外道，如不谤佛，死后生非非想天，报终仍入轮回。大师恐人不了一一事相，即真谛全体之理。疑为真心遍一切处，与神我遍一切处，义无有别。则滥同外道，为害不浅。因设为问答而破之。须知外道所计，或我遍一切，或我与事一，皆是执事相为实有，心外取法。佛法不然，知境是虚，彼一切法，悉是心作。虽以心性缘起，不无事相差别，实则唯以一心为体。因是全体起用，故曰实际无处不至。文云，非谓心外有其实事，心遍在其中，名之为至，正明其与外道之心外有法，计为神我遍一切处者，大不相侔也。

> 此事用相摄之义，难知。我今方便，令汝得解。汝用我语不？
>
> 外人曰：善哉！受教。

此真大师之善巧方便也。事事无碍，不必高推圣境。即在凡夫日用之间，随处可见，惜乎凡夫迷而不知耳。用者，犹言信用。

> 沙门曰：汝当闭目，忆想身上一小毛孔，即能见不？
> 外人忆想一小毛孔已。报曰：我已了了见也。
> 沙门曰：汝当闭目，忆想作一大城，广数十里，即能见不？
> 外人想作城已。报曰：我于心中了了见也。
> 沙门曰：毛孔与城，大小异不？
> 外人曰：异。
> 沙门曰：向者毛孔与城，但是心作不？
> 外人曰：是心作。

沙门曰：汝心有大小耶？

外人曰：心无形相，焉可见有大小？

沙门曰：汝想作毛孔时，为减小许心作，为全用一心作耶？

外人曰：心无形段，焉可减小许用之？是故我全用一念，想作毛孔也。

沙门曰：汝想作大城时，为只用自家一心作，为更别得他人心神共作耶？

外人曰：唯用自心作城，更无他人心也。

沙门曰：然则一心全体唯作一小毛孔，复全体能作大城。心既是一，无大小故。毛孔与城，俱全用一心为体。当知毛孔与城，体融平等也。以是义故，举小收大，无大而非小。举小摄大，无小而非大。无小而非大，故大入小而大不减。无大而非小，故小容大而小不增。是以小无异增，故芥子旧质不改。大无异减，故须弥大相如故。此即据缘起之义也。若以心体平等之义望波，即大小之相，本来非有。不生不灭，唯一真心也。

心能作一小毛孔，复能作一大城。此二，皆是心性全体所作，不增不减。故毛孔之性，即是大城之性。既相即矣，宁不相摄。所以芥子纳须弥，而芥子不增。须弥入芥子，而须弥不减。此约缘起之相言，故说大说小。实则心体上，并无大小之相。相生，心亦不生；相灭，心亦不灭，唯一湛寂常恒之不变真体而已。须知心性作一毛孔，复作大城，譬如心性作一众生，复能作佛。心性原无大小，若著众生相，心即非小似小矣。此修行人，所以须离相也。了了见者，心中了了而见，非用眼见。两闭目字着眼，此明行人当返观内照，不得向外驰求也。其余文相易知。

我今又问汝：汝尝梦不？

外人曰：我尝有梦。

沙门曰：汝曾梦见经历十年五岁时节事不？

外人曰：我实曾见历涉多年，或经旬月时节，亦有昼夜，与觉无异。

沙门曰：汝若觉已，自知睡经几时？

外人曰：我既觉已，借问他人，言我睡始经食顷。

沙门曰：奇哉！于一食之顷，而见多年之事。以是义故，据觉论梦。梦里长时，便则不实。据梦论觉，觉时食顷，亦则为虚。若觉梦据情论，即长短各论，各谓为实，一向不融。若觉梦据理论，即长短相摄，长时是短，短时是长，而不妨长短相别。若以一心望彼，则长短俱无，本来平等一心也。正以心体平等，非长非短故，心性所起长短之相，即无长短之实，故得相摄。若此长时自有长体，短时自有短体，非是一心起作者，即不得长短相摄。又虽同一心为体，若长时则全用一心而作，短时即减少许心作者，亦不得长短相摄。正以一心全体复作短时，全体复作长时，故得相摄也。是故圣人依平等义故，即不见三世时节长短之相。依缘起义故，即知短时长时体融相摄。又复圣人善知缘起之法，唯虚无实，悉是心作。是心作故，用心想彼七日以为一劫。但以一切法，本来皆从心作。故一劫之相，随心即成。七日之相，随心即谢。演短既尔，促长亦然。若凡夫之辈，于此缘起法上妄执为实，是故不知长短相摄，亦不能演短促长也。此明第四事用相摄之相竟。

境界大小，唯心所作。时劫长短，亦唯心所作。所谓一切唯心造也。然诸凡惑，梦时固是迷心，不梦时亦是妄心。由其迷妄，故梦时则执长时为实，不梦时又执短时为实。据理而言，所起长短之相，本无长短之实，皆由心作。且皆由心性全体而作，不增不减。是故梦时之长，即是觉时之短。觉时之短，即是梦时之长。可知本来平等，何有时节长短之异。即依缘起义，不妨说长说短，实则体融相摄。惟圣人善知缘起无实，悉是心作。故想彼七日以为一劫，则一劫之相即成，七日之相即谢。演短如此，促长亦然，成谢随心，融摄无碍。凡夫则不然。妄执缘起，以为实事。是故理为相隐，自生障隔，而反谓本不相融，诚可悲矣。上来皆大师巧施方便，于现前事相上，善为点醒，令凡夫当下了得一切唯心之旨。其发挥圆融无碍法界法门，可谓罄无不尽。末句总结第四科。

次明第五治惑受报同异所由。

问曰：如来之藏，既具一切世法出世法种子之性，及果报性。若众生修对治道，熏波对治种子性，分分成对治种子事用时。何故波先所有惑染种子事，即分分灭也？即能治所治种子，皆依性起，即应不可一成一坏。

答曰：法界法尔，所治之法为能治之所灭也。

问曰：所治之事，既为能治之事所灭者，所治之性，亦应为能治之性所灭。

答曰：不然，如上已说，事法有成有败，故此生波灭。性义无始并具，又复体融无二，故不可一灭一存也。是故众生未修治道之前，双有能治所治之性。但所治染法之性，依熏起用。能治净法之性，未有熏力，故无用也。若修治道之后，亦并具能治所治之性。但能治之性，依熏力故，分分起于净用。所治之性，无所熏力，被对治故，染用分分损减。是故经言：但治其病，而不除法。

法者，法界法尔，即是能治所治之性。病，即是所治之事。

上数科文，发明理事无碍，事事无碍之旨。是约性德，以显藏体圆融。今第五科，则明修因得果种种不同，而不碍共以一心为体。是约修德，以显藏体圆融也。治惑者，修因也。受报者，得果也。惑分理事：事惑即是十恶，理惑即见思尘沙无明。谓之惑者，惑乱人心之意。治者，如修十善以对治十恶。事，治事也。修空假中三观，对治见思尘沙无明。理，治理也。受报者，十善破十恶，得人天果。空观破见思，得二乘果。假观破尘沙，得菩萨果。中观破无明，证佛果也。同异者，众生无量，所治之惑，有理事不同。所受之报，有凡圣差别。此之谓异。若同修十善，同修三观，即同受人天二乘菩萨佛果。此之谓同。所由者，明其所以也。对治道，即十善三观等。问意谓心体本具之十善等性，因修道之熏力，分分成就现行事用，而为能治。彼先有之惑染种子事用，即分分被灭，而为所治。夫一切世间染法出世净法之种子，以染净熏为缘，而得凡圣果报。此之因缘及果，皆不空如来藏之所性具也。即是能治之净法，所治之染法，皆依性起；即应存则俱存，坏则俱坏。今乃净法成而染法坏，其故何耶？须知性是心体之本具，事乃缘起之幻相。虚幻之相，当然能治成时，所治坏灭。所谓法界法尔，勿须致疑也。复问曰：法界法尔，染法应为净法所灭者，亦应法界法尔，染性亦为净性所灭。何以事法则有成有败，性独不然耶？此中问意，前已广释。如上初明具足染净二法中所明是也。须知性是心体本具，岂能与虚幻事相，此生彼灭者，相提并论。盖性义可开为三：即是正因，缘因，了因。正因，为非染非净不变之体。缘，了，具可染可净随缘之能。是故就缘了言，染净二性，无始并具，不可一灭一存也。就正因言，名虽有三，体融无二，不可一灭一存也。故无论未修道前，已修道后，能治所治，二性双有。但前则所治之性，依熏起用。能治之性，未有熏力，是故无用。后则能治之性，依熏起用。所治之性，无所熏力，是故分减。总之，原是一性，但依熏起用不同耳。故约事言，可论存坏。约性言，不可论存坏。因引《维摩经》，但除其病而不除法为证。

经中法字，系法界法尔之义。即指能治所治之性言，与当文所治之法法字义别（所治之法，乃指事言也）。病字即指所治之事。须知染事病根，由于情执。但除情执染，染事自无。则随染之性，原是净性，不必除也。譬如眼中生翳，但除其翳，空花即灭。则见花之眼，原是净眼，何可除乎？

问曰：能治所治，可尔。其未修对治者，即无始已来，具有一切故业种子。此种子中，即应备有六道之业。又复一一众生，各各本具六道果报之性。何不依彼无始六道种子，令一众生，俱时受六道身耶？

答曰：不得。何以故？以法界法尔故，但可具有无始六道种子在于心中，随一道种子偏强偏熟者，先受果报。随是一报之中，不妨自杂受苦乐之事。要不得令一众生，俱受六道之身。后若作菩萨自在用时，以悲愿力故，用彼故业种子，一时于六道中受无量身，教化众生也。

问意谓能治所治之染净二性，既可始终并具如此。则未修对治道者，自无始以来，轮回六道，造无量业。其心性中，当具有一切故业种子。而此种子中，即应备有六道之业。又一一众生，既皆各各本具无始以来六道果报之性。上云一切众生，一切诸佛，唯共一如来藏。则何不依彼一一众生所具无始六道种子，令一众生俱时受六道身之报耶？不知法界法尔，一一众生，虽共以一心为体，然而受报各别，所谓常同常别是也。即偏据一众生而言，亦但可具有无始六道种子在其心中，而必随一道种子偏强偏熟者，先受一报，要不得俱时受六道身。譬如一抔之土，其中具有良莠等种子。然必随其缘足力强者，先成熟而发生。不能所有种子，俱时发生也。人亦如是，虽善业恶业，杂然并作。如恶种子偏强偏熟，则先受三涂中一报。如善种子偏强偏熟，则先受人天中一报。虽于一报之中，不妨杂受苦乐，如先贵后贱，或先贫后富等，然决不能俱时并受六道之身也。后遇善友，得闻教法，修对治道，断惑证真，成菩萨时，则妙用自在，乃可以悲愿力，用彼故业种子，一时现身六道，教化众生耳。或问：作菩萨时，何以尚有故业种子？此有二义：如约断证言，必至金刚道后，断除最后无明，证究竟觉，彼时故业种子，方为永尽；如约悲愿言，诸大菩萨，大悲心切，留随眠惑，使润业种，俾得受生度众，所谓留惑润生是也。以是之故，得言故业种子。今文中云：以悲愿力故，用彼故业种子。可知菩萨乃是用彼业种，受生度众。若凡夫等业力牵引者，乃是为业种所用。二者岂可同日而语哉！

问曰：据一众生，既以一心为体。心体之中，实具六道果报之性，复有无始六道种子。而不得令一众生，一时之中，俱受六道之报者，一切诸佛，一切众生，亦同以一心为体。故虽各各自具六道果报之性，及六道种子。亦应一切凡圣，次第先后受报。不应一时之中，有众多凡圣。

答曰：不由以一心为体故，便不得受众多身。亦不由以一心为体故，要须一时受众多身。但法界法尔，若总据一切凡圣，虽同一心为体，即不妨一时俱有一切凡圣。若别据一众生，虽亦一心为体，即不得一时俱受六道报也。若如来藏中，唯具先后受报之法，不具一时受报之法者，何名法界法尔具一切法耶？

此据一人别报，难十界总报也。疑意系从上文一切众生一切诸佛，唯共一如来藏生起。盖谓既是共一如来藏，即应共受一报，何为俱时有众多凡圣之异乎？故问曰：一切诸佛，一切众生，同以一心为体（即共一如来藏之意），心体中复同具有六道种子，及果报性。而一众生只能一时受一道身者，即应一一众生俱时同受一道身也。何以一时之中，见有众多凡圣？须知或得俱时见众多身，或不得俱时受众多身，不由同以一心为体故，便无如此差别也。盖法界法尔，常同常别。故约多人言，虽同一心为体，即不妨一时有一切凡圣，何必次第方见。约一人言，虽亦一心为体，即不得一时俱受六道身，必须先后而成。若如来藏心体中，不并具先后及一时受报之法者，何名为法界法尔，常同常别耶？

问曰：上言据一众生，即以一心为体。心体虽具染净二性，而净事起时，能除染事者，一切诸佛，一切众生，既同以一心为体，亦应由佛是净事故，能治余众生染事。若尔者，一切众生，自然成佛，即不须自修因行？

答曰：不由以一心为体故，染净二事相除。亦不由以一心为体故，染净二法不得相除。亦不由别心为体故，凡圣二事不得相除。但法界法尔，一切凡圣，虽同一心为体，而不相灭。若别据一众生，虽亦一心为体，即染净二事相除也。如来之藏，唯有染净相除之法，无染净不相除法者，何名法界法尔，具一切法？

问者不明常同常别之义，故于同以一心为体，终觉怀疑。复问曰：由于一切诸佛，一切众生，同以一心为体。又复此心体中，虽并具染净二性，而净事起时，染事即除。然则佛成道时，净显染灭。即应令其余众生，一齐染灭。若得尔者，是一切众生，自然成佛，不须自修因行。由此观之，同以一心为体，得无可疑耶？须知染净二事，或得相除，或不得相除，不由同以一心为体故，便无如此差别也。若谓凡圣之染净二事，不得相除者，由于别心为体，亦不然也。盖法界法尔，常同常别。约生佛言，即不得染净相除。约一人言，方得二事相除耳。总之，常同者，性德；常别者，修德。若明此理，何疑之有？

执与计，有深浅之别。以非为是，曰计。计而不舍，曰执也。执有二种：一、人我执，二、法我执。此二复各有分别俱生之不同，共成四种：大凡分别执，生于第六识。俱生，则是分别之根。故俱生我执，生于第七识。小乘至罗汉位方空，俱生法执，则生于第八识。菩萨至七地后心，藏识转时，其执皆舍。而微细之根，必至金刚道后，方得破尽，所谓不动地前才舍藏。金刚道后异熟空，即言俱生法执也。何谓人我、法我？人我执者，执五阴为实有。法我执者，虽知一切法空，而执空相不忘也。故修行人，破人我，得法空后。复须以空空之，是为重空。然而尚有寂灭之相当情，仍是俱生法执。直至能所皆寂，生灭灭尽，是为寂灭现前，然后人法皆空矣。若论当文，其人虽为凡夫，然是因法起执，可云分别法我执。盖由于耳根闻法，耳识照了，意识不能领悟，妄生分别，计非为是，故成执见耳。

问曰：向者两番都言法界法尔，实自难信。如我意者所解，谓一一凡圣，各自别有净心为体。何以故？以各各一心为体故，不得于一心中俱现多身。所以一一凡圣，不俱受无量身。又复各各依心起用故，不妨俱时有众多凡圣。此义即便。又复一一众生，各以别心为体故，一一心中，不容染净二法。是故能治之法熏心时，自己惑灭。以与他人别心故，不妨他惑不灭。此义亦便。何为辛苦坚成一切凡圣同一心耶？

问者早起此计，故有前两番疑问。而两番皆闻常同常别，心性天然之言（法界法尔，即心性天然之意），情执难忘，故曰实自难信。意谓既不得于一心中俱现多身，乃同时有众多凡圣。既一心中不容染净二事，乃不得凡圣染净相除。然则应是一一凡圣，各各别一净心为体。于义乃便。由各各一心为体故，遂各各依心起用。所以俱时，不妨有众多凡圣。自己惑灭，不妨他惑不灭。末复以辛苦坚成，唐突大师。悲乎！以非为是，而谓他人之是为非；自己妄执，反说他人坚执成见，乃凡夫之通病也。此病不除，安望成道。故向下一一痛破之。

答曰：痴人！若一切凡圣，不同一真心为体者，即无共相平等法身。是故经言：由共相身故，一切诸佛毕竟不成佛也。

痴者，责其昧于理也。共者，绝待之共。相者，无相之相，故曰平等。共相平等法身，即是一切凡圣共以一心为体之义。意谓若非共相身，何故经言，一切诸佛毕竟不成佛也。问曰：过去现在十方诸佛，毕竟是成佛否？答曰：《法华经》云：应以佛身得度者，即现佛身而为说法。如我世尊。兜率降生，非生现生。双林入灭，非灭现灭。此成佛之说也。地藏菩萨曰：众生度尽，方证菩提。地狱不空，誓不成佛。阿难尊者曰：若一众生未成佛，终不于此取泥洹。普贤菩萨曰：若于众生尊重承事，则为尊重承事如来。若令众生生欢喜者，则令一切如来欢喜。何以故？佛与众生，是共相法身故。一众生未成佛，即法身未清净故。此毕竟不成佛之说也。然则若谓各各一心为体者，是显悖圣教矣。此以理破，下引事破。

没言一一凡圣，各各别心为体，故于一心中，不得俱现多身，是故一众生，不俱受无量身者，如《法华》中所明，无量分身释迦，俱现于世，亦应不得以一法身为体。若波一切释迦，唯以一心为法身者，波云何言，一心不得俱现多身耶？若一心既得俱现多身者，何为没意欲使一一凡圣各别一心为体故，方得俱时有凡圣耶？又复经言：一切诸佛身，唯是一法身。若诸众生法身，不反流尽源，即是佛法身者，可言一切众生在凡之时，各各别有法身。既众生法身，即是诸佛法身；诸佛法身，既只是一。何为一一凡圣，各各别有真心为法身耶？又复善财童子，自见遍十方佛前悉有己身，尔时岂有多心为体耶？又复一人梦中，一时见无数人，岂可有无数心，与波梦里诸人为体耶？又复菩萨以悲愿力，用故业受生之时，一念俱受无量种身，岂有多净心为体耶？

初引释迦果人多身破，次引善财因人多身破，三引凡夫梦中多身破，四引菩萨悲愿多身破。初中，如《法华经》涌现品所明：世尊开多宝塔时，无量分身释迦，俱现于世。今谓若非共以一心为体者，则无量分身，即应有无量心耶？若一切分身释迦，唯以一心为体者，云何汝言，一心不得俱现多身？既一心得现多身，何为汝意，各别一心，方得俱时有多凡圣耶？不反流尽源，不字错简，应移在源字之下，文义乃顺。意谓：若众生反流尽源，不即是佛者，可言一切众生，各各别有法身。既众生可成佛，可知众生法身，即是诸佛法身；而诸佛法身，既知是一。何为一一凡圣，各各别有真心为法身耶？防转计曰：释迦是果佛，有神通，岂可引以为例？故复引善财因地之事破之，事见《华严经》入法界品。善财参弥勒菩萨，菩萨弹指，开毗卢楼阁令入。即自见遍十方佛前，悉有己身。然则亦有多心为体耶？又防转计曰：善财是大根大器，华严会上之人，岂可相例？乃复引凡夫梦境为证。一心作梦，而见多人，岂有多心，与彼梦里多人为体耶？又防转计曰：梦为幻境，何足为凡？更引菩萨悲愿现身之事为证。菩萨以悲愿力，于一念之间，有感必应，而同时现无量种身，岂有多心为体耶？夫因果迷悟，皆能俱时现多身。而此多身，实共以一心为体。可悟一切众生，一切诸佛，唯共一如来藏矣。

又复汝言，一一凡圣各以一心为体，一心之中不得容于染净二法故，所以能治之法熏心时，自己惑灭，以与他别心故，不妨他惑不灭，此义为便者。一人初修治道时，此人惑染心，悉应灭尽。何以故？以一心之内，不容染净二法故。若此人净法熏心，心中有净法时，仍有染法者，此人应有二心。何以故？以他人与我别心故，我修智时，他惑不灭。我今修智，自惑亦复未灭，定知须有二心。若使此人唯有一心，而得俱有染净二法者，汝云何言，以一心之内，不容染净二法，故净生染灭耶？是故诸大菩萨，留随眠惑在于心中，复修福智净法熏心，而不相妨。又复随眠之惑，与对治之智，同时而不相碍。何为一心之内，不得容染净二法耶？以是义故，如来之藏，一时具包一切凡圣，无所妨碍也。

意谓汝言一心之内，不容染净二法者，则凡一人初修对治道时，即应惑染一时灭尽，然无此事也。又汝言以与他人别心故，我以净法熏心，所以他惑不灭。然则我今修智，心中有净法时，自惑亦复未灭，岂我有二心耶？更无此理也。既是唯此一心，而得具有染净二法。云何汝言，以一心不容染净二法，故净生染灭耶？以是之故，所以诸大菩萨，既留随眠惑以润生，复修福慧净法，二者同居一心，而不相妨也。又复随眠之惑，与对治之智，虽同时并具，亦不相碍也。由此可知，如来藏能一时具包一切凡圣，常同常别，圆融无碍之理矣。留惑润生者，大悲心切，度生为急，因留其惑，不急除尽，使润业种，俾得受生，此是大菩萨境界。随眠者，谓其惑随逐不离，眠伏藏识，盖指烦恼所知二障之种性言也。又文中云：净法熏心，心中有净法时，仍有染法。此如念佛之时，并起杂念是也。不明一心并具染净之理者，每生怪诧，甚或因此烦恼。夫无始以来，染熏强而净熏弱，岂能惑染一时灭尽耶？当知吾人修对治道，懈怠不得，急燥不得，急燥即退堕之根也。必须精进有恒，不懈不躁。如此久久念去，净念渐渐得力，染念即渐渐销灭，此念佛要诀也。

问曰：既引如此道理，得以一心为体，不妨一时有多凡圣者。何为一众生，不俱受六道报耶？又复修行之人，一心之中，具有解惑种子不相妨者。有何道理，得以智断惑耶？

第一转计，前已具释（见上二明受报不同，及初释凡圣同时受报疑文中）。今复问者，前是以一难多，今则转而以多难一，总以见其情执未亡而已，由其不了性德常同，修德常别故也。第二转计，是疑智不断惑。须知事必渐除，岂因解惑种子并具，遂不能断耶？解，指智慧净法言。

> 答曰：蠓虫！如上已言，法界法尔，一心之中具有一切凡圣。法界法尔，一一凡圣各各先后随自种子强者受报，不得一人俱受六道之身。法界法尔，一心之中一时具有凡圣，不相除灭。法界法尔，一切凡圣虽同一心，不妨一一凡圣各自修智，自断其惑。法界法尔，智慧分起，能分除惑。智慧满足，除惑皆尽。不由一心之内不容染净，故断惑也。法界法尔，惑未尽时，解惑同体。不由别有心故，双有解惑。

蠓虫者，斥其如蠛蠓痴虫，愚之极也。文有六重，皆明常同常别之义。上文已一一曲示，今但牒上义而为破斥，故曰如上已言。其六重者：第一，一心具有一切凡圣，常同也。第二，各各随自种子强者，先受其报，常别也。第三，一心虽具有一切凡圣，而自他染净，不得相除。第四，一切凡圣虽同一心，而不妨各各修智断惑，此二皆明虽常同而常别也。第五，智分分起，惑分分除，不由一心不容二法而除。第六，惑未尽时，解惑同体，不由别一心故而后双有，此二皆明虽常别而常同也。六义皆是心性天然如此，非造作法。故一一标示曰，法界法尔。智慧满足，除惑皆尽者，起一分智，即除一分惑。如是历信、住、行、向、地、等觉、金刚后心，则净智圆明，而断无明尽也。

> 是故但知真心能与一切凡圣为体，心体具一切法性。如即时世间出世间事得成立者，皆由心性有此道理也。若无道理者，终不可成。如外道修行不得解脱者，由不与心性解脱道理相应也。法界法尔，行与心性相应，所作得成。行若不与心性相应，即所为不成就。此明第五治惑受报不同所由竟。

但知二字，统贯全文。谓此中所示，但凡行人，皆应知之也。一、应知真心能与一切凡圣为体，故心体实具一切法性。如本不具一切法性，则现前世出世间之一切事，皆不得成立。何以故？经云：一切唯心造。心不具一切法性者，如何能造一切事耶？二、应知如其修行不与心性解脱道理相应，便成外道。常同常别，圆融无碍，是为心性解脱道理。外道或执常同，或执常别，堕在二边。既不与心性圆融无碍之理相应，所以不能了生死而解脱耳。法界法尔下，申言心性相应则成，否则不成。天然如此，不容假借。以明此之心性解脱道理，必应了知之意。大师所以诚勉行人者，至矣！末句，总结第五科已竟。

次明第六共相不共相识。问曰：一切凡圣，既唯一心为体。何为有相见者，有不相见者？有同受用者，有不同受用者？

答曰：所言一切凡圣，唯以一心为体者，此心就体相论之，有其二种：一者，真如平等心。此是体也，即是一切凡圣平等共相法身。二者，阿赖耶识。即是相也。就此阿赖耶识中，复有二种：一者，清净分依他性。亦名清净和合识，即是一切圣人体也。二者，染浊分依他性。亦名染浊和合识，即是一切众生体也。此二种依他性，虽有用别，而体融一味，唯是一真如平等心也。以此二种依他性，体同无二故。就中，即合有二事别：一者，共相识；二者，不共相识。何故有耶？以真如体中，具此共相识性，不共相识性故，一切凡圣，造同业熏此共相性故，即成共相识也。若一一凡圣，各各别造别业，熏此不共相性故，即成不共相识也。

共相识，不共相识，下科一一自释其义。盖共相，指依报言。如山河大地等，为多人共同受用者是。不共相，指正报言。如五阴色身，为一人各别受用者是。此二皆有形有相，故谓之相也。识者，阿赖耶识（即第八识，本书又名为本识），因依正二报，皆由此识变现。故名共相识，不共相识。如《楞严经》云：不知色身，外洎山河虚空大地，咸是妙明真心中物。又云：迷妄有虚空，依空立世界。想澄成国土，知觉乃众生。此即明共相不共相，皆唯识所变之义也。如约一心具体相用三大言，此即三大中之相大。前七识等为用大，而自性清净心，乃体大也。又共相识，是一义；不共相识，是异议。若以相望体，体是一义；共不共相识，则是异义。加以共中不共，不共中共，种种差异，然而皆不离于一心。吾人心体之圆融无碍，为何如耶？

此中问意，即承上文唯共一如来藏而来。谓既皆一心为体，云何有相见不相见，受用同不同之别耶？相见不相见者，若约依报言，凡夫但见凡圣同居秽土，其净土则不能见。约正报言，但见人道畜道，余不能见，即同在一道。若此有心，彼无心，则此能见彼；彼虽遇我，亦如不见。又同居土中，有权圣，有实圣。凡身既不能见实圣法身，即权现之菩萨，我虽见之，亦只认为凡夫，仍见如未见也。受用同不同者，世间贫富贵贱，其受用大大不同。即一家之中，一身之内，亦各有同有不同。推之其他法界，其同不同，更有多别，可以例知。

答中，先就一心，分为体相二种。次就依他性（即体相之相），开为清净染浊二分。三就二种依他性，示有共不共相识。初明体相二种中，体者即是真如平等心，亦即自性清净心。一切凡圣，共以此心为体，故又名为平等共相法身。此共字，作总字看，即《起信论》中，一法界大总相法门体，非对别言总也。相乃性相不二之相，即无相之相，非对体说相也。此共相二字，与共相识之共相，字虽同而义悬殊，务须辨清。夫共相法身者，性德也。若无修德，则不觉自动，真妄和合而成阿赖耶识。此即法界法尔常同常别义。盖共相法身，同也；变为本识，则别矣。阿赖耶识之名，本约真妄和合之相而立，故曰即是相也。次明清净染浊二分中，文云，就此阿赖耶识中，复有二种者，因此识本具真妄二分，故复开之为二：一者清净分依他性，二者染浊分依他性。此两他字，谓染净缘熏。依净熏起净用，依染熏起染用，故名依他。此是心体之性用，故曰依他性。清净分，约真边言；染浊分，约妄边言。真即《起信》生灭门中觉义，妄即《起信》生灭门中不觉义。因此二和合,而成阿赖耶,故复谓之和合识。而约和合中之真言,则曰清净和合。四圣之正报,净土之依报,由此而成。约和合中之妄言,则曰染浊和合。六凡之正报,秽土之依报,由此而成。因此识是成圣成凡成净成秽之根本,故曰即是一切圣人体,即是一切众生体也。谓之染浊者,姑举浅而易见者言之。即如我辈所居之处,以及自身,必须时时洗濯扫除,其染浊亦可想矣。此二种依他性,虽一觉一不觉,其用迥别。然同出于一心之源,亦即举心之全体而成。故曰体融一味,唯是一真如平等心也。三明共不共相识中,文云:以此二种依他性,体同无二故,就中即合有二事别。合有者,言其皆有也。以二性同体,故就二性中辨之,即皆有共不共相识二种事别。曰事别者,谓由共不共相识,而成依正二报事相之别。然而相不离体,文云,以真如体中,具此共不共相识之性故,此即明有此二识之所以也。一切凡圣下,释成。谓若一切凡圣,造业相同,熏心体之共相性,即成共相识。若一一凡圣,造业各别,熏心体之不共相性,即成不共相识。譬如此一讲堂,在初造时,尚无讲经之意,大众亦无来此听经之想,是不共相识也。今则数百人共同在此,同受法乐,是共相识也。其所以有共相识者,以大众具此法乐之共相性故。又不听讲时,各事其事,是造别业。同来闻法,是造同业。以此同业,熏共相性,即又成共相识。由此递演递进,则悉发菩提心,同生极乐国,其功德何可思议耶!

何者?所谓外诸法,五尘器世界等,一切凡圣同受用者,是共相识相也。如一切众生,同修无量寿业者,皆悉熏于真心共相之性。性依熏起,显现净土,故得凡圣同受用也。如净土由共业成,其余杂秽等土,亦复如是。然此同用之土,唯是心相,故言共相识。又此同用之土,虽一切凡圣共业所起,而不妨一一众生,一一圣人,一身造业,即能独感此土。是故无量众生,余处托生不废,此土常存不缺。又虽一一凡圣,皆有独感此土之业，而不相妨唯是一土。是故无量众生新生，而旧土之相更无改增。唯除其时一切众生同业转胜，土即变异。同业转恶，土亦改变。若不尔者，即土常一定也。

外者，谓在五阴身之外也。诸法，即是五尘器世界等。六尘中仅举色声香味触之五，而不及法者，法是无表色故（言非如前五尘，各有所表现）。世界，即吾人所依之大地。谓之器世界者，对众生有情世界而言也。此皆共相识显现之相，故曰共相识相。同修无量寿业，谓同修往生阿弥陀佛极乐净土之业。性依熏起，显现净土八字，说尽念佛法要。谓本具之佛性，为无明覆障故，必依净业之熏力，熏令生起。所谓心想佛时，是心即是三十二相八十随形好。是故念他佛，即是念自佛也。然以积垢之身，非仗弥陀悲愿，何能自拔？故一句万德洪名，当如孩提之呼父母。心口宛转，声泪交迸，有非蒙垂手提携不可之势。如是真诚，方能熏起，显现净土。所以念自佛，必须念他佛也。凡圣同受用者，谓凡夫得生净土，即与圣人同其受用，即指极乐之凡圣同居净土而言。杂秽等土，亦复如是者，谓秽土亦是众生同业所造。如一国中，太平之与离乱，境界大不相同。此皆一切众生同业所造，故显现不同耳。同用之土，唯是心相者，谓此同受用土，无论净秽，惟是一心所现之相，故名共相识也。由此可知净土秽土，皆是唯心所现。而世人于净土，则计为虚，于秽土则执为实，不知秽土既非有现有，净土亦何妨非有现有。若谓净土有即非有，不必著相者，其如秽土有即非有，汝竟不能离相，何耶？何况净土则清净胜妙，永出轮回，而与佛菩萨同居。秽土则热恼沉沦，无常流转，且恐与鬼畜为伍乎！为此言者，非愚即狂矣。若谓净秽一切皆空，无论未必做到，即真做到，早是恶取空，走入魔道了也。或复高谈唯心净土，而废事修。不知秽土亦是唯心，若不造染业，即亦不现。然则不以净业熏心，何能显现净土耶？是亦瞽论而已矣。又此同受用土，谓为共业所起者，言其造业相同，即所感之土同，非谓定须共造方感也。故虽一一凡圣，一身独造此业，即能独感此土。如极乐国土，原为弥陀愿力所成是已。由是义故，所以无量众生，余处托生不已（文云不废者，不已之意），而此土则常存不缺。盖去者自去，来者自来。世人每谓，倘皆往生极乐，娑婆将空无人。若知此理，毋庸过虑。何则？汝若爱此土者，即独感此土矣。此明余处托生，此土不缺之义。又复一一凡圣，虽皆有独感此土之业，而所感者，不妨唯是一土。盖所造之业同，所感之土即同，非一一各别一土也。不妨者，谓虽一一凡圣，托生一土，生者尽生，并无妨碍。由是义故，所以无量众生陆续新生，而旧土之相，并无改增。此明托生虽众，土亦无增之义。然此无缺无增，虽若一定，亦有改变之时。盖同业转胜，土即变而转胜。同业转恶，土即变而转恶。世亦有言曰：若同生极乐者，彼土将无人满之患乎？不知果能同生极乐，则同业转胜，彼土亦即转胜异前。经言：观音成佛时，极乐净土，复倍于前。此即转胜之据。转恶者，考诸经论，娑婆当成劫时，远胜今日。后因同业转恶，土乃改变。如众生忏悔罪业，同业转胜时，土亦转胜。经言：弥勒佛降生，世界远胜现在。至富楼那尊者成佛时，胜过极乐。或闻此言即曰：然则候尊者成佛可矣，不必生极乐也。嗟乎！生死轮回，无常迅速，一失人身，万劫不复，岂能相候耶？末句谓若非同业转变者，土常一定，不变异也。

所言不共相者，谓一一凡圣，内身别报是也。以一一凡圣，造业不同，熏于真心。真心不共之性，依熏所起，显现别报，各各不同，自他两别也。然此不同之报，唯是心相，故言不共相识。

内身者，约六凡言，即五阴色身。约四圣言，则如诸佛之光明相好，菩萨之胜妙身，二乘之意生身皆是。谓之内者，对上文外诸法言，故曰内也。不同之报，唯是心相者，如世间苦乐好丑男女诸相，各各不同，皆由心中造业不同所感。佛之相好，亦是多劫修成。以其皆由心作，故曰唯是心相。余文可知。

就共相中，复有不共相识义。谓如饿鬼等，与人同造共业故。同得器世界报，及遥见恒河，即是共相故。

复以波等别业尤重为障故，至波河边，但见种种别事，不得水饮，即是共中不共也。复据波同类，同造饿业故，同于恒河之上，不得水饮，复是共相之义。于中复所见不同，或见流火，或见枯竭，或见脓血等，无量差别，复是共中不共。若如是显现之时，随有同见同用者，即名为共相识。不同见闻不同受用者，即是共不共相识。随义分别一切众生，悉皆如是，可知也。

此明依报共相中之不共相识也。初约人鬼异类以明，人鬼同居一世界，同得见恒河，此由造同业故，得共相识。而鬼至河边，复见非水，此由造别业故，得共中不共相识。次约饿鬼同类以明，同于河边不得水饮，是共相识义。而所见复有流火脓血枯竭之不同，此共中不共相识义。若如是下，举例谓凡遇事相如是显现时，其同见闻同受用者，即名共相识。其不同见闻不同受用者，即共中之不共相识。随义分别下结成，谓一切众生界中，悉皆如是有共中不共。随举例之义而分别之，则孰为共，孰为不共，可以例知。此中独言一切众生，不及佛界者，以诸佛皆同见闻，同受用，故不言也。且以人事论之，如同在人道，而有贫富贵贱等，种种不同。同一言论，同一行事，而仁者见之谓之仁，智者见之谓之智。同一经教，而见偏见圆，随类领解。此皆共中不共相识也。

就不共相中，复有共义。谓眷属知识，乃至时顷同处同语同知同解，或暂相见，若怨若亲，及与中人，相识及不相识，乃至畜生天道，互相见知者，皆由过去造相见知等业，熏心共相性故。心缘熏力，显现如此相见相知等事，即是不共相中共相义也。或有我知见他，他不知见我者，即于我为共，于他为不共。如是随义分别，可知。又如一人之身，即是不共相识。复为八万户虫所依故，即此一身，复与波虫为共相识，亦是不共中共相义也。

此明正报不共相中之共相识也。初就眷属乃至天道畜道互相见知等事，以明不共中共。中人者，无怨无亲之意。晤面为相见，闻名为相知，彼此闻名曰同知，互知心意曰同解。谓或是家族戚党，或为知识善友，或能时顷同处，或仅暂刻相见，或相怨，或相亲，或无怨无亲，或素来相识，或素不相识，乃至畜生天道等，凡能互相见知者，皆由过去生中，曾造共业，熏共相性。乃能于不共中，显现共相识也。次就我见知，他不见知，以明不共中有共有不共。复就自身中虫，以明不共中共。盖就身言，为不共相。就户虫言，则为共相。人身八万四千毛孔，中皆有虫。户喻毛孔也，故名户虫。八万者，举成数言。

以有此共相不共相道理，故一切凡圣，晋同一心为体，而有相见不相见，同受用不同受用也。是故灵山常曜，而睹林树潜辉。丈六金躯，复见土灰众色。莲花妙刹，反谓丘墟。庄严宝地，倒言砂砾。斯等皆由共不共之致也。

初结一切凡圣，所以有相见不相见，受用同不同者。由于一心之中，有此共相识不共相识故也。是故下，指事警策。夫我世尊，在灵鹫山中说法，丈六金躯，光明常曜。而现为双林入寂，辉光潜隐，灵骨已化者，（土灰众色，指迁化言），由其造别业故，熏成不共相识，故不得见也。《维摩经》载，世尊以足点地，娑婆即成七宝庄严，莲花妙刹。收足，复见砂砾丘墟。盖佛心净，故现土净。众生心秽，故见土秽。众生既不修佛净业，熏同具之佛性，以致妙刹宝地，佛收足时，颠倒现为丘墟砂砾也。昔我智者大师，礼诵《法华》。至是真精进，是名真法供养。忽尔入定，亲见灵山一会，俨然未散。此即因造同业，熏成共相识，故得见之耳。末句，总结上文。之致，应是所致之误。谓上来所言，或同见闻，同受用；或不同见闻，不同受用，如斯等事，皆由共相识不共相识所致也。

> 此明不空如来藏中，藏体一异六种差别之义竟。上来总明止观依止中，何所依止讫。

初句，结不空如来藏之义已竟。次句，总结初明止观依止中，何所依止义已竟。

> 次明何故依止。问曰：何故依止此心修止观？
> 答曰：以此心是一切法根本故。若法依本，则难破坏，是故依止此心修止观也。人若不依止此心修于止观，则不得成。何以故？以从本以来，未有一法心外得建立故。

上来所明，是自性清净心名义体状，今则明所以依止此心修止观之故。夫一切世间法，出世间法，皆是唯心所现。譬如一切草木，皆依大地而生。是故从本以来，未有一法心外得建立者，既此心为生一切法之根本。今修止观，若不依止此心，则必破坏而不得成。所谓以不生灭心为本修因，方证不生灭果是也。

> 又此心体，本性具足寂用二义。为欲熏彼二义，令显现故。何以故？以其非熏不显故。显何所用？谓自利利他故。有如是因缘，故依此心修止观也。

心体本具寂性，然非修止不显。本具用性，然非修观不显。故依此心以修止观者，为欲熏彼二义令显现耳。显何所用用字，谓修止显寂，有自利之功能；修观显用，有利他之功能。至于何谓寂用，及何以寂用显现，成二利行，下文详释其义。

> 问曰：何谓心体寂用二义？
> 答曰：心体平等，离一切相，即是寂义。体具违顺二用，即是用义。是故修习止行，即能除灭虚妄纷动，

令此心体寂静离相，即为自利。修习观行，令此心用显现繁兴，即为利他。

平等二字，即是离一切相之意。心体本来非相非无相，离过绝非，真如平等，故曰即是寂义。违顺二用，即前文所明染净二性。一一凡圣心体，本具染净性用，故曰即是用义。众生无始不觉自动，妄想虚境，缘念不息，故致流转。今修止行，凡有无等四句法，一切俱离，则妄动除灭，而证寂静心体，得大自在，故曰即为自利。修习观行，熏令违用繁兴，则倒驾慈航，大悲度众；熏令顺用显现，则大智圆明，功德满足，故曰即为利他。又止观二行，若通而论之，则约修证言，止观无非自利；约教化言，止观皆为利他；若别而论之，则止行显体，于自利偏胜，观行显用，于利他偏多也。

问曰：修止观者，为除生死。若令显现繁兴，此即转增流浪。

答曰：不然。但除其病，而不除法。病在执情，不在大用。是故炽然六道，权现无间，即是违用显现。而复毕竟清净，不为世染，智慧照明，故相好圆备，身心安住胜妙境界，具足一切诸佛功德，即是顺用显现也。此明止观依止中，何故依止竟。

问者以显现繁兴，滥同虚妄纷动，故来转增生死流浪之疑。不知流转生死，病在妄情纷动，执虚为实，岂在违顺大用。故但除其情执之病，不妨大用繁兴。若除病而并除一切世间出世间法，则沉空滞寂，何足为大乘，大师所以不然其说也。是故菩萨炽然六道，应以人天身得度者，即现人天身度之。应以三恶道身得度者，即现三恶道身度之。甚至大权示现于阿鼻地狱。即此便是违用显现，岂与凡夫迷真逐妄，为业力所牵者同哉？所以虽现违用，而复毕竟清净。以清净故，所以在尘不染。以不染故，所以智慧照明。又复智慧照明，所以不为世染。不为世染，所以毕竟清净。

由是之故，虽其炽然六道，而复相好光明，圆明备足。虽权现无间，而其身心，仍复安住清净胜妙境界。虽违用显现，而即具足一切诸佛之性净功德。具足功德者，所谓三德圆明是也。即此，便是顺用显现。以此两两对勘，可知顺用方能违用，违用即是顺用。染即是净，相即是空。故以净现染，则染而非染；以空显相，则相即无相。智者大师曰：火能烧人。得法术者，出入无碍，不须除火。故八万四千烦恼，凡夫为之疲劳，诸佛菩萨以为佛事。蕅益大师曰：迷者被违顺所用，达者能用违顺。所云得法术者，修止观之谓也。不须除火者，除病不除法之谓也。为之疲劳，所以法身流转五道。以为佛事，所以生死即是涅槃。被违顺用者，由于虚妄纷动。能用违顺者，因其智慧照明也。明得此理，何须致疑。又文中病在执情，不在大用，毕竟清净，智慧照明数句，极关紧要。何则？除执情而得清净，所谓止也。以慧明而起大用，所谓观也。又复因慧明故，乃得清净，修观即所以修止也。除情妄故，乃起大用，修止即所以修观也。如此止观并进，寂用圆成，则烦恼菩提，非一非异。生死涅槃，不入不住。乃问者但曰：修止观者，为除生死。是但知明体，而不知达用矣。须知如来藏具足空不空二义。空即本体，不空即是大用。体必具用，用即是体，是为理事不二。吾人自性清净心，本来如是圆融，如是无碍。是故修习止观，必依止此心而修，方能体用全彰，理事圆显耳。末句总结止观依止中，第二明何故依止义已竟。

次明以何依止。就中复有三门差别：一明以何依止体状，二明破小乘人执，三明破大乘人执。

以者，用也。上来所明自性清净心，是止观之所依止。今则明用孰依止净心而修耶？须知能依止净心修止观者，即第六意识是也。分为三门，释其所以。初明意识依止之体状者，体状犹言行相，即明修止观时，其行相不能离意识作用也。二三皆除执病之文，先破小乘执，次破大乘执。盖小乘人执意识为究竟，而不知净心乃所依之本体。大乘人又执净心能自知，而不了意识乃能修之妙用。此二种执，正是意识妄情，惜乎当人不自知耳。故须次第破之，然后大乘止观，方得成就。自此以往，皆明修行法要。大众其善听善摄，善思惟之。

初明以何依止体状者。问曰：以何依止此心修止观？

答曰：以意识依止此心修行止观也。

意识，犹言意根之识。盖第七末那（末那，梵语翻为意），为生起第六识之根。故约其生起之根则为意，约其分别之用则曰识，因名之曰意识也。欲明修行止观，必用意识之故，不可不略知八识名相。盖自最初一念不觉，真妄和合，而成藏识。此即阿赖耶，所谓第八识是也。名为藏者，谓其能受前七识之熏，执藏根身器界之种子故。其缘第八识之见分，执之为我者，即第七末那意。见闻觉知，攀缘分别者，即第六意识。其由五根发现于外者，则为眼识，耳识，鼻识，舌识，身识，所谓前五识是也。此八个识，成则俱成，起即同起。约用成八，约体为一也。然凡夫之前五识，全仗意识功能，助成其用。藏识固是主人公，然但能为诸法所依之本，摄持诸法，不能自造善恶。所以谓之真妄和合者，即由真心不觉自动，妄分能所，而有末那之妄执，意识之妄情故耳。是故八个识中，力用之大，必推六七二识。然而第七末那，但能恒常审量，妄执我见。惟有第六意识，既明且利，无境不能缘，无事不能作，其力极强，其用极广。故意识若转，末那亦随之而转。若此二俱转成智者（转意识成妙观察智，转末那成平等性智），尔时藏识即转为大圆镜智，前五识亦转为成所作智矣。今修止观，即欲转识成智耳。而意识若转，诸识随转。所以修行止观，必从意识下手者此也。若先明得此理，则于向后所说妙谛，庶几易于领悟。

此义云何？谓以意识能知名义故，闻说一切诸法，自性寂静，本来无相。但以虚妄因缘，故有诸法。然虚妄法，有即非有，唯一真心，亦无别真相可取。闻此说已，方便修习，知法本寂，唯是一心。然此意识如此解时，念念熏于本识，增益解性之力。解性增已，更起意识，转复明利，知法如实，久久熏心故，解性圆明。自照己体，本唯真寂，意识即息。尔时本识转成无分别智，亦名证智。以是因缘，故以意识依止真心修止行也。是故《论》言：以依本觉，故有不觉。依不觉故，而有妄心。能知名义，为说本觉，故得始觉，即同本觉，如实不有始觉之异也。

能知名义者，何等名义耶？即下文一切诸法，自性寂静，乃至亦无别真相可取是也。一切十法界因果诸法，论其自性，本来寂静。无相者，本来无此诸法之相，正明其自性寂静之义，此知得真谛名义也。但以因缘和合，故此诸法虚妄显现，非有而有，此知得俗谛名义也。是故虚妄诸法，有即非有。所本有者，唯一真心。然此真心，亦本无相，非离真俗二谛之外，别有真相可取，此知得中道第一义谛名义也。其所以能知者，实唯意识。若非意识功用，虽闻此说，即亦不能辨名达义矣，此名字位中人也。

修习者，依义起修。方便二字，即指止观。盖清净本体，无所可修。所谓修者，但令虚妄纷动止息，是为转识成智之方便法门耳。须知一切行门，皆方便也。知法本寂者，内心觉知诸法，本来寂静无相，唯是一心也。前因闻教，得知名义，是由外而入，闻慧也。今方便修习，能知本寂，是由内自觉，思慧修慧也。此即发觉初心，观行位中人也。

解者，领悟。念念者，思惟。意识如是领悟时，便如是思惟。如是思惟时，便是熏于本识。本识受解性之熏，果时无明即灭，尔时意识即转为无尘智，故曰增益解性之力，此相似位中人也。

果时无明灭后（即是解性增已），业识及住地无明渐薄。所起意识（即无尘智），辗转明利。直至无明住地垂尽，即能知彼虚状之法，本自不生，今即无灭，是为知法如实。谓知一切法如实空，如实不空，惟是一心也。至此已是分真位中之等觉位，无尘智转名为金刚无碍智矣。

久久熏心者，谓自观行以来，久久熏修。至等觉时，金刚智还复熏心。谓之熏心者，尔时仅存极微细之一念无明，故不曰熏于本识，而曰熏心，即自性清净心也。迨一念无明尽灭，则解性圆满光明，自照本心，体证寂静真如。所谓从来真是妄，今日妄皆真也，故曰本唯真寂。意识即息者，谓金刚智转为妙观察智时，能所分别，一切止息也。正当分别止息之时，本识即转成大圆镜智，故曰尔时因其是自性亲证，别无能证所证之分，故又名为无分别智，亦名证智也。试观最初能知名义，知法本寂，渐进而增益解性，知法如实，解性圆明，莫非意识力用。而由意识先转为无尘智，复转为金刚智，而成妙观察智，尔时本识即转为大圆镜智。可知进修时，步步藉意识功能，即步步转以成智。且此智成时，即体证真如。大圆镜智，随之亦成。可不谓善巧方便法门乎！以是因缘，故以意识依止真心修止行也。

　　依止真心者，最初必悟知心体，依之起修。最后则体证真如，止于至善。原始要终，皆以真如一心为所依止。所谓因该果海，果彻因源是也。此中所明，皆是除灭妄动转识成智功行，故曰修止行也。是故下，引《起信论》证成。不觉依本觉而有，妄心依不觉而有。妄心即意识妄想，本书亦名为分别性。不觉即无明业识，本书亦名为依他性。本觉即自性清净心，乃真如实性，本书亦名为真实性。意识知见立知，其病在一立字，所谓执情是也，故名为妄心。然知见之知，即是本觉自性。故用其觉知名义之能，转其虚妄执情之病。为说自性本觉，一切诸法，但是因缘和合，虚妄假有，唯一真心，亦无别真相可取。闻此名义，发起修智，便是始觉。于是步步增进，解性圆明，始觉即同本觉矣。夫约始本言，虽有二名。约真如实性言，不有始本之异也。岂但本始不殊，实乃全真成妄，故返妄即可证真。由此可知，以意识为能依止之理矣。

　　问曰：上来唯言净心、真心，今言本识，意有何异？

　　答曰：本识、阿赖耶识、和合识、种子识、果报识等，皆是一体异名。上共不共相中，已明真如与阿赖耶同异之义。今更为没重说，谓真心是体，本识是相，六七等识是用。如似水为体，流为相，波为用。类此可知。

是故《论》云：不生不灭，与生灭和合，说名阿赖耶识，即本识也。以与生死作本，故名为本。是故《论》云：以种子时阿赖耶识，与一切法作根本种子故，即其义也。又复经云：自性清净心。复言：波心为烦恼所染。此明真心虽复体具净性，而复体具染性故，而为烦恼所染。以此论之，明知就体偏据一性，说为净心。就相与染事和合，说为本识。以是义故，上来就体性以明，今就事相说，亦无所妨。

问曰：熏本识时，即熏真心不？

答曰：触流之时，即触于水。是故向言增益解性者，即是益于真心性净之力也。是故《论》云阿赖耶识有二分：一者觉，二者不觉。觉，即是净心。不觉，即是无明。此二和合，说为本识。是故道净心时，更无别有阿赖耶；道阿赖耶时，更无别有净心。但以体相义别，故有此二名之异。

凡夫自无始一念不觉以来，久已真妄合和。除本识外，何处更觅净心以为依止。故上文言，熏于本识耳。闻者不解此义，乃问前言依止净心，今又言熏于本识，本识之与净心一耶？异耶？答谓：本识即真妄和合之阿赖耶。此识能生十法界因果，故有种种异名。如和合识，约真妄和合而名，种子识约因而名，果报识约果而名也。总之真心（即净心）是体，本识是相，六七等识是用，体相用从来不离。如水为体，流为相，波为用，三者从来不离。类此可知者，以喻合法也。此中具有三义：一者，体具。如由水而有流波，喻由真心而有本识等。二者，究源。如流如波，原即是水，喻六七八识等，体即真心。三者，成相。如水与波，共成流相，喻真心与六七识，共成本识之相也。《起信论》言：不生不灭与生灭和合，说名阿赖耶识。不生灭，即是真心。生灭，即是妄情。就妄边言，则为生死作根本，若就真边言，亦为涅槃作根本，故云与一切法作根本种子。一切者，合世间出世间而言也，此明阿赖耶名为本识之义也。种子时者，明其所言本识与一切法作根本种子者，乃约作种子之时而言，非约其成果报之时言也。又复下，引了解起经，以明真心本识，非一非异。经中既言自性清净心，复言心为烦恼所染者，此明真心体具染净二性。由此可知，说为净心者，乃偏据体具之净性而言。说为本识者，乃就其与染和合之相而言也。然则前约体性，而云依止净心；今就事相，而说熏于本识，两义初无相妨也。如了得性相不二，则熏相即是熏体，更无所疑矣。闻者不解，复有次问。不知流外无水，触流即触于水。上言增益解性之力者，即是增益真心性净之力也。何以故？除却真心，别无解性故。《起信论》言：阿赖耶具有觉与不觉二分。觉即不生灭之净心，不觉即生灭之无明。此二和合，名为本识。是故净心外，无别本识。本识外，无别净心。但约体相，假立二名耳。然则说熏本识时，何异于说熏净心耶？

问曰：云何以意识依止净心修观行？

答曰：以意识知名义故。闻说真心之体，虽复寂静，而以熏习因缘故，性依熏起，显现世间出世间法。以闻此说故，虽由止行，知一切法毕竟无相，而复即知性依熏起，显现诸法，不无虚相。但诸凡惑，无明覆意识故，不知诸法唯是心作，似有非有，虚相无实。以不知故，流转生死，受种种苦，是故我当教彼知法如实。以是因缘，即起慈悲，乃至具行四摄六度等行。如是观时，意识亦念念熏心，令成六度四摄慈悲等种子。复不令心识为止所没，即是用义渐显现也。以久久熏故，真心作用之性，究竟圆兴，法界德备，三身摄化，普门示现。以是因缘，以意识依止净心修观行也。

上明止行，是转识成智而得体。今明观行，为推己及他而起用也。然约体用说，故先止后观。若约修行辨，须先观后止（如下止观体状中所明）。总之，修止必兼观，修观必兼止，是为一心融修。若止不兼观，则定多慧少，心必昏沉。观不兼止，则慧多定少，心必散乱。偏即成病，故修必双行。又见思等惑，因修止行而伏，因修观行而破。故无论自度度他，皆须止观并运，此理不可不知。即如本书，前明止行中云：能知名义，以及念念熏于本识，增益解性等，是明即观之止也。今明观行中云：由止行知一切法无相，而复即知熏现诸法，是明即止之观也。但顺文便，止观分说。且以明由体方能起用，自度方能度他，故先止后观耳。是故观行中名义，即蹑上文止行而来。如真心之体，虽复寂静，及知一切法毕竟无相，即止行中自性寂静，本来无相也。而以熏习因缘，显现世出世法，及复知不无虚相显现，即止行中但以虚妄因缘，故有诸法也。然上文重在得体，今文则重在起用。故用虽字，而复字，以示由体起用之意。盖谓我知一切法无相之体，即复知不无显现虚相之用。而诸凡夫愚惑，意识为无明障覆故，不能了知诸法唯心，执虚为实。遂至流转生死，受种种苦。以是因缘，我当熏现化度之行，教彼知法如实，故起四无量心等也。此中唯是心作，即上文之唯一真心，真谛也。此中之似有非有，虚相无实，即上文然虚妄法，有即非有，俗谛也。此中之知法如实，即上文无别真相可取。乃即空即假即中，中道第一义谛也。初发度众之心，即欲教彼知得圆融三谛。大乘观行，如是如是。

　　四无量心，即是慈悲喜舍。慈者，与乐之心。悲者，拔苦之心。喜者，见人离苦得乐，生庆悦心。舍者，行慈悲喜，而无著相之心也。又怨亲平等，亦谓之舍。此四心平等普缘一切众生，故曰无量，亦名四等心。文中未言喜舍，以乃至二字赅之。四摄，即布施，爱语，利行，同事。以此四法摄受众生，令其听我教化也。度他必先行布施，使生亲爱，乃能摄化。布施有三：曰财施，曰法施，曰无畏施。又财法二施中，即兼无畏施。以有财得免贫穷之畏，闻法得免生死之畏故也。随其根性，善言安慰，使生欢喜，是为爱语。起身口意善行，利益众生；又彼有善行，我助其力，使之顺利，是为利行。不自贡高，同彼行事，使之亲附，是为同事。六度者：修布施，度悭贪；修持戒，度破犯；修忍辱，度热恼；修精进，度懈怠；修禅定，度散乱；修般若，度愚痴。等行者，等于万行也。或曰：当文云具行，凡夫恐不能行也。须知当文言具行者，乃是定境观心。正因凡夫不能具行，故应时时作如是具行之想，令熏成四摄六度慈悲等种子。若不修此观行，心识即为止行沉没，堕无为坑，而成焦芽败种矣。故必于观行位中，念念作如是观，熏心成种，便得用义渐显。渐显者，谓虽未能具行，而已逐渐行之矣。又修观令心不没，不没之义，便是用显。故曰即是用义渐显现，此相似位也。迨由相似入分真，久久熏习，历四十一位而至等觉、妙觉。然后真如心性中，大权大用，究竟圆兴，示现无碍耳。以其性德圆明，故称法界德备。以其修德成就，故能三身摄化，普门示现。如是性修不二，体用无碍，是之谓究竟圆兴。此中法界二字，即指心性言。德备者，谓无漏称性功德，圆满显现。三身摄化者，佛于地上菩萨，以他受用报身摄化。于三乘及凡夫，以胜劣应身摄化。普门示现者，谓以普遍法门，随类示现。如观音现三十二应身，称为普门大士是也。当知诸佛诸大菩萨，无不普门示现者。末云以是因缘，以意识修观行者，试思闻名知义，觉知诸法无相，而复即知不无虚相熏现，又知凡惑因不知而受生死种种苦，更知我当教彼。由是而修观行，熏成慈悲种子，以至究竟圆兴。自始至终，莫非意识之功也。

夫知修止而成大智，知修观而成大悲，止观并运，悲智具足。意识力用，大哉伟矣！然而意识者非他，即吾人现前一念，随境攀缘，分别不停者是也。用以修止观，便有如是功能。用以缘妄境，便得种种罪过。功首罪魁，诚非虚语。虽然，意识不任功过，功过但在当人迷悟之间。披毛从此得迷也，作佛也由他悟也。大众起心动念时，急须观照观照！拣别拣别！

次明破小乘人执。问曰：但以意识修习止观，岂不成耶？何故要须依止净心？

答曰：意识无体，唯以净心为体，是故要须依止。又复意识念念生灭，前非其后。若不以净心为依止者，虽修诸行，无转胜义。何以故？以其前念非后念故。如前人闻法，后人未闻。后人若闻，无胜前人之义。何以故？俱始一遍闻故。意识亦尔，前后两异。前虽曾闻，随念即灭。后若重闻，亦不增胜。何以故？前后二念，俱始一遍闻故。又复如似前人学得甲字，后已命终。后人更学乙字，即唯解乙字，不识甲字。何以故？前后人异故。意识亦尔，前灭后生，不相逐及，是故不得所修增广。若以净心为体，意识念念引所思修，熏净心性。性依熏起，以成种子。前念念灭，后念起时，即与前念所修种子和合而起。是故更修彼法，即胜于前。一念如是，念念转胜，是故所修成就。若不久熏，尚自种子力劣，便则废失，所修不成。何况全无依止，直莫前后相熏而得成就也。以是因缘，唯用意识，不假依止，无有是处。

小乘人尚不知有七识，无论八识矣，故言何须依止净心。须知意识无体，体是净心（本书或约体而举净心，或约相而说本识。以体相不离，所以随文显义，不必限用一名。今将辨明依止之体，故言净心，不言本识也）。若不以净心为依止者，不能念念增胜。何以故？意识念念生灭故。生灭正显其无体，心则不生不灭，故为一切法之体，意识但是体之用耳。念念生灭者，前念非后念，后念非前念。譬如前人非后人，后人非前人。故前人所闻，非后人所闻。则后人闻者，便无增胜前人之义。此犹前人但学得甲字，后人惟学得乙字，时则前人已没，甲字不可复闻矣。前后各闻其一，岂能增胜。意识亦然。后念生时，即前念灭，追逐弗及。是故前后两念，若无本识能藏之力，则无归着之地（依止者，归着之义），何能辗转增胜。必有本识为之念念藏摄，则意识念念引其所思所修者，熏入成种。虽前念之念已灭，而后念起现行时，即与前念熏成之种子，和合俱起。如是念念熏修，念念含藏。现行增长，种子亦长。种子愈大，现行即更有力。故曰念念转胜，是故所修者，得成就也。有归著而不久熏，尚且种子力劣，便致废失，所修不成。何况全无归著，岂能前后相熏而得成就耶？故曰不假依止，无有是处。文中直莫二字，彼时方言，犹言岂能也。

问曰：小乘法中，不明有本识。何得所闻所思，皆得成就？

答曰：博地凡夫，乃至闻教畜生等，有所修习得成者，尚由本识为体故成，何况二乘？但彼自不知此义，非彼不假净心也。

问曰：不闻教畜生，岂无净心为体？

答曰：造作痴业尤重，熏心起报，亦即极钝。虽有黠慧之性，及有宿生黠慧种子，但以现报所障故，不得有用，故不闻教，非是无净心也。

小乘病在不知耳，非无净心，无则修亦不成矣。大地上凡夫，乃至畜生，皆由本识藏摄之力，故熏修得成，何况小乘？如鹦鹉，鹳鹆，能闻教化，念佛生西。事载传记，信而有征。即痴业尤重之畜生，亦有慧性，及宿生慧种。其不闻教者，但因业重，为现报所障，不得显用耳，岂无净心为体哉。须知小乘因不知净心故，遂以意识为究竟，但证小果。又须知意识是体家之用，若能知修净业，即可循流溯源，顺用入体。所以本书前明自性清净心，不厌精详。意在先令行人明得本心，知所依止，庶几性修不二，达其本源耳。

次明破大乘人执。

问曰：但用净心修行止观即足，何用意识为？

答曰：已如上说，由意识能知名义，能灭境界，能熏本识，令惑灭解成，故须意识也。

问曰：净心自性寂静，即名为止。自体照明，即名为观。波意识名义，及以境界，体性非有。何论意识寻名知义，灭自心境界耶？

答曰：若就心体而论，实自如此。但无始已来，为无明妄想熏故，不觉自动，显现诸法。若不方便寻名知义，依义修行，观知境界有即非有者，何由可得寂静照明之用？

问曰：净心自知己性本寂，即当念息，何用意识为？

答曰：净心无二，复为无明所覆故，不得自知本寂。要为无尘智熏，无明尽灭，方得念息。

问曰：但息于念，心即寂照，何故要须智熏，寂照始现？

答曰：若无无尘智熏，心里无明终不可灭。无明不灭，念即匪息。

凡行人根性利者，闻得唯心性具之说，若不真实参究，往往笼统真如，颟顸佛性，盲修暗证，自谓已经到家，大我慢成，堕无间狱。大师悯之，故设为问答，一一破斥。其中所说修证行相，以正破邪，以圆破偏。极细极细，须澄心体会之。当知上明何所依止中，有两要义：一是性修之辨，二是能所之分。大乘人未能洞明此理，故成偏执耳。夫天然本具之谓性，熏发显现之谓修。以性体寂照，虽是本具，然为无明覆障，非久久熏修，本具之性德，何能自显？且修属事造，既在事边，必有能所对待。若无能所，云何修耶？所谓能所者，略开六重。即是意识为能知，心外无法为所知。意识为能依，净心为所依。意识为能修，止观为所修。意识修止观为能熏，阿赖耶为所熏。意识修止观为能转，无尘智为所转。无尘智等为能断，无明为所断也。盖以能知诸法皆一心作故，依心之本寂修止，依心之本照修观。以能依止净心修止观故，熏其染净和合之本识，则净用渐显，觉知境虚，意识即转为无尘智。以能熏识转智故，无明即薄。由是辗转熏修，乃成金刚智而断最后无明。以能断无明故，然后性德全彰，寂照圆明，能所合一，名为体证真如也。然则能知，能依，能修，能熏，能转，能断，原始要终，何一非意识功能乎？行人必先将此性修能所道理，一一洞明于胸中，再看向下问答，即易了解，便不致蹈大乘人偏执之病矣。

　　此中有四重问答，其问意皆以后蹑前，次第生起。初谓净心无法不具，但用净心修止观足矣，何须意识？此不明体用之过也。盖净心是体，意识是用，谓用不离体固可，乃将体作用可乎？故答以上来已说，意识能知法皆心作，似有无实名义，能灭自心纷动境界，能念念熏令本识中净性显用。具此三能，乃令虚妄之惑障渐灭，智慧之解性成就，故须意识修行止观也。言下若曰：净心虽本来寂照，然为纷动妄念所扰，故必须转识成智，本性乃分分显。何云但用净心即足，无须意识乎？问者不察，乃有次问。意谓即以用言，清净自性本具寂静之用，此即名止；自体本有照明之用，此即名观，故我言用此即足。彼意识名义境界，自心体性上本来非有，则亦何必论及之耶？问者既谓意识等，为自心所本无。故言不必论及寻名知义，不必论及灭不灭。殊不知意识未转为无尘智时，正终日为意识所迷，为境界所转，苦于自己不知耳。譬如病根已深，犹复自谓无病，真可悯哉！故答之曰：若约心体而言，实是如此。但汝净心，为无明妄想覆障久矣。方且不觉自动，显现诸法。既不觉矣，何照明之有？既自动矣，何寂静之有？何得云即名为止，即名为观？然则若不先假意识之能，寻名知义，依义起修，观知境虚，以为对治方便者，自性寂照之用，何由可得乎？问者犹以为意识虽能知，然意识由心而生者也。与其假意识之知，何如净心自知？复问曰：即以知言，净心岂不自知？则自知己性本寂者，无明妄念即息，岂不直捷，何须假意识为方便耶？此由不知心体平等无二，非觉非不觉。今云自知，心已不寂。若不寂者，即非净心。故答之曰：汝云净心自知，自既能知，即有所知，是则能所对待，成二净心。净心无二，何得自知？而汝必言自知者，即汝净心，复为无明所覆，妄分能所之所致耳。心既被覆，念何由息？念且未息，何得自知本寂乎？然则欲念息者，要为无尘智熏，无明尽灭，方得念息也（此中虽单举寂，实亦兼照。

观下文云：但息于念心即寂照，例此可知。何以故？净心之体，即寂即照，从来无二故。但因文便，故单约本寂为言耳）。问者以为净心纵不自知，然以本具寂照之心，岂不知彼妄念？知念即息，何用熏为？因更问曰：即以念言，念不离心，心但息念，即成寂照。何故要为智熏，寂照始显耶？此则由于心识粗浮，故见事太易也。答之曰：无始无明，覆汝净心。夫无明者，即不觉也。心既不觉，云何息念？是故欲其念息，必无明灭。欲灭无明，必须无尘智熏耳。上来名言问难，皆由不了性修之同异，能所之对待，遂致笼统颠顸若此。盖其平日盲修瞎炼，自以为是，未遇明师，故尔坚执。下即自陈其暗证之状矣。

问曰：我今不观境界，不念名义，证心寂虑，泯然绝相，岂非心体寂照真如三昧？

问者理屈词穷，乃述其盲修功夫，暗证妄境，以为质证。意谓境界名义，自心本来非有，我今惟以不观不念，为其修功。正当不观不念时，证得自心寂然无虑（翻上文不觉自动），泯然绝相（翻上文显现诸相），岂非心体寂照真如三昧耶？须知不观不念，证心寂虑绝相，正是认悟中迷，晦昧为空。通体坐在鬼窟里，乃认为寂照真如三昧，是真可怜悯者。夫修行人，外有逆顺之境，内有邪正之境。正须寻名知义，依义起修，观知境虚，乃能不为境转。何得云不念不观乎？下文约证约修，破斥无遗。此是大师吃紧为人处，谛听谛听！

答曰：汝证心时为心自证，为由他证，为证于他。

将欲破斥，防其辗转别计，故标自证，他证，证他，三义为宗。以便次第逐一破之，使无躲闪之处。盖问意本执净心自证，若自证不成，必别计为他证；他证又不成，必更计为证他。其坚成自证之说，辗转执计，不能出此三义之外。故标三义为宗，为之逐层斥夺。若知三义皆不成立，则非转意识为无尘智，不能惑除性显之理，昭然若揭矣。两他字，暗指意识言。须知攀缘妄境，是意识之过咎；知名达义，为意识之功能。今用意识者，乃用其了别之功能，即以除其攀缘之过咎，所谓解铃还仗系铃人也。及观行功深，识转成智，于是无明分分破，自性清净心即分分显。方便善巧，孰过于斯。由此可知，既不许用意识寻名知义，依义起修，则无由转之成智。净心何能自证？而彼意识乃是妄情，何能证心？净心方为妄情所障，又何能证知妄情之意识耶？兹为揭其要旨于此，入后便易明白。

若心自证，即是不由功用，而得寂静。若尔，一切众生，皆不作心求于寂静，亦应心住。

作心者，作意也。不作意而求，即是不由功用。住谓常住不动，此心虚妄纷动，故致流转，若能常住不动，即了生死。今谓汝言不观不念证心寂虑绝相，若心能自然而证本寂者，则一切众生，皆不必作意修行，即应此心常住而了生死矣，断无是理也。

若言非是自然而证，盖由自心作意自证，名为自证者。作意即是意识，即有能所，即名为他。云何得成心自证也？

转计曰：所言证者，非谓自然而证，乃由自心作意自证，名为自证耳。破之曰：作意便是意识，便有能证所证之分，则能证者，应名为他。何名净心自证耶？

若非他证，但心自止，故名自证者。若不作意，即无能所。云何能使心证？若当作意，即是意识，即是他证。

转计曰：非他证也，但心自止其念，故名自证耳。破之曰：汝言自止者，不作意止之而止耶？抑须作意求止，而后止耶？若不作意，便是无能止者，亦无所止者，何由使心证耶？若当作意，则作意者，仍即意识，仍是他证，非自证也。

若言众生体实皆证，但由妄想不知体证，故有其念。能知心体本性证寂，不念诸法故，念即自息，即是真如三昧者，为是意识能知本寂，为是净心能知本寂。若是净心自知本寂，不念诸法者，一切众生皆有净心，应悉自知本寂故，自息灭妄识，自然而得真如三昧。以不修不得故，知净心不得名自知也。若言意识能知净心本证，即自息灭故，但是意识自灭，非是意识能证净心，是故说言心自证者。意识知心本证之时，为见净心，故知本证。为不见净心，能知证也。若言不见净心能知证者，不见佛心，应知佛证。若见净心故知证者，净心即是可见之相。云何论言，心真如者，离心缘相？又复经言：非识所能识，亦非心境界。以此验之，定知意识不见心也。以见与不见，无有道理知心本寂故。设使心体本证，妄念之心不可息也。

本来寂静之心体，当文名为体证，又名本寂，亦名本证。体实皆证者，即谓一切众生，实皆具此体证也。故转计曰：所谓净心自证者，以众生心体，实皆具有本证；但由妄想而不知，故有其念。若能知得心体本性证寂，即不念诸法。以不念诸法故，念即自息。即此便是真如三昧，便是自证耳。破之曰：汝云能知，为是意识能知耶？净心能知耶？若净心能知者，则一切众生，皆有净心，即应悉能自知本寂，悉能自灭妄识，自然而得真如三昧。云何众生非修功成就，不能得耶？以不修不得故，可知净心不得名为自知也。若谓意识能知本证，即自息灭。以意识但是自灭，非是证心，是故说言净心自证者，不知意识能知本证之时，为见净心，故能知耶？为不见净心，便能知耶？若言不见净心，能知本证者，则一切众生，不见佛心，应知佛证矣，焉有是理！若见净心，故能知者，则净心便成可见之相。若有境界之相，为妄识所能识者，即非净心。何以故？《论》云：

心真如者，离心缘相。经云：非识所能识，亦非心境界。以此经论验之，决定意识不见净心也。既不能见，云何能知？是故无论见与不见，意识皆不能知。则言意识能知净心本证，即自息灭，无有道理。且设使能知本证，妄念亦依然未息。何则？必转意识为无尘智，然后妄想及妄境灭。今既不许用意识修，则心中全是妄念纷动。纵如汝意，谓为能知本证，即此能知之念，正是妄心测度。云何便自息灭？故曰妄念之心不可息也。

若言妄识虽不见净心，而依经教知心本寂故，能知之智，熏于净心。令心自知本证，即不起后念，名为自证者，汝依经教知心本寂之时，为作寂相而知？为不作寂相而知？若作寂相而知者，妄想之相，云何名寂？若不作相，即心无所系，便更驰散。若言作意不令驰散者，即有所缘。既有所缘，即还有相，云何得言不作相也？

转计曰：所言能知净心者，非能见净心之谓也。但以妄识能依经教名义，知心本寂。即此能知之智，熏于净心，而令净心自知本证，即不起后念，故名为自证耳。破之曰：汝依经教知心本寂之时，作寂相而知耶？不作寂相而知耶？若作寂相者，寂由作成，便是妄想之相，云何得名为寂？若不作寂相者，即心无所系，便更驰散，云何能知？又转计曰：何必作相，我但作意不令驰散，故能自知耳。破之曰：既云作意，必有所缘。此所缘者，便还成相，云何得言不作相耶？须知意识固能寻名知义，然必须依义起修，由观行至相似，方能转为无尘之智，于是粗妄想、妄境即灭。由此久久熏习，历分真至究竟，然后一念无明习气灭尽，心体寂照，名为体证真如。今乃谓妄识能知名义之智，便熏令净心自知本证，即不起后念，何颠顸之甚耶？

若言七识能见净心故，知心本寂。知已熏心，令心自知本证故，不起后念，即名为自证者，是亦不然。何以故？以七识是我执识故，不能见心本寂。又复若为能缘之所缘者，即非净心。如上心体状中已说。既所缘非实，故熏心还生妄念也。

转计曰：六识依七识起，七识则执八识见分为我。故六识虽不能见净心，而七识必定能见。以能见净心故，即能知心本寂。知本寂已，还复熏心。故令净心自知本证，不起后念。即以此义，名为自证也。破之曰：是亦不然。以七识但能执我，若不执我，便是净心，即亦不必论及见与不见。今彼既成我执之识，何能见心本寂？且净心者，不为能缘之所缘。汝云七识能见，即是为七识所缘。为所缘者，即非净心。如上何所依止中，明心体状，有云：能缘既不实故，所缘何得是实。既所缘非实，纵令七识能见，其所见者乃是妄心。是故七识熏心，还生妄念。何云知已熏心，令心自知本证，不起后念耶？须知八识是真妄和合之心相，本寂乃是心体。净心本寂之体，所以不显者，正由为业识所障。而七识则缘八识见分，执以为我，何能反见净心，知心本寂？皆由不明教义，所以笼统真如，而生妄计耳。

以是义故，无有道理净心自证，不起后念也。

此总结自证之说，不能成立也。《楞严经》云：纵令内守幽闲，亦是法尘分别影事。上来种种执计，皆不外此。故斥之曰：汝所言净心自证，不起后念云云，无有道理。

若言由他证者，是亦不然。何以故？心体自寂静故。但以有六七识等，名之为他。由有此他，故说他心不证。是故乃可证他，何须以他证心也。

大师因破自证文中，有心不作意，即不能证，而作意即是意识，即名他证等语。恐不得意者，复颠颃计为由他所证。因破之曰：若言由他证者，是亦不然。心体本自寂静，平等一如，岂得自心中，复有他心？但以不觉自动，而有六七识等。则对本寂自体言之，可名为他耳。由有此虚妄纷动之他心故，本寂之体，不能证得，故曰他心不证。以是之故，既是由自有他，乃可自心证他，他何能证自心耶？须知用意识修止观者，为欲去其妄情，转之成智。如意识转为无尘智时，既不名为意识，便能了达自他无性，即亦不名为他。如是久久熏习，妄尽真显，名为体证真如。非意识妄情，能证净心也。譬如眼中有翳，去其幻翳，眼之本明方显。眼喻净心，本明喻心体寂照，翳喻意识妄情。以喻合法，可知意识不能证心矣。

若言心体昙复本寂，但以无始无明妄念熏故，有此妄念习气在于心中，是故心体亦不证寂，故须他证者，何等方便，能除心中习气，令心证也？若言更不起新念故，不熏益波习气，波即自灭者，波未灭间，有何所以，不起新念也？若无别法为对治者，波诸习气法应起念。若起念者，更益波力也。以是义故，由他所证，亦无道理。

转计曰：大师先答我云：心体实自寂静照明，但无始以来，为无明妄想熏故，不觉自动，显现诸法。由此观之，因有妄念习气，所以心体不能证寂。然则我今不云自证，谓由他证，何大师又不许耶？破之曰：我先曾言，若不方便寻名知义，依义修行，观知境界有即非者，何由可得寂照之用？今汝不云方便，但云他证。所谓他者，正是妄念。何能除心中妄念习气，令心证寂。然则汝将用何等方便乎？言下含有，用意识修止观，正是除习气之方便。所谓但治其病，而不除法也。汝不许用意识修，是因其病，并除其法。今反用意识证，是不善用其法，更增其病矣。又转计曰：言他证者，非谓他能除心中习气也。乃是他自除灭，令心证寂耳。是故我有方便，方便云何？即更不起新念是已。以不起故，便不熏彼习气，令之增长。不增长故，彼即自灭。破之曰：彼诸习气未灭之时，若无别法以为对治，法应起念。念起则更益彼力，新念愈起。汝今但云不起，不云对治，然则有何因由，而能不起乎？须知除转意识为无尘智，更无对治方便，更无不起所以也。故结破云：以是义故，由他所证亦无道理。

> 若言不须用他证心，但证于他。以证他故，习气自灭者，是亦不然。他既有习气为根本故，念念常起。若不先除彼习气种子者，妄念何由可证也。

上破他证文中，有云：乃可证他，何须他证？彼不得意者，将又转计能证于他。因破之曰：若言不须他证，但证于他，以证知他是妄念故，习气自灭者，是亦不然。何以故？他有习气种子故。既有种子，所以念念常起，妄想不息。然则若不先除彼习气种子，则即此证他之说，亦妄念也。既全是妄念，何由可证乎？须知必用意识修观行，乃可了知境虚。由是分分除妄，分分证真，然后习气方得除尽。否则全真成妄，云何妄能证妄？故曰妄念，何由可证也。

> 又复净心，无有道理能证于他。若能证他者，一切众心皆有净心，应悉自然除于妄念也。

又防转计妄念虽起，而性净不改。何以不能证他？破之曰：若以性净不改，便谓净心能证他者，则众生皆有不改之净心，应悉自然除妄念矣。故净心证他之说，无有道理。

> 若言妄念前后自相抑止，久久即息，故名为证他者，为前止后？为后止前？若言前念止后念者，前在之时，后识未生，后若起时，前念已谢，不相逐及，云何能止？若言后念止前念者，亦复如是，不相逐及，云何能止？

转计曰：所言证他者，非不知他有种子，念念不息，亦非谓净心自然除妄。乃是以彼妄念，前后自相抑止。抑止既久，妄念即息，故名为证他耳。破之曰：自相抑止者，前念止后耶？后念止前耶？无论前后，皆不能相止也。何以故？当汝前念在时，后念犹未生起。后念起时，前念便已谢灭。前后尚且不相逐及，云何能相抑止？由此可知，非用意识依止本识而修止观，更无证入之方便矣。

若前念起时，即自嫌起。嫌起之心，熏于本识，令不起后念者，心不自见，云何自嫌？若后念嫌前故，能嫌之心熏于本识，令不更起后念者，能嫌之心嫌前心时，为知前心是空故嫌？为不知是空故嫌？若知是空，即是无尘智也。汝云何言，不须此智？又若知是空，则应不嫌。若不知前念空者，此心即是无明。何以故？以其前念实空，而不能知故。又复不知前念空故，执有实念而生嫌心，即是妄想。何以故？以其于空，妄起实有想故。此能嫌之心，既是无明妄想故，即是动法。复言熏心，此乃亦增不觉，重更益动，生起之识，于是云兴。而言能令后念不起者，盖是梦中之梦，未醒觉也。故作斯说，仿佛不睡者，必应不言如此。

转计曰：言相止者，非谓逐及而后止之。谓当前念起时，自嫌其起。即此嫌起之心，熏于本识，令不起后念耳。破之曰：汝谓前念能自嫌耶？前念之心，既已生起，何能自见彼是妄念？既不自见，何能自嫌？然则汝所谓嫌，乃转念耳。念既云转，便成后念，汝乃认为仍是前念，误矣。又转计曰：非谓能嫌之心，不是后念也。但以此能嫌之一念，熏于本识，令不更起后念耳。破之曰：此能嫌之念，嫌前念时，知前念是空故嫌，不知前念是空故嫌耶？若知前念空者，即是无尘之智。须知用意识修止观，正欲转之成无尘智。然则汝前云：何须意识为？云何可言不须耶？又复若知是空，更应不嫌。若不知是空而嫌者，则前念实空而不知，且执虚为实而生嫌。此一念心，即是无明，即是妄想。既是无明妄想纷动之法，乃云以此熏心，于是更增无明纷动，妄识云兴。而反言能令后念不起，直梦呓耳。仿佛似醒之人，即应不如此言也。

上来约证破斥文中，先明净心为无明妄想所覆，故不能自证。次明意识未转成智，正是妄想，故不能证心。更明妄想未除，则全真成妄，故不能证他。如剥芭蕉，层层批剥，剥至蕉心，当体是空，故最后特标知空不知空两义。知空便是无尘智。若不知空，则以妄熏妄，妄想益多。至此则必用意识依止净心修行之理，了了洞明。若不转意识为无尘智者，便不知前念是空，而生嫌心。则以念止念，转更增动，无明窠臼，终不能出矣。

又复若言不作心念诸法，故念不起者，为净心不作心念？为是意识不作心念？若是净心不作心念者，本来何因作心念法？今忽何因不念法也？若是意识不念法者，意识即是其念。若言意识不作心念法者，为对见法尘而不念？为不对见法尘而不念？为对而不见而不念？为全不对尘名为不念？若不对尘，云何说为意识？何以故？以识者必识所识故。若对而不见，即是顽騃之法。若见而不念，为何所因而得不念？为知空故，所以不念。谓为有故，所以不念。若知是空，是无尘之智。对而不见，见而不念，二俱无妨，何故没言不须此智？若谓为有，即不能不念。又复谓有之时，即已是念。又复谓为有故，即是无明妄想，而复不念。譬如怯人闭目入暗道理。开眼而入，唯有外暗，倒生怕怖。闭目而入，内外俱黑，反谓安隐。此亦如是。念前法时，唯有迷境无明，而生嫌心。不念之时，心境俱暗，反谓为善。又复若不作意念法，心则驰散。若作意不念诸法，作意即是乱动，非寂静法，云何得名证心也？

不作心念诸法，故念不起，两句之意，已屡见上文，故用又复二字牒起。然上文是约证边破（即约下句念不起之意破也），以明若不转识成智，无论说自证，说他证，说证他，皆无由证得妄念不起。则证心寂虑，泯然绝相之说，不能成也。今则复约修边破（即约上句不作心念破也），以明若不转识成智，则所谓不作心念者，正是其念。于是不观境界，不念名义之说，从根本上不能成立矣。破斥中，先标净心意识两义征破。谓若言净心不作念者，初何因而作念？今何因而不念？此明净心本来无念，何云不作念耶？盖作念即是意识，如意识不念诸法者，非转之成智不可也。故复谓若是意识不作念者，既名意识，即是妄念。云何能不念耶？若言下，复立四义，详为破斥：一、对尘见尘而不念。二、不对不见而不念。三、对而不见，名为不念。四、全不对尘，名为不念。此四义中，第二第四两句，其义相摄。故下虽只就三义为破，实则初破第四句中，即含有破第二句义在。若言者，欲夺先纵也。谓纵令如汝所言，意识不作心念法者，为不对法尘而不念耶？须知若不对尘，何名为识？此破第四句也。何以故？以识之为义，必有为识所识者故。则为所识者，即名为尘。云何可说不对不见？此暗破第二句也。为对而不见，名不念耶？须知对而不见，乃成顽瞽。识是了别，与顽瞽异，何能对而不见？若识转成智时，则虽对尘而知一切境虚，谓为见如不见，义固不妨，今是意识对尘，云何可言对而不见？此破第三句也。上来第二三四三句，或明破，或暗破，皆是为第一句作引。因第一句见而不念，方是意识不作念之正义故也。故先举余三句为破，下乃就第一句，复标知空执有两义，逐层破之。若明得此两义，则必用意识修之理，及不用意识修之过，皎然若黑白之易知矣。因谓若言见而不念者，以何为因而得不念耶？为知其是空，所以不念，抑谓为实有，而能不念？若知是空者，便是无尘之智。以既知境虚，故对而不见，见而不念，二俱无妨。然则何故汝言不须此智乎？若谓为有下，复叠举三义为破，一层深进一层。一、既谓为有，即不能不念。二、谓有之时，便已是念。三、谓为有故，即是无明妄想。而复不念，便成迷中倍人。譬如怯人，开眼入暗，是但有外暗也，却生怕怖。闭目而入，则内外俱暗矣，反谓安隐。岂非颠倒乎？此亦如是。心念前法，而生嫌心，不作心念，反谓为善。不知念诸法时，惟有迷境无明。今谓不作心念，念即不起，则以妄为真。又增迷理无明，非迷中倍迷之人而何？上来皆就不念二字破。又复下，复就不作心三字破。不作心，即不作意也。谓汝言不作心念诸法者，若不作意，心无所系，即便驰散，岂能不念？若作意者，心既作意，即是乱动，便非寂静，何言不念？末复总结前文，而斥之曰：云何得言不观不念，名为证心也？夫不作意不可，作意亦不可，然则奈何？当知唯有观察一切诸法，皆一心作，唯虚无实，令其解性成就，转无尘智，然后不见不念，二俱无妨。则除用意识依义起修，岂有着手处哉？行人急须将上来破斥诸文，逐层研穷，憬然以悟，惕然以惧。从文字般若，起观照般若，方不负大师苦口婆心耳！

　　但以专心在此不念故，即以此不念为境。意识为此境所系故，于余境界无容攀缘。是故惑者不知此事，便谓于诸法无复攀缘。遂更深生宝玩，将为真法，是以策意相续不休。以昼夜久习熟故，不复作意，自然而进。但不觉生灭常流，刹那恒起，起复不知，无明妄想，未遣一毫。又不解自身居在何位，便言我心寂住，应是真如三昧。作如是计者，且好不识分量也。虽然，但以专心一境故，亦是一家止法。远与无尘之智为基，近与猿猴之躁为锁。比彼攀缘五欲，游戏六根者，此即百千万倍为殊为胜，但非心体寂照真如三昧耳。是故行者为而不执，即是渐法门。若欲成就出世之道，必藉无尘之智也。

此科正是道破病根所在。谓彼之不作意念诸法者，乃是初则专心作意，在此不念二字。即以此不念，为其境界。意识为此境所系故，便于其余境界，无容攀缘。无容者，谓非观知境虚自不攀缘，乃意识系于不念之一境，无暇及止耳。惑者不察，便谓已于诸法无复攀缘矣。遂深生宝贵，视为真实究竟之法。由是昼夜鞭策，作意相续。以昼夜久久习熟之故，即能不须作意，自然相续。故从表面视之，似乎无念。实则念念生灭，迁流如常，刹那刹那，恒起不息。何以故？以其系缘一境，若非念念相续者，意识早系不住，而趣外奔逸矣，但彼不自觉耳。彼既不觉，所以起复不知，而谓不作心念诸法，故念不起耳。由此观之，无明妄想，曾未遣得一毫。乃不解教义，不知身居何等，便颟顸计为妄想已灭，我心寂住，应是真如三昧。不知盲修暗证，全是按捺功夫。所谓心境俱暗，堕入黑山鬼窟里作活计者，竟以妄为真，作如是计较，真不知分量之大妄语也。虽然下，纵许之词。谓上来所说，虽非真实究竟，然亦可作为方便。以其专心一境，亦是一种修止之法。远则可与无尘之智为基础，近则可与猿猴之躁为羁锁。猿猴喻意识妄情，妄情纷动，躁如猿猴。今既系于一境，故曰为锁也。视彼攀缘五欲（财、色、食、名、睡为五欲也），游戏六根者，此即功德殊胜，过彼百千万倍。然若以为即是心体寂照真如三昧，则误之远矣（按：位登初住以上之菩萨，为分证真如三昧；若心体寂照体证真如，乃是佛位）。由是之故，修此行者，若不执为圣境，亦是渐修法门。若欲修出世道，了脱生死，必转意识为无尘智，方能成就也。或曰：念佛求生极乐，亦是专心一境，与此何如？当知二者大不同也。一是以不念为境，故是迷暗之法。一是以弥陀之大悲大愿，相好光明，及极乐庄严为境。此即随顺真如义，随顺大智慧光明义，随顺无量无漏性净功德义。过彼以不念为境者，岂止百千万倍，乃至非算数譬喻所能为计，二者岂可相比哉！又念念在佛，即不止之妙止也。一念相应一念佛，念念相应念念佛，即不观之妙观也。如是念兹在兹，信深愿切，尘想脱落，便是无尘之智。故一生极乐，便登不退，即初住位也。所以净土法门，称为胜方便、异方便。以其功德殊胜，异于余法也，此理不可不知。

此明止观依止中，以何依止竟。上标五番建立中，第一止观依止讫。

初句，结以何依止。次句，总结第一大科也。

次明止观境界者，谓三自性法。就中，复作两番分别：一、总明三性，二、别明三性。

上明止观依止，只一自性清净心。今复约一心，开三自性，以为止观境界者，因凡夫久已迷真成妄，须依三自性，为所观之境，乃有下手处。

是为定境观心之法门，故曰三自性法。须知约不变随缘言，则即一成三。约随缘不变言，则虽三实一。盖真实，即自性之体大。依他，即自性之相大。分别，即自性之用大。体相用三大，从来不离。可知三性无际，举一全收矣。克实论之，法身无为，不堕诸数。一且不立，何况有三？今开为三者，乃南岳大师，大悲心切，为众生故，不得已而建立耳。

所言总明三性者，谓出障真如，及佛净德，悉名真实性。在障之真，与染和合，名阿赖耶识，此即是依他性。六识七识妄想分别，悉名分别性。此是大位之说也。

障即是垢。出障者，尽除垢染之谓。佛净德者，佛之圆满清净妙德也。盖一明出障之净用，一明圆显之净德。故分列出障真如、佛净德二名。然即此真如出障，便成诸佛净德。亦即此净德圆显，便是出障真如。即二即一，故悉名真实性。真实者，真实不虚也。唯识论名之为圆成实性。在障之真，即在障真如，为不生灭法。染即无明，为生灭法。生灭与不生灭和合，名阿赖耶识，亦名业识。今复名为依他性者，即明其非同真实故。唯识论云：依他众缘而得起故。他字即通指染净缘熏，谓依净熏起净用，依染熏起染用，故唯识论名为依他起性。六识依七识为根，故此二悉名分别性。妄想分别，即指六七识言。唯识论名之为遍计执性，谓周遍计度，而起执著也。然周遍执计，义局凡夫。今此书取分别性之名者，乃彻上彻下，义通十界。因分别性，佛亦有之，如对机说法，即清净分别性是也。以三性立义不一，今且约大位为说。又委细别明，尚在下文，今乃略判，故曰此是大位之说。问：下文约凡圣差别，将三自性各开为二。而此总明中，真实性，则偏约圣边无垢义说。分别性，则偏约凡边染浊义说。何耶？答：此正大师教化众生之要旨也。诚以凡夫全真成妄，非从染浊分别性进修，何由返妄归真？又复染净体融，本来平等。故真实偏约净，分别偏约染，以明凡夫修止观，唯有从染浊分别性着手。令其性依净熏，而起净用，于是转识成智，染除净显，便能真如出障，净德圆明也。

所言别明三性者，初辨真实性。就中，复有两种：

一者，有垢净心以为真实性；二者，无垢净心以为真实性。

何谓别明三性？即将此三自性，各开为二。分别凡圣，明其义相也。真实性中，开为两种者，约凡言，即是有垢净心；约圣言，即是无垢净心。

所言有垢净心者，即是众生之体实，事染之本性。具足违用，依熏变现，故言有垢。而复体包净用，自性无染。能熏之垢本空，所现之相常寂，复称为净，故言有垢净心也。

既云有垢，何又云净心？即是下，正释其义。流转五道，名为众生。既称众生，便是染也。而众生体具之真如实性，则是净也。四大五阴等生死事相，染也；即此事相之本有妙性，则净也。须知染净性用，原是一体。故虽具足染用（文中违用即是染用），依染熏而变现染事，名为有垢。而复体包净用，自性本来无染。则以此净性，收彼能熏之垢，所现之相，亦复垢空相寂，故复称为净心也。末句结成。

所言无垢净心者，即是诸佛之体性，净德之本实。昺具法尔违用之性，染熏息故，事染永泯。复备自性顺用之能，净熏满故，事净德显，故言无垢。昺从熏显，性净之用非增。假遣昏云，体照之功本具，复称净也，故言无垢净心。

诸佛净德，释无垢也。体性本实，释净心也。体性者，全体净性。本实者，本性如实。须知法界法尔，心性平等而有随染随净之能。虽复随缘，实具性净不改之体。故染熏息灭，则事染永泯，净熏满足，则事净德显，名为无垢。实则净熏，本自性净德之用。故显无别显，全显自性，非有新增。遣妄亦自体本具之功，故遣无可遣，但由照显，假名为遣耳，故复名为净心也。末句结成。

> 然依熏约用，故有有垢无垢之殊。就体谈真，本无无染有染之异。即是平等实性，大总法门，故言真实性。
> 问曰：既言有垢净，亦应称无垢染。
> 答曰：亦有此义。诸佛违用，即是无垢染。但为令众生舍染欣净，是故不彰也。

依熏约用故有殊者，此释所以名为有垢无垢，乃就修德言也。就体谈真本无异者，此释所以皆称为净心，乃就性德言也。既无论有垢无垢，同此一体。则此体，即是平等不二之真实本性，故名为真实性。此性竖穷横遍，能摄能生，故曰大总法门。问曰：自心本具染净性用，既是有垢可言净心，亦应无垢得称染心。今有垢无垢，皆名净心何耶？答之曰：诸佛倒驾慈航，随形六道，可名为染。然虽示违用，而在尘不染，可称无垢。则汝无垢染之说，亦许有此义也。但今欲教化众生，返妄证真，须令舍染欣净。由是义故，不言染名，单彰净德耳。此义具如上明因果法身中广辨。

> 二明依他性者，亦有二种：一者净分依他性，二者染分依他性。

即此凡圣同具之真实性体，以不觉自动故，生灭与不生灭和合，而成业识。若约其体而言，即是有垢净心。若约相论，则在障之真，依熏净显者，为净分依他性。能障之妄，依熏染现者，为染分依他性也。

> 清净分依他性者，即波真如体具染净二性之用，但得无漏净法所熏故，事染之功斯尽，名为清净。即复依波净业所熏故，性净之用显现，故名依他。所现即是所证三身净土，一切自利利他之德是也。

何谓清净依他？释之曰：真如本体，具有染净二性用。但因在障之真，得净法熏之，事染都尽，故名清净。而净用之能显现，实依净业所熏，故曰依他。无漏净法者，贪嗔痴等烦恼，日夜由六根门头，流注不绝，名之为漏。又烦恼能令人漏落于五道，亦名为漏。若修戒定慧，得离烦恼，是为无漏清净之法。三身四净土者，依一心之妙体，证清净法身，常寂光土；依一心之妙相，证圆满报身（开之为自受用报身，他受用报身），实报方便二土；依一心之妙用，证千百亿化身，凡圣同居净土。法身，自受用报身，常寂光土，为自利德。他受用及应化身，实报等土，皆利他德也。

问曰：性染之用，何谓由染熏灭故，不起生死？昂然，成佛之后，此性岂全无用？

答曰：此性昂为无漏所熏故，不起生死。但由发心已来，悲愿之力熏习故，复为可化之机为缘熏。示违之用，亦得显现。所谓现同六道，示有三毒，权受苦报，应从死灭等，即是清净分别性法。

问意谓性染既是本具，何谓染熏息故，不起生死之事？事染既是都尽，何以成佛之后，复现示违之用？此由未达圣凡权实之辨，故来斯问。当知此之染性，由为无漏净法所熏，净用显现故，实不起生死染事。然复由发心修行以来，内以悲愿之力为因，外以可化之机为缘。以此因缘熏习，亦得权现示违之用也。所谓下，谓约所现之违用言，如现同六道等，即是下文所说之清净分别性法。此明虽名为违用，实乃清净分别性度生之法门耳，岂同凡夫实有事染乎？现同六道者，如应以人天身得度者，即现人天身而度之。应以三恶道身得度者，即现三恶道身而度之。示有三毒者，如华严会上，妙德女示贪，无厌足王示嗔，婆须蜜女示痴之类。权受苦报者，如世尊权巧示受马麦等报。应从死灭者，如世尊应化身，双林入寂，非灭现灭，此皆为众生故，权现违用也。

问曰：既从染性而起，云何名为清净分？

答曰：但由是佛德故，以佛望于众生，故名此德以为清净。若偏据佛德之中论染净者，此德实是示违染用。

上来所明权实之理，未能了达，复兴此问。意谓既是违用，乃从染起，云何名为清净分？释之曰：上云现同六道，示有三毒，可知佛是大权示现耳，岂从染起？须知示违之用，但由诸佛同体大悲，度生大愿，清净妙德中流出。非同凡夫起惑造业，因业招报。故以佛德望彼众生，彼乃染业沉沦，可称染浊。此由净德权现，故名清净也。若偏据下，遮难。难曰：既是清净，云何复称染用？故遮而释之曰：虽是净德之用所显，以其示现六道三毒，故称染用。须知染之为言，乃偏就佛德中，论其染净耳，岂可滥同凡夫。

问曰：既言依他性法，云何名为分别性？

答曰：此德依于悲愿所熏起故，即是依他性法。若将此德对缘施化，即名分别性法也。

问意，因上文言现同六道等，即是清净分别性法。今问此中正言依他性法，云何复谓即是分别性法耶？此由未达相用之别故也。须知依他分别，本同一体。但约依熏显现之相言，即为依他性法。若约对缘施化之用言，即名分别性法。皆名为法者，谓立此清净分依他分别二名，乃是显明净德熏起之法，施化之法耳。又对缘施化，绝不相滥。譬如明镜遍照，镜无容心，而胡来胡现，汉来汉现。此之谓分别，非同凡夫起心分别也。

问曰：无垢真实性，与清净依他性，竟有何异？

答曰：无垢真实性者，体显离障为义，即是体也。清净依他性者，能随熏力，净德差别起现为事，即是相也。清净分别性者，对缘施设为能，即是用也。

由未达体相之辨，故有斯问。答中兼明三大。盖无垢真实性，以障离体显为义，故即是体大。清净依他性，以能随净熏，净德起现之事相为义，故即是相大。清净分别性，以对缘施设之功能为义，故即是用大。然体相用三大，从来不离。虽有三名，唯是一心也。又此中因文便故，单约清净三性以明体相用。由此例知，有垢真实性，则以真体在障为义。染分依他性，则以随染熏力，起现染相为义。染浊分别性，则以迷妄事用为义也。

> 所言染浊依他性者，即彼净心，虽体具违顺二用之性，但为分别性中所有无明染法所熏故，性违之用，依熏变现虚状等法。所谓流转生死，轮回六趣，故言染浊依他性法也。

净心之体，性具违顺二用。故净心为无明染法所熏，顺用斯隐，则名染浊。即复违用依熏，变现虚状等法，故名依他。六七识妄情妄执，正是无明染法，故曰分别性中所有也。流转生死，轮回六趣，即是似色似识似尘等法。克实论之，有即非有，唯一心作，故曰虚状。此中是约性依熏起说，故曰染浊依他性法。若约妄情分别，执为实境说，即是染浊分别性法矣。

> 问曰：性顺之用，未有净业所熏故，不得显现。虽然，在于生死之中，岂全无用耶？
> 答曰：虽未为无漏熏故，净德不现。但为诸佛同体智力所护念故，修人天善，遇善知识，渐发道心，即是性净之用也。

问意谓，顺性净用，非净法熏之，即不得显。然则众生在生死中，染用繁兴之时，净用云何得现乎？不知未为无漏净法所熏，净德之用，虽不能显，然因一切众生，为诸佛之所护念，故得修善业遇善友，渐发道心，此即净用所以得现也。智力者，对根本智言，即是后得智。力，力用也。

诸佛对机施化之智力，本由生佛同具之性体显成，故曰同体。修人天善，如受三皈五戒等。遇善知识者，如遇四依大士，得闻法要，故渐发道心也。总之，诸佛智力护念是缘，自具同体净性是因。众生在生死海中，若非幸遇净缘，何能熏起净因？然必自具之净因力强，而后所蒙之净缘功显。不然，性净之用，亦不能现也。下科即释此义。

问曰：一切众生皆具性净，等为诸佛所护。何因发心先后？复有发不发？

答曰：无始已来，造业差别，轻重不同，先后不一。罪垢轻者，蒙佛智力。罪垢重者，有力不蒙。

问曰：罪垢重者，性净之用岂全无能？

答曰：但有性净之体不坏，以垢重故，更不有能也。

问曰：上言凡圣之体，皆俱顺违二性。但由染净熏力，有现不现。何故诸佛净熏满足，而不妨示违之用有力？凡夫染业尤重，而全使性顺之用无能也？若以染重故，性净无能，亦应净满故，染用无力。既净满而有示违之功，定知染重亦有性顺之用。

答曰：诸佛有大悲大愿之熏，故性违起法界之染德，能令机感斯见。众生无厌凡欣圣之习，故性顺匿无边之净用，不使诸佛同鉴。无净器可鉴，故大圣舍之，以表知机。有染德可见，故下凡寻之，明可化也。是故净满不妨有于染德，染重不得有于净用。

此中三问三答，一层深进一层。初问：众生皆具性净，即应一切平等，皆为诸佛护念。以何因由，众生发心修道，有先后之殊？复有肯发心不肯发心之异？答谓：无始已来，造业有轻重，故发心有先后。又罪轻者障轻，得蒙佛护，故能发心。罪重者障重，虽有诸佛智力护念，彼不得蒙，故不发心也。次问：罪垢重者，有力不蒙。将性净之用，全无功能乎？答谓：以垢重故，更无功能。但彼性净之体，始终不坏。是故但能觉悟忏悔者，即罪垢销除，得蒙佛力矣。三问：凡圣皆体具违顺二性，且皆始终不坏，但由熏力不同故，圣则净现染隐，凡则染现净隐。然则诸佛净熏满足，何以不妨违用有力？凡夫染熏业重，何以竟致顺用无能？答谓：净满而违用有力者，因诸佛具有大悲大愿，故能熏起染德，应法界之机感，普门示现。染重而顺用无能者，由众生不能厌凡欣圣，故难熏显净用，致普照之佛光，无从鉴拔。譬如空中明月，普现百川。然必净水乃现光明？秽水光何能现？此亦如是，众生既无净器可鉴，故大圣不得已而舍之，以表时机未熟。诸佛因有染德可见，故下凡乃得而寻之，以明教化可施。无净器可鉴，当知是众生舍佛，非佛舍众生。有染德可见，当知因佛寻众生，故众生可寻佛耳。由是义故，净满不妨现染德，染重不得显净用也。由此可知，道心之发，实由欣厌。然众生久在迷途，若无佛法常为熏习，欣厌即无从生起。此弘扬佛法，所以功德殊胜也。

三明分别性者，亦有二种：一者清净分别性，二者染浊分别性。

清净分别性，约诸佛利生之德用言。染浊分别性，约众生迷妄之业用言。如下广释。

所言清净分别性者，即彼清净依他性法中，所有利他之德。对彼内证无分别智故，悉名分别。所谓一切种智，能知世谛种种差别，乃至一切众生心心数法，无不尽知。及以示现五通三轮之相，应化六道四生之形。乃至依于内证之慧，起彼教用之智。说己所得，示于未闻。如斯等事，悉名清净分别性法。此义云何？谓虽起无边之事，而复毕竟不为世染。不作功用，自然成办，故言清净。即此清净之觉，随境异用，故言分别。又复对缘摄化，令他清净。摄益之德，为他分别，故言清净分别性也。

清净分别性者，非他，即清净依他性法中，所现之利他德用是也。内证之无分别智，名根本智。今外示德用以利他，则随众生机感种种差别，而异其用。故对彼无分别智，名为分别，即后得智也。此中赅一切种智，道种智，一切智。一切种智，照中谛之机。道种智，照俗谛之机。一切智，照真谛之机。今但标一切种智者，明以中谛，双照空假二边也。文中自能知世谛，至应化六道四生之形。此以世间法为用，即道种智也。自依于内证，至示于未闻。此以出世法为用，即一切智也。合此二用，即一切种智也。世谛即是俗谛，指一切世间法言，故有种种差别。心谓八识心王。心数，又名心所，亦名心使，谓为心王之所驱使也。心所之数，共有五十一，分为六位，即遍行五，别境五，善十一，烦恼六，随烦恼二十，不定四也（列表附后以便省览）。圣人有六种神通，所谓天眼，天耳，他心，宿命，神足，漏尽。漏尽则通力益胜，非别有通，故但曰五通。三轮者，身业现化，名神通轮。口业说法，名正教轮。意业鉴机，名记心轮。佛以三业，摧碾众生惑业，故名为轮。六道四生，已见前。内证之慧为实智，教用之智为权智，权依实起也。教用谓教化施用。说己所得两句，谓以己所证得者，开示众生也。如斯等事，皆是神通妙用，对机施化法门，故悉名清净分别性法。此义云何下，释所以名为清净分别之故。不为世染，即在尘不染。不作功用，即无功用道。谓虽起无边事用，而不为世染，复不起心分别，而自然成办。此乃从清净平等觉中，自在流出，故名清净。即此清净觉性，随境缘而异用，故名分别。此约当体释也。又约对缘摄化言，是令他清净。约摄益之德言，是为他分别。此约利他释也。末句合结。

◎八识心王表

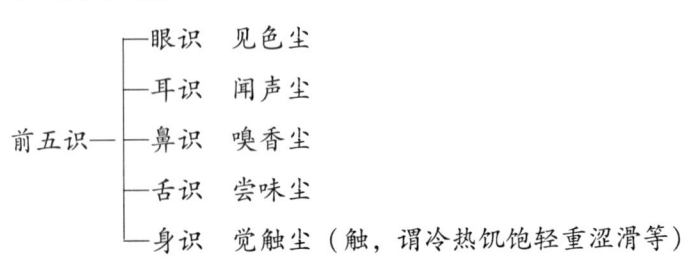

前五识 ——眼识　见色尘
　　　　——耳识　闻声尘
　　　　——鼻识　嗅香尘
　　　　——舌识　尝味尘
　　　　——身识　觉触尘（触，谓冷热饥饱轻重涩滑等）

第六识即意识：知法尘（又前五识起时，各与意识俱起，随念计度分别）

第七识即末那识：执我（执第八识之见分，以为实我）

第八识即阿赖耶识：受熏持种［受前七识业力之熏，而成种子。即复执持种子，现作根身（正报）器界（依报）］

◎五十一心所表

遍行五：作意、触、受、想、思（此五心所，有善恶之别。因其一切心中俱得生起，故曰遍行）

别境五：欲、胜解、念、定、慧（此五心所，亦有邪正之分。因其各别缘境而生，故曰别境）

善十一：信、精进、惭、愧、无贪、无瞋、无痴、轻安、不放逸、行舍、不害（此十一心所，唯善心中得生）

烦恼六：贪、嗔、痴、慢、疑、邪见（此六心所，恼乱有情，能生其他烦恼，故名根本烦恼也。）

随烦恼二十：忿、恨、恼、覆、诳、谄、骄、害、嫉、悭、无惭、无愧、不信、懈怠、放逸、昏沉、掉举、失念、不正知、散乱（此二十心所，由根本烦恼引起，故曰随烦恼。又分三类：前十为小随、各别起故；中二无惭无愧，为中随，唯遍不善故；后八为大随，自类俱生，遍染心故）

不定四：悔、睡眠、寻、伺（此四心所，善染不定）

◎心王心所相应表

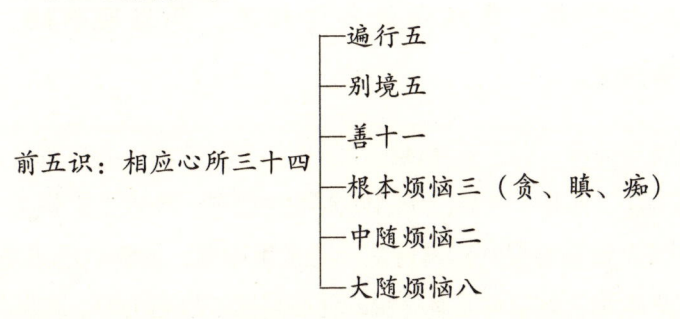

前五识：相应心所三十四
- 遍行五
- 别境五
- 善十一
- 根本烦恼三（贪、瞋、痴）
- 中随烦恼二
- 大随烦恼八

第六识：五十一心所法全相应

第七识：相应心所十八
- 遍行五
- 别境一（慧）
- 根本烦恼四（贪、痴、慢、邪见）
- 大随烦恼八

第八识：相应心所五——遍行五也

所言染浊分别性法者，即彼染浊依他性中虚状法内，有于似色似识似尘等法。何故皆名为似？以皆一心依熏所现故，但是心相，似法非实，故名为似。由此似识一念起现之时，即与似尘俱起。故当起之时，即不知似尘似色等，是心所作，虚相无实。以不知故，即妄分别，执虚为实。以妄执故，境从心转，皆成实事，即是今时凡夫所见之事。如此执时，即念念熏心，还成依他性。于上还执，复成分别性。如是念念虚妄，互相生也。

问曰：分别之性，与依他性，既迭互相生，竟有何别？

答曰：依他性法者，心性依熏故起，但是心相，体虚无实。分别性法者，以无明故，不知依他之法是虚，即妄执以为实事。是故虽无异体相生，而虚实有殊，故言分别性法也。

染浊分别性者非他，即于染浊依他性所现之虚状等法，而妄执以为实者是也。虚状等法，即是十八界。所谓内六根之似色，外六尘之似尘，中六识之似识。何故皆名为似？以其皆从一心依熏所现，如梦中所见境界，但是由心所现之虚相，为似有非有之法，并非真实，故名为似。夫吾人念头不动则已，动则便与根尘，和合俱起。故不知彼等，唯虚无实。若当念头起时，觉知外尘内色，皆是似法，唯心所作，本来无实，便不致妄生分别，即念头亦可不起矣。以不知彼是虚相故，遂念念分别，执为实有。以妄执为实故，则一切虚状，皆从其心念而转，俨若成为实事，即凡夫现前所见者是也。试问谁不认为实事乎？于是因顺境而起贪，因逆境而起瞋。即不顺不逆之境，虽不起贪瞋，而执以为实，此便是痴。须知妄执分别者，惑也。因惑而起三毒，便是业也。起惑造业时，即复念念熏于本识。本识受熏成为种子，还复显现种种苦报，此又成为依他性矣。于此苦报，不知是虚，还执为实，便又起惑，而复成为分别性矣。如是念念执著，不知虚妄，则惑业苦三，互相生起，岂有了时。悲夫！此凡夫所以无始至今，头出头没于茫茫业海中也。

问曰：分别依他二性，既迭互相生，毕竟有何差别？须知所谓依他性法者，乃就心性依熏所现之相，当体是虚，并无真实而言也。所谓分别性法者，乃就无明不觉，妄执依他虚相以为实事而言也。由是义故，分别之与依他，虽迭互相生，并无异体。但依他则本是虚法，分别则妄执实有。约此而言，遂有差殊。故名执实之妄情，为分别性法耳。

上来所明三自性中，真实性，即自性清净心，乃是真实本体。但圣为无垢，凡为有垢。何谓有垢？以真如在障故也。真如既为无明所障，则依染熏而现虚状等法，便是染分依他性。即复妄想分别，执虚为实，便是染浊分别性。若观知前法，唯虚无实，情执尽泯，则障除净显，便成无垢之真实性。于是依他所现，便是三身四净土。分别作用，便是利他之德。则染浊分，全成清净分矣。若将此中境界，委晰辨明，则决定当从染浊分别性进修，夫复何疑！

或曰：染浊分别性，兼七识言。何但从六识着手耶？

答曰：七识念念执我，何能从我相上用功？又七识但能执我，何能了知境虚？意识则以了别为性，且意识转时，七识亦转。故从第六着手进修也。我智者大师《摩诃止观》中，明定境观心，必须去丈就尺，去尺就寸，去寸就分。所以于十八界，拣去根尘而用识，复拣去他识而独取意识，即是去寸就分之意，所谓扼要以图是也。盖意识原是心体之大用，其过咎，但在逐妄迷真而已。以迷真故，所以全真成妄。若了知虚妄，去其情执，当下全妄即真矣。即如念佛法门，于诸佛中，独念弥陀，于十方净土中，独愿往生极乐者，由其知得念念弥陀，决定往生名义，此即分别性作用也。由是以厌凡欣圣为因，以弥陀悲愿为缘，复以念念分明为观，不起杂念为止。如此因缘和合，止观并运，即念念熏于净心，便令烦恼薄弱，智慧增长。故能决定往生，径登不退，见佛闻法，证无生忍。直至真如出障，净德圆明也。若但口念，而心不念，则意识力薄，舌识力强，不过种一远因而已。其他修行法门，无不如此。除克从意识用功，转之成智，安望超凡入圣哉。

> 更有一义以明三性，就心体平等，名真实性。心体为染净所系，依随染净二法，名依他性；所现虚相果报，名分别性。

此中所明三性之义，与前总明别明者，义各有取，即各具深意。兹为一一对举互明，方见大师微旨。前总明中：真实性，单约出障净德说。依他性，则约真妄和合之当体说。分别性，单约妄想分别说。此明循流溯源，返妄即可证真之义也。今则真实性，约平等心体说。依他性，约体为染净所系说。分别性，约所现者说。此明圣凡平等，染净皆唯心现之义也。又前别明中：真实性，约净垢差别说。依他性，约依熏显现说。分别性，约对缘施化，及分别妄执等事用说。今说真实性，则以平等收差别。说依他性，则体既为其所系，安得不随。既随，故依熏显现矣。以明心体平等，非觉非不觉，更何所系也。说分别性，则无论净秽所现，皆是虚相，体性非有。以明本自不生，今即无灭，唯是一心，体无分别也。总之。前别明中，欲显圣凡之德业用殊，故多据差别事义而论。今合辨中，欲明平等之究竟觉体，故探原真如实性为言耳。又初约循流溯源，总谈三性者，为示凡夫以入手处也。知所入手矣，便须明了圣凡差别所由。故次别明三性，多就圣凡德业，差别境界而言。此义既明，更当由差别入平等，方归究竟。故今复合辨三性，以明泯相显性，融用入体之义。如此前后浅深，次第而进，大师之循循善诱，苦心若揭矣。

> 又复更有一义，就依他性中，即分别为三性：一者

净分，谓在染之真，即名真实性。二者不净分，谓染法习气种子，及虚相果报，即是分别性。二性和合无二，即是依他性也。

前总明三性中曰：在障之真，与染和合，名为阿赖耶识，此即是依他性。今谓在障之真，乃是净分，即可名为真实性。无明染法，乃不净分，而凡夫之虚相果报，皆由染法习气种子而生，故即此便是分别性。至净染和合无二，即依他性，其义易知。总之，三自性唯是一心，本来非一非三，即三即一，故可作种种释。又此中所明，乃专约凡夫而言。因凡夫无明不觉，常住真心久已成为阿赖耶识。故一切众生，无不在依他性中。其三自性，只能就依他性中辨之。以明若不知循流溯源，即不能超凡入圣，证入常住真心，则亦终为在障有垢之凡夫已矣。此大师更出此义之深旨也。

问曰：似识妄分别时，为是意识总能分别六尘？为六识各各自分别一尘？

答曰：五识见尘时，各与意识俱时而起。如眼识见似色时，即是一意识俱时分别妄执也。余识亦如是。是故意识总能分别妄执六尘。五识但能得五尘，不生分别妄执。

问曰：妄执五尘为实者，为是五意识？为是第六意识？

答曰：大乘中不明五意识与第六别，但能分别者，悉名意识。

上来自破大乘人执，至此已显明八七六识中，以第六意识力用最大，故修行须从意识入手。唯意识与前五识，力用若何，尚未详言，因更出此文以明之。问意以似识二字，本兼前五识而言，然则似识妄分别时，为是意识总能分别六尘耶？为意识与前五识，各自分别一尘耶？释之曰：五识对尘之时，各与意识俱时而起。如眼识见似色时，但能见之而已。若其分别妄执，乃是同时俱起之意识作用。推之耳鼻舌身等识，可以例知。是故前五识，但能得五尘耳。惟意识总能分别六尘，妄执六尘也。得者，谓眼则见色，耳则闻声，各各相得，不错谬也。兹约现比非三量之义，详明其功能大小。须知前五识只具现量，故但有自性分别，而无随念计度之能。意识则通于三量，方能随念计度，分别妄执。现量者，对所缘境，显现量知，谓不加计度，便能识别也。如到眼便识得是色，入耳便识得是声。初不随念计度，所谓自性分别是也。至于黄乎，白乎，钟声乎，鼓声乎，此已入于比量，而非现量。即为意识计度分别之力，非眼识耳识所能成办矣。比量者，于不显现之境，比例量度，而能正知。如以此例知彼，以前例知今。譬如见烟，例知有火是也。非量者，即是似现量，似比量。何谓似现量？如见泥团，即作泥团解。不知乃是众尘和合之假法，非真现量也。何谓似比量？如见雾，妄谓是烟，邪证有火。此皆错乱分别，故曰非量。比量是意识之功，非量为意识之过。今用意识修行，乃用其比量正知，治其非量邪解，俾随顺证入净心之现量耳。他如执虚境为实有，以及梦中境缘，醒时散乱心，皆为意识非量。看经闻法而得正解，则是比量。邪见妄解，便成非量。若作观时，了了明明，及定中所缘之境，境与心应，皆意识之现量也。譬如修净土者，定中得见弥陀，是为心境相应，即是现量。若不相应，非现量也。至于七识，只有非我执我之非量。八识与前五识同，只有现量。上来所说现比非三量，乃六根门头寻常日用者，不可不辨明其功用，故详为分析言之。次一番问答，是明大乘但立同时意识，不同小乘立五意识。五意识者，因小乘不知意识与前五识同时俱起，故计为前五识不但识现量境，亦识比量境。谓如眼见前尘之烟，此属现量，名为眼识。而见烟比知有火，此属比量，名为眼意识。若烟境已谢，缘念仍存，所谓缘念法尘中落谢影子者，乃属于第六意识。余耳鼻舌身等，类此可知。此小乘所立之义也。大乘立义，无此差别。但能分别前尘者，不论现尘，及落谢尘，皆属第六意识作用。故悉名意识，不别立五意识之名。总之，意识通于三量，力用最大。故能作生死，能作涅槃。所以必须从意识着手进修者，此耳。

　　上来是明第二止观所观境界竟。

结第二大科明止观境界已竟。

　　次明第三止观体状。就中复有二番明义：一就染浊三性，以明止观体状；二就清净三性，以明止观体状。

上来五番建立中，初明止观依止，令行人先悟自心。然后依止修行，乃克成就。何以故？自性清净心，为一切法之根本故。二明止观境界，复开一心为三自性，又开三自性为净染二种，以为所观之境。何以故？若不定境，无从修心故。然此两番，皆是理解。今第三番明止观体状，正属行门，即的示吾人以修止观之方法也。体状即是行相，示以止观行相，令行人依为模范故。上明境界，正为修行。彼既开染净二种，故今亦有二番明义。此两种修法，或随修一种，或同时兼修，或先后修，皆得。今因文便，先说染，后说净耳。且以明凡夫虽已迷真成妄，而返妄即可证真矣。

　　初就染浊三性中，复作三门分别：一依分别性以明，二约依他性以显，三对真实性以示。

此中三门分科，乃循流溯源之一定次第。盖修分别性，正为入依他性之方便。修依他性，正为入真实性之方便。真实性者，即自性清净心是也，实为止观依止之地。但自无明不觉，此性已与染分和合，成为依他。而依他，正由妄想分别而有。故必先从分别性，斩关而入，步步深进，乃能达到真实性究竟依止之地。所谓挽弓当挽强，擒贼先擒王也。修分别性，如宗下本分功夫。修依他性，如宗下重关功夫。修真实性时，即宗下所谓破末后牢关也。

　　对分别性以明止观体状者，先从观入止。所言观者，当观五阴及外六尘，随一一法，悉作是念：我今所见此法，谓为实有形质坚碍，本来如是者。但是意识有果时无明故，不知此法是虚。以不知法是虚故，即起妄想，执以为实。是故今时意里，确然将作实事。复当念言：无始已来，由执实故，于一切境界起贪瞋痴，造种种业，招生感死，莫能自出。作此解者，即名观门。

观者，即止之观。止者，即观之止。言有次第，修无先后。然若钝根人不能止观并运者，即无妨先观后止。须知修观，正为入止之方便，故曰从观入止。若单修观不修止，则妄念不息，何能了生死乎？此中观法，可分为二：先观诸法是虚，次观执实之过。然言有前后，意则一贯。盖以不知是虚，所以执实。以执实故，造业招苦。是故欲出生死之苦，便当知境是虚。昔我世尊，在鹿苑说法，先明苦谛。以凡夫不知畏因，犹知畏果。若知得内身外尘，无常苦果，则既明苦谛，方能修道谛，断集谛也。今初修观门，克从五阴六尘入手者，正是此意。

观，谓体察审究。内而五阴根身，外而六尘器界，即是凡夫依正二报。向依正果报上，体究其无非虚幻，及因从何来，便是修观。随一一法者，谓于五阴六尘等法中，不必普观，亦不限定何种。随拈一法，皆当作如是观念。我今所见，至莫能自出，五行文，即其所作之观念也。此法二字，即指五阴六尘。坚，谓不融。碍，谓不通。因其对于所见之法，谓为实是有形有质，所以为所障碍，不能融通。本来如是者，既不知诸法皆由因缘和合而生，缘散即灭，故谓为本来如是。此正凡夫通病，所以执为实有者，即由于此。果时无明，即迷境无明。由有迷境无明，故妄执为本来如是。而此迷境无明，正由意识妄想分别而有，故曰但是意识有也。初下手时，便擒住罪魁。从此层层推究入去，以穷其根。然知是罪魁，而审究之者，亦意识也。俗语云：以子之矛，攻子之盾；又云：将功赎过，正堪为喻。须知迷悟之机至捷，只在当人一转念间耳。即起妄想执以为实者，执实二字，即其妄想。谓以有迷境之无明故，不知诸法是虚，便起执实之妄想。由是从迷入迷，所以无始至今，意中确然认彼诸法以为实事。作此观念时，即复推穷其害，而作念言：我今流转生死，莫能自出者，无他，由于造种种业故。何以造业？由有贪瞋痴故。何以起此三毒？由无始以来，对一切境，妄想分别执为实有故。然则若知五阴六尘等境界，是缘生法，虚幻无常，便不致因顺境起贪，因逆境起瞋，即不顺不逆之境，亦不致执实而成痴。既三毒不起，便不造业。既不为业力牵系，岂不超然于生死之外哉。若能如此观念解悟，正是慧心所相应品，乃入道之初门也。故曰作此解者，即名观门。

　　作此观已，复作此念：我今既知由无明妄想，非实谓实，故流转生死。今复云何，仍欲信此痴妄之心？是故违之，强观诸法唯是心相，虚状无实。犹如小儿爱镜中像，谓是实人。然此镜像，体性无实，但由小儿心自谓实。谓实之时，即无实也。我今亦尔。以迷妄故，非实谓实。设使意里确然执为实时，即是无实，犹如想心所见境界，无有实事也。复当观此能观之心，亦无实念。但以痴妄，谓有实念，道理即无实也。如是次第，以后念破前念。犹如梦中所有忆念思量之心，无有实念也。作此解故，执心止息，即名从观入止也。

作此观已，复作此念，前一此字指上文，次一此字指下文。谓已既如上作观，即复进而深究之，破其妄想也。须知所谓修止者，并非遏捺念头，令同木石，乃是返观内照，正念分明，胜解现前，当体自寂。试观当文，复作此念，今复云何，以及强观，复观云云，皆是明其观智。即结之曰，作此解故，执心止息。可见执心之息，其故全由于解性增明，不关遏捺矣。修行人往往不明此理，辄谓念头按不住。不知按捺之念，正是妄念。以妄抑妄，重更益动。譬如以石压草，依然潜滋暗长，侧出旁生。前破大乘人执中，谓系心不念者，生灭常流，无明妄想未遣一毫。虽胜彼攀缘五欲，而不能成就出世之道。大师垂诫，深切著明如此，行人宜引为鉴戒也。

此中观法，亦具两重：初观执实之心，全是痴妄。次观能观之心，亦复非实。一层深进一层，乃的示行人以破妄方法。闻此方法，便应收视反听。次第向自己意里，切实体验，切实用功，方得真实受用。初中，我今既知至流转生死，牒上观门。今复云何下，起今观门。痴妄，即指非实谓实。向由痴妄之心，故谓为实。今既知是非实，奈何复信。违者，背尘之意，谓与痴妄远离也。若虽不信，而仍随逐不舍，亦终于痴妄已矣，是故必应违之。强观二字，尤吃紧。此心自无始来，久成痴妄，习气甚厚。谈何容易，说离便离。故初修道者，必应立定脚跟，坚决心志，勉力用功。方能熟处转生，生处转熟。是故强观二字，正是离妄背尘之妙法。云何强观，即观一切法唯是心相是也。此是大小乘判别处。小乘人虽观诸法无实，而不知心外无法。大乘人则知五阴六尘诸法，皆一心所现之相，所以唯虚无实。此大乘止观，所以必依止净心而修也。今谓随一一法，皆抱定唯是心相四字，返观内照，不为境夺，是之谓强观。犹如小儿下，举喻。我今亦尔下，法合。小儿谓镜像是实人，喻迷人谓心相是实境。镜像无实，喻心相无实。小儿心自谓实，喻迷人意执为实。不知谓实之时，当体即空，本非实也。何以故？唯是心相故。心相乃由心想而成，其所见境界岂有实事？如此推勘领悟，执为实境之心便息。次复当观能观之心，亦无实念者，当知今方在分别性中修。则能观之心，正是第六识心。若不空之，将谓此一念心，能知诸法是虚。然则此念，应是实矣。便仍在分别中转，仍是执心。执心不息，何能进修依他性观耶？故复当观此能观之心，念亦无实。盖以道理论之，正是第六识虚妄分别，岂得谓实？若谓为实，又成痴妄矣。如此勘悟，执为实念之心便息。如是次第，先以观念心相，遣其执境。继以念亦无实，遣其执念，是为以后念破前念。盖谓观念功深，辗转增胜，则后后之解悟，次第成就时，前前之执心，乃不复现起。非谓以后念，逐及前念而破之也。何则？后念起时，前念已灭，不相逐及，云何相破？须得其旨，不可误会。此中两重观照功夫，即《圆觉经》，应当远离一切幻化虚妄境界，心如幻者亦复远离之意。因无明未灭，如梦未觉。所有忆念思量，无非幻妄。故应重重勘破，离而又离也。当文，一则曰违,再则曰破,违破二字,实止妄之慧剑。所以运此慧剑者,实由重重观照之功,故结云:作此解故,执心止息,即名从观入止。由此可知,所谓止者,非止其念,但去其执,即名入止耳。所谓但除其病而不除法是也。

问:观止二行,皆须作种种观念。何为一云修观?一云修止?答:就缘起上观照,名为修观。就解脱上观照,即名修止也。

复以知诸法无实故,反观本自谓为实时,但是无明妄想,即名从止起观。若从此止,径入依他性观者,即名从止入观。

从止起观者,是于执心止息之后,反观未息以前,以明不堪回首也。既不为止行所没,故谓之起。从止入观者,执实之心既息,即修依他性观,以明更求深造也。以其观慧又进一层,故谓之入。曰径入者,径者,直捷之意。盖前之止门成就,即入后之观门,更无异法(如下断得中所明),故曰径入。但少有别义者,止门,是明其遣除执情;观门,是明其深入观照也。凡言从止复观处,类此可知。

次明依他性中止观体状者,亦先从观入止。所言观者,谓因前分别性中止行,知法无实故。此中即解一切五阴六尘,随一一法,悉皆心作,但有虚相。犹如想心所见,似有境界,其体是虚。作此解者,即名为观。

依他性中修止观,亦与前同。须先修观,以为入止方便。此中即解者,谓上止行中,解知诸法唯是心相,虚状无实。今即于此义中,更加研穷也。五阴六尘,即八识之相分,故曰悉皆心作,但有虚相。譬如以假想心,见有境界,其境当体是虚。故曰似有境界,其体是虚。此中文相,虽多与上止行中相同,然立义有别者,上乃就心相想心等义,解得诸法若不妄想分别,则本非实有,故成为分别性止门;今即就心作想心等义,更解得诸法悉皆心依熏现而有,则不无虚相,故成为依他性观门也。故结之曰：作此解者即名为观。

> 作此观已，复作是念：此等虚法，但以无明妄想，妄业熏心故，心似所熏之法显现。犹如热病因缘，眼中自现空华。然此华体相，有即非有，不生不灭。我今所见虚法，亦复如是。唯一心所现，有即非有。本自无生，今即无灭。如是缘心遣心，知相本无故，虚相之执即灭，即名从观入止。

作此观已，复作是念者，谓既知不无虚相矣，然若执有虚相，还成心病。即复更加推究，此等似有虚相之法，何自而有耶？则知但以无明妄想熏心之故，心中似有所熏之法显现耳。妄业，即是无明妄想。犹如下，举喻。我今下，法合。热病因缘，喻妄熏因缘。眼现空华，喻心现虚相。空华有即非有，不生不灭，喻虚相有即非有，本无生灭。须知谓有虚相，便是相异于心。还成妄想，还有所执，必当遣之。今既观知虚相之法，由于妄熏显现，有即非有。如是念念缘心，以遣谓有虚相之心，则能了知心中本来无相。知相本无故，虚相之执即灭。以执灭故，即名从观入止。蕅益大师曰：前分别性中明止，但灭执实之心。今并止其谓有虚相之心，故得为真如观作方便也。

> 既知诸法有即非有，而复知不妨非有而有，似有显现，即名从止起观。若从此止行，径入真实性观者，此即名从止入观也。

前止行中，解知有即非有，以灭虚相之执。今复反观非有而有，是犹局于依他性观门，故名从止起观。不妨者，明其色不异空也。从止入观，其义可知。

> 次明第三真实性中止观体状者，亦先从观入止。所言观者，因前依他性中止行，知一切法有即非有故，所

以此中即知一切法本来唯心，心外无法。复作是念：既言心外无法，唯有一心，此心之相，何者是也？为无前二性故，即将此无以为心耶？为异彼无外，别有净心耶？作此念时，即名为观。即复念言：无是无法，对有而生，有尚本来不有，何有无法以为净心？又复无法为四句摄，净心即离四句，何得以此无法为净心也？作此念时，执无之心即灭，则名为止。

此真实性，即自性清净心，乃是吾人本来面目。但自无始以来，被无明习气，重重障蔽，不能得见。须仗自心中一点慧性，依照经教所说之义理方法，反向本性上观照。为之重重研穷，重重除遣。当知语言文字，是敲门瓦。本具慧性，是用瓦敲门之人。必将障蔽之门，重重敲开，方能到得屋里。是故上来分别性，是第一重门。依他性，是第二重门。已经逐一研穷，逐一除遣，敲破重关，今到最后第三重门矣。亦须依照前法，先加研穷，后复除遣，破此牢关，便觌自家本来面目。然则何法研穷乎？即将前依他性止行中，唯心所现，有即非有话头，重复提起。盖既知唯心所现，此中即是知得心外无法。今即就此义，复进一步以研穷之。曰：既言心外无法，唯有一心。然则此心之相，何者是耶？如此研穷之时，须有方法。下文为无前二性故，至即名为观两行文，即示吾人研穷之方法也。前二性，即指分别依他。前修分别性时，知得诸法本来无实，遣去执实之念，是分别性空也。次修依他性时，知得虚法有即非有，遣去虚相之执，是依他性空也。二性俱空，故皆云无也。异彼句，犹言净心离彼二空之外，别有异体。即此加以研穷曰：今即将此二性之无，以为净心耶？抑离彼二无，别有净心耶？立此二义以为观照，即名为观。大众勿邈看下文，且照此方法，先向自心上研穷。净心果为即此二无便是，离彼二无别有。须知看经闻法，必当句句用以内照，销归自性，方得受用。不然，虽明得教义，仍是文字相耳，于本分上，毫无交涉。（良久，鸣尺一下，云）若未荐得，且听当文。即复念言者，念言便是研穷。须知净心不着纤尘。才有所著，心即非净。今既分别即无为是乎？离无别有乎？便有所著，便是妄想。即须复加研究，而扫除之，故曰即复念言也。又文中屡言复当念言，复作此念，以及即复，又复等，皆是指示用功不得少有间断，必应步步紧追，不到家不止。凡此皆用功人模范也，极应着眼。是故即复念言：所谓无者，乃是以无为法。夫无之为法，对有而生。有法尚且本无，无法复云何有？然则何得有此无法，以为净心耶？此明无法本不有也。又复下更加深穷。盖说有说无，说亦有亦无，说非有非无，为四句法。今言无法，即摄四句。而净心体绝对待，离彼四句。然则何得以此无法为净心耶？此明一言及无，已非净心也。如此解知，便将即无为心之执，遣除（其异无别有句，下第二重止观中遣之）。故曰作此念时，执无之心即灭，灭则名为止矣。问：科目中云，明无性性，其义云何？答：下通简中，立有无性性、无无性、无真性三名，而此科所明之义，即是无性性。无性性者，上性字，指偏空；下性字，指真实。谓空其偏空之性，乃真实性也。盖分别依他，情执既空，本是真实。但因其有将二无以为心之执，是偏空矣。故以圆离四句遣之，以明无性性。又既遣执无，便可名为无无性。谓无其执无，乃真实性也。然虽不执无，亦不可谓别有一特异之净心。今因其有异无别有之执，故下第二重止观中，复以净心何有异法可缘可念遣之。异执既遣，便可名为无真性。谓即彼二性，便是真实，并无别有之真实性也。又复无真性，即是下通简中，除真实性之意。既除横执之真，自无偏空之病，故下文曰：除真实性，入无性性也。总之，立此三名，但为辗转除遣执情。以明净心本绝对待，不可缘念，稍有情见，便非净心。须知真实性是体，依他性是相，分别性是用。体相用三大，从来不离。今谓无彼二性以为真实，是但有体而无相用矣。又谓异彼无外别有真实，是体相用三大隔别不融矣。岂是平等无碍之真如实性乎？故必遣之又遣，妄情遣尽，然后三性圆彰。则非即非离，当下便见真实性矣。兹为撮举要义于此，俾入后易于领会。

又从此止更入观门，观于净心，作如是念：二性之无既非是心者，更有何法以为净心？又复此心为可见耶？

为不可见耶？为可念耶？为不可念耶？作此分别时，即名为观。即复念言：心外无法，何有能见此心者？何有能念此心者？若更缘念此心，即成境界，即有能缘所缘，即是心外有智，能观此心，何名为如？又复我觅心之心，体唯是净心，何有异法，可缘可念也？但以妄想习气故，自生分别。分别之相，有即非有，体唯净心。又复设使分别，即知正是净心分别也。喻如眼见空华，闻言华是眼作，有即非有，唯有自眼。闻此语已，知华本无，不著于华。反更开眼，自觅己眼，竟不能见。复谓种种眼根，是己家眼。何以故？以不知能觅之眼，即是所觅眼故。若能知华本无，眼外无法，唯有自眼，不须更觅于眼者，即不以眼觅眼。行者亦尔，闻言心外无法，唯有一心故。即使不念外法，但以妄想习气故，更生分别，觅于净心。是故当知能觅净心者，即是净心。设使应生分别，亦即是净心。而净心之体，常无分别。作此解者，名为随顺真如，亦得名为止门。

从止更观者，明不可执前止行为究竟也。前止行中，执无之心既灭，是第三重门已开，故曰更入观门。既入观心之门，故曰观于净心。以明不同向之在于门外，皆非实相观也。然虽入门里，得见佛性，犹不了了。乃至等觉菩萨，见于佛性，犹如隔罗望月。故入得门来，更须如理研穷，复加除遣，连影子也都遣尽，如剥芭蕉，剥至心尚要剥，直剥到无可剥处，方为究竟也。此中分作五层研究，愈研愈细。初作如是念曰：二性之无，既非是心。异彼无外，更有何法以为净心？此在一毫端上，研究入去也。又复追进一步曰：此异无别有之心，为可见？为不可见？为可念？为不可念？作此微细分别，即名为观。然既作此分别，可知尚未亲见本来面目。若已见得，便不如是分别。（鸣尺一下，云）大众，提起精神，莫随我语言转。各向自心上，观察观察。这个作如是分别的，是个甚么？（良久复鸣尺一下，云）才说分别，又早千里万里去了也。即复念言下，更加研穷，愈入愈深。逼拶到无可转身处，则通体放下矣。所谓到得水穷山尽处，回头便见好光阴也。即复念言：既云可见可念，必有能见能念。然而心外无法，何有能见此心者？能念此心者？或曰：净心乃是不可见，不可念者耳。大众以为何如？当知必谓不可见不可念者，是汝净心，又早执无了也。然则可见可念者，是净心乎？当知若有能缘念此心者，此心便成所缘之境。且即于所缘之心外，复有能缘之智。而此净心，本无能所，境智一如。今则能所历然，何名为如？即非净心也。又进一步推究之曰：若心无能所者，可知我今求觅净心之心，其体便是净心。然则何有异法，可为缘念乎？而我不知，自生分别，便是妄想习气未除。当知即此妄想分别，本是心现，体唯净心。故彼分别之相，有即非有。又复直穷到底曰：既分别相，体是净心者，可知设使分别，便是净心自作分别。是故此心，本来清净耳。其不净者，正由分别。所谓狂心顿歇，歇即菩提。然则向来种种分别，岂非自心取自心，非幻成幻法乎？《楞严经》曰：知见立知，即无明本。知见无见，斯即涅槃。无漏真净，云何是中，更容他物？学人须向这里参入，则一日千里，自有好消息也。喻如下，举喻。行者下，法合。眼喻净心，华喻诸法。眼不著空华，喻心不念诸法。张眼觅眼，不知能觅即是所觅，喻心分别心，不知分别即是净心。唯有自眼，不须更觅，喻唯一净心，不须分别。当知心既不著诸法，则实境虚相，二执并销。分别依他，已成净心。何必以心觅心，自生分别？夫清净心体，不染点尘，岂有分别？微有妄想分别，便是无明，非净心矣。如此解悟，名为随顺真如。盖观行到此，粗垢已脱，故名随顺。以其了知心体本寂，不作分别，则执异之心已息，故名随顺真如也。此是灭异执以明止，不同前之止行，是止其执无，故曰亦得名为止门。须知妄想分别，是无量劫来，生死根本。必须依照经教，痛下功夫，久久熏习，逐渐除遣。凡对遇境缘时，尤当提起正念，返观内照。知一切法，皆是自心所作。心若清净，一切清净。如是缘于正念，遣其妄情。无明垢障，方能渐薄。若但明得书中义理，便谓已见净心。不知所见者，乃书本上的净心，非自己的净心也。甚或将全妄即真等语言，读得熟溜，说得畅快，以为我不执著，我无分别。不知攀缘纷动，刹那不停，终日为境缘所转而不自知。方且全真成妄，何云全妄皆真耶？堕戏论谤，大不可也。

久久修习，无明妄想习气尽故，念即自息，名证真如。亦无异法来证，但如息波入水，即名此真如，为大寂静止门。复以发心已来观门方便，及以悲愿熏习力故，即于定中，兴起大用。或从定起，若念，若见，若心，若境，种种差别，即是真如用义也。此名从止起观。

上来修分别依他，及真实性中第一重止观，皆观行位也。迨入第二重止门，息心达本，名为随顺真如，是相似位也。今则由相似而入分证位矣。自位登初住以后，无明分分破，位次分分进，历尽四十一位，故曰久久熏习。直至金刚后心，无明妄想习气永尽，念即自息，名为体证真如，即究竟觉果也。体证者，谓无异法来证。既无理外之智，能证于理。亦无智外之理，为智所证。始本合一，理智一如。譬如风息，全波是水矣。此为根本实智，亦即无分别智，故名此体证真如，为大寂静止门。大寂静者，即是首楞严大定也。然自发心以来，皆以观为方便，止为正修。故今复以发心来观门方便熏习之力，及大悲大愿熏习之力，即于定中，兴起大用。大用者，解脱神用，即后得智也。不起于座，而光照大千，故曰定中兴起。此即净分依他所现之三身四土，一切自利利他之德是也。或从定中兴起若见，若念，若心，若境等差别，此即清净分别，对缘摄化之德用。所谓能知世谛，及众生心心数法，示现五通三轮，应化六道四生，乃至说己所得，示于未闻。故曰种种差别。是为念念起文殊之智，见见开普眼之门。心心不思议，境境大解脱也。大寂静，是真如体。大解脱，是真如用。体用一如，此之谓根本真如三昧。此名从止起观者，即是从体起用，从定起慧也。

又复炽然分别，而常体寂。虽常体寂，而即缘起分别。此名止观双行。

而常体寂，牒上大寂静止门。缘起分别，牒上大解脱观门。谓上来所说，言有先后，行无次第。正历历明明，即了不可得。虽了不可得，复历历明明。所谓性觉妙明，本觉明妙。即照即寂，即寂即照，是为止观双现前。此之止观双行，局而论之，唯佛以清净眼，见睛明空。空外无见；见外无空，即见即空，即空即见，方能究竟。若通而论之，亦可六即判位。盖众生虽妄想纷飞，然其心体本未尝动，惜其在迷，日用而不自知耳，是名理即双行。后遇善友经教，闻知心性本寂本照，是为名字即双行。从此念念照常寂，心心了缘起。自观行至分证，皆是止观并运，无一而非双行也，但未证佛果，不能圆满耳。如释要中广明。

上来三番明止观二门，当知观门，即能成立三性缘起为有；止门即能除灭三性，得入三无性。入三无性者，谓除分别性，入无相性；除依他性，入无生性；除真实性，入无性性。

此明止观二门，各有功能也。盖观能成立三性，是为缘起有门。止能证入三无性，是为解脱空门。观门中，初观五阴六尘等法，皆由无明妄想分别而有，即成分别性缘起。何以故？一切法若离分别，本来非有故。次观诸法唯识所变，皆是虚相，即成依他性缘起。何以故？因缘和合，唯虚无实故。更观诸法有即非有，唯是一心，即成真实性缘起。何以故？心外无法故。如是三性缘起，是为真空不空，成立妙有。止门中，初则了达诸法本来非实，何必分别。执实之心即灭，则离分别，入无相性。何以故？分别原以执相实有为性，今不执相故。次复了达无实之虚，唯心所现，本自不生，今即无灭，执虚之心亦息，则离依他，入无生性。何以故？依他原以缘生虚相为性，今知无生故。更复了达真心，离四句绝百非，不可自生分别，横执之真亦灭，则离真实，入无性性。何以故？真实原执别有真心为性，今知不可分别故，心体本寂故。此中第一重无相性，为空解脱门。第二重无生性，为无相解脱门（无相性，是不执虚为实。无相解脱，是不执虚相）。第三重无性性，为无作解脱门（一名无愿，亦名无起）。空，无相，无作，三解脱门，即三三昧，一名三三摩地。是为重空三昧，诸空不生也。又当文云，除灭三性者，非谓三性可除，乃是舍离三性之执。如《金刚经》云：法尚应舍。是舍法执，非舍法也。

就真实性中，所以有四番明止观者，但此穷深之处，微妙难知。是故前示妄空非实，除妄空以明止，即是无性性。次一显即伪是真，息异执以辨寂，即是无真性。是故无性性，或名无无性，或云无真性也。第三一重止观者，即是根本真如三昧。最后第四一重止观者，即是双现前也。

此明真实性中，所以四番明止观者，因此性穷极深玄，微妙难知故。何谓微妙难知？谓研穷性体，至幽深处，则不可以名名，不可以相相，不可以念念，不可以缘缘，直是不可异议，故曰微妙。且二乘天眼，亦不能见。菩萨慧眼，见亦不能了了。等觉菩萨法眼，犹如隔罗望月。佛眼但见一如，并无异相。故曰难知也。妄空者，谓分别依他二性之执虽空，但不可执空为实。执则虽空亦妄，非真实性矣。前第一番遣之云：何有无法，以为净心，是示妄空非实也。又云：执无之心即灭，则名为止。是除妄空以明止也。以妄既除，便成真实，故曰即是无性性，或名无无性者。既不执无，是二性之无，亦无之矣，此乃真实性也。然亦不可执，执则犹有异相，亦非真实。故第二番复遣之云：设使分别，正是净心，是显即伪是真也。又云：净心之体，常无分别，是息异执以辨寂也。以即伪便是，更无异真，故曰即是无真性。总之，或名无性性，或名无无性，或名无真性，所以立此三名者，正显真性微妙，不可思议。少著情见，便非净心。《圆觉经》曰：有作思惟，从有心起。皆是六尘妄想缘气，非实心体，已如空华。用此思惟，辩于佛境，犹如空华，复结空果。辗转妄想，无有是处。今故立此三名，辗转除遣。遣至无可遣时，方显真心。如第一番曰：净心离四句，何得以此无法为净心？是为约离遣即，显无性性义也。第二番曰：何有异法，可缘可念？能觅净心者，即是净心。是为约即遣离，显无真性义也。第三番曰：念即自息，名证真如，即为大寂静止门。又曰：即于定中，兴起大用，是为亦即亦离，非即非离，以显根本真如三昧之义。第四番寂照同时，正显三性即而常离，离而常即之义。合此四义，显其穷深微妙。以明真实性中止观，必须双遮双照，三谛圆融，方见不思议性体也。

又复行者，若利机深识，则不须从第一分别性修，但径依第二依他性修。此依他性，亦得名分别性，以具有二性义也。若不能如是者，即须次第从第一性修，然后依第二性修，依次而进也。终不得越前二性，径依第三性修也。又复暑是初行，不妨念念之中，三番并学，资成第三番也。

大师婆心一片，诰诫行者，不可贡高，致成邪执，故出此文。盖根性既利，识见复深者，闻知诸法虚相，唯心所现，便能领会。是其垢障较薄，则径观因缘生法，有即非有，未尝不可。若或未然，即须依次而进，先从分别性修，除其执实之心也。须知径依第二性修者，非谓凡夫闻得诸法是幻，便能除其执实。以依他，亦得名为分别，本具有二性之义。如前约依他辨三性中，明不净分即分别性是也。是故观依他性时，亦得除其分别执情，故可径依耳。所以终不得径依第三性修者，以第三性，并非离前二性别有。前云除分别除依他，并非除彼二性，乃除其病。若其病未除，自恃根利识深，谓我已知分别依他，有即非有，唯是一心，便可径观第三性者，不知即此径观第三性之一念，便是妄想，便成邪执。何以故？舍流觅水，非真水故，是故但能谛观分别及依他性，除其执情，任运自得证真实性，所谓息波入水是也。知此，则无论如何根利识深，终不得越前二性，径依第三性修，其理可明矣。前破大乘人执中，已具明径依真实性修之过。今更为之简示，大师垂诫之意深矣。行人须三复此言，不可躐等也。又复下，是明虽不可越次，然不妨并学。如初修观时，了达妄执之实，当体即空。见与见缘，本无所有，即依他性。了达因缘生法，亦唯心现。所谓此见及缘，元是菩提妙净明体，即真实性。是谓三番并学，亦可为修真实性之助力，故曰资成第三番，由此益知念佛法门之妙矣。不必辨三性次第，三性三无性，举一念而全收。一念相应，即一念佛。念念相应，即念念佛。即空即假即中，纵横自在。所谓如幻三摩提，弹指超无学，真最胜方便也。

问曰：既言真实性法，有何可除？若可除者，即非真实。

答曰：执二无以为真实性者，即须除之，故曰无无性。妄智分别净心，谓为可观者，亦须息此分别异相，示其无别真性可得分别，故言无真性。但除此等于真性上横执之真，非谓除灭真如之体。

上云：除真实性，入无性性。不得意者，将谓真性岂可除耶？故出此文以简示之。须知言真实性者，但以分别之妄，显其是真。以依他之虚，显其是实耳。实则真即一切真，实即一切实。盖净心离一切相，本绝对待。净心即一切法，不可分别。由是义故，因其执无以为性，执性别有真，故曰无无方是性，此除其执彼二无之念也。又曰无真方是性，此除其执有异真之念也。但因真性上，不可起执。才有横执，真即成妄。故须除遣，非谓除灭真如之体也。岂但真实性无可除，即分别依他，亦心体之相用，复何可除？前云除灭三性，皆是除其妄执。所谓但除其病，而不除法是也，不可误会。

复更有譬喻，能显三性止观二门，今当说之。

此部大乘止观，乃南岳大师下化众生上成佛道之书，所以称为曲授心要者，因此是明心见性，甚深法要，赅括如来一代时教。今为迷途众生说之，若不巧设方便，曲曲指授，何能了解？是以上来先令知得清净自心，以为依止修行之本，故初明止观依止。又因众生正在迷中，若不定境，以为观心方便，从何入手？故次开一心为三自性，而明止观境界。更复说明三自性修行体状，以示如何证入三无性，复其清净自心，即此三明止观体状是也。我大师亦已委曲详明，发挥尽致矣。然而三性无际，举一全收。其中真妄互融，性相不碍之处，幽深微妙。诚恐久在迷途之人，虽闻法说，犹难晓了，故更说此譬喻显之。务令行者洞然于观止二门体状，则依之进修，可收事半功倍之效。如此善巧方便，真大师彻底悲心也。

> 譬如手巾，本来无兔。真实性法，亦复如是，唯一净心，自性离相也。加以幻力，巾似兔现。依他性法，亦复如是，妄熏真性，现六道相也。愚小无知，谓兔为实。分别性法，亦复如是，意识迷妄，执虚为实。是故经言：一切法如幻。此喻三性观门也。

此喻三性以明观也。初以巾喻净心。以巾本无兔，喻心本离相，是为真实性法。凡所有相，皆是虚妄，自性离相，故为真实也。次以现兔喻现六道相。以兔依幻现，喻相依妄熏而现，是为依他性法。三以执兔为实，喻执虚相为实。以愚小无知，喻意识迷妄，是为分别性法。如斯譬喻，显明极矣。是故下，引如来藏经为证。一切法，谓五阴六尘等，是皆依熏所现，故曰如幻。此明缘起之法，皆是幻有也。如理观察真实本有，如巾。依他全假，如幻兔。分别全空，如执幻兔为实。是为观门，故结之曰：此喻三性观门也。

> 若知此兔，依巾似有，唯虚无实。无相性智，亦复如是，能知诸法依心似有，唯是虚状，无实相性也。若知虚兔之相，唯是手巾，巾上之兔，有即非有，本来不生。无生性智，亦复如是，能知虚相，唯是真心，心所现相，有即非有，自性无生也。若知手巾本来是有，不将无兔以为手巾。无性性智，亦复如是，能知净心本性

> 自有，不以二性之无为真实性。此即喻三无性止门也。

此喻三无性以明止也。初能知兔依巾有，唯虚无实，喻能知诸法心现，无实相性，是为无相性智。无实相性者，谓分别性所执，唯是虚状而无实也。次能知唯是一巾，实本不生，有即非有，喻能知唯是净心，虚相非有，自性无生，是为无生性智。自性无生者，自性中本无生灭也。三能知巾是本有，不将无兔以为巾，喻能知净心本有，不执二性之无以为心，是为无性性智。须知修观时，了达三自性是一心之缘起，便是三无性智。即以此三智，遣除三自性之病。病除，即入三无性而无止矣。故曰：此即喻三无性止门也。盖三智为能照，三自性为所照；三智为能显，三谛为所显。三谛者，即三无性是。以无相性智，观照遍计所执，当体即空，而入无相性，即显真谛理也。以无生性智，观照依他性虚，有即非有，而入无生性，即显俗谛理也。以无性性智，观照性体本有，不因无相无生，方有真实。如即兔是巾，何必无兔方为有巾也。则入无性性，而显中谛理矣。所谓一中一切中，即二边便是中道，无假无空而非中也。南岳此喻，通身吐露，真善巧哉！

> 是故若欲舍离世谛，当修止门，入三无性。若欲不坏缘起，建立世谛，当修观门，解知三性。若不修观门，即不知世谛所以缘起。若不修止门，即不知真谛所以常寂。若不修观门，便不知真即是俗。若不修止门，即不知俗即是真。以是义故，须依幻喻，通达三性三无性。

修观为缘起有门，修止为解脱空门。空有二门，偏即成病，必须并修。以是之故，今复止观合辨也。合辨义有三重，重重深入。初义中，若不修止，即不能证入三无性。故欲舍离世谛，了脱生死者，当修止门。若不修观，即不能解知三性。故欲建立世谛，广度众生者，当修观门。此中先止后观者，明由定生慧，自度乃能度他也。世谛，即是俗谛。次义中，谓由一心建立三自性，便是世谛缘起之所以。若不知之，如何度众生？故当修观。泯三性入三无性，便是真谛常寂之所以。若不知之，如何了生死？故当修止。三义中，谓修观不但知俗谛，且知真即是俗。修止不但知真谛，且知俗即是真。即者，不二之义。真俗相即，便是不住生死，不入涅槃，中道第一义谛。所谓终日不变，而终日随缘。终日随缘，复终日不变，是之谓妙法莲花。以是义故下，结成。谓如上来所举之义，必须止观并运，以解知三性，证入三无性也。若于法说未明者，便须依幻喻以通达之。

> 如幻喻能通达三性三无性，其余梦、化、影、像、水月、阳焰、乾城、饿鬼等喻，但是依实起虚，执虚为实者，悉喻三性。类以可知。若直以此等诸喻依实起虚故，偏喻依他性亦得也。但虚体是实，即可喻真实性。虚随执转，即可喻分别性。是故此等诸喻，通譬三性。解此喻法次第无相，即可喻三无性也。

初谓凡依实起虚，执虚为实等法，悉可譬喻三性。可由幻喻，类推而知。如心之现梦，山之化云，灯下见影，镜中现像，以及水中之月，旷野之阳焰，海上之乾闼婆城，谓树橛为饿鬼等，皆可为喻。其所依之实，可喻真实性。所起之虚，可喻依他性。执虚为实，则喻分别性也。次谓若以依实起虚之影像等，偏喻依他性者，则即就依他而辨三性亦得。盖虚相当体，原是实所变现，如本识中净分，即可喻真实性。虚相随执，转而成为妄境，如本识中染分，即可喻分别性。末复谓此等诸喻，既通喻三性，即可喻三无性。次第无相者，如先除分别执实，入无相性，即是无相相。次除依他执虚，入无生性，即是无生相。更除真性上横执之真，入无性性，即是无性相也。

> 又更分别梦喻，以显三性三无性。譬如凡夫惯习诸法故，即于梦中心现诸法。依他性法，亦复如是。由无始已来果时无明，及以妄想，熏习真实性故。真心依熏，

现于虚相果报也。波梦里人，为睡盖所覆故，不能自知己身他身，皆是梦心所作，即便执为实事，是故梦里自他种种受用得成。分别性法，亦复如是。意识为果时无明所迷故，不知自他，咸是真心依熏所作，便即妄执为实，是故自他种种受用得成也。是以经言：是身如梦，为虚妄见。虚者，即是依他性。妄者，即是分别性。此即缘起三性为观门也。然此梦中所执为实者，但是梦心之相，本无有实。分别性法，亦复如是，但是虚想从心所起，本来无实，即是无相性也。又波梦中虚相，有即非有，唯是梦心，更无余法。依他性法，亦复如是，自他虚相，有即非有，唯是本识，更无余法，即是无生性也。又波梦心，即是本时觉心，但由睡眠因缘故，名为梦心。梦心之外，无别觉心可得。真实性法，亦复如是，平等无二，但以无明染法熏习因缘故，与染和合，名为本识。然实本识之外，无别真心可得，即是无性性法，此即除灭三性为止门也。以是喻故，三性三无性，即可显了。此明止观体状中，约染浊三性以明止观体状竟。

此中可分为五：初两句，标。次，譬如至观门也，喻三性。三，然此至止门也，喻三无性。四，以是喻故两句，结成。五末两句，总结。初标者，就上八喻中，更将梦喻分析说之。俾三性三无性，益得显明也。次喻三性中，由惯习而现梦，喻由妄熏而现相也。睡盖所覆者，谓睡眠能盖覆心性。此是五盖之一。五盖者：贪欲盖，瞋恚盖，睡眠盖，掉悔盖，疑盖也。果时无明等，解已见前。是身如梦，犹言人生若梦。见之似有，全为虚妄，故曰为虚妄见。此两句，见《维摩诘经》。此中但举分别依他，未及真实者，盖以能梦之人醒时心，喻真实性，可不烦言而知也。三喻三无性中，梦心即是本时觉心者，谓梦中心，即是本来之醒时心，并非二心。

故梦心之外，无别醒心可得。喻分别依他，即是真实，不可执二无以为心也，故曰平等无二。其余文相易知。四结中，谓以此梦喻，止观体状，更可显了矣。永嘉大师曰：梦里明明有六趣，觉后空空无大千。三性三无性，一迷一悟，正如一梦一醒。南岳以梦喻止观体状，巧妙已极。上来法说喻说，真可谓有义皆彰，无微弗显。明得此大乘止观法门，尚有何法不明哉！五，总结染浊三性之止观体状已竟。

> 次明清净三性中止观体状。就中亦有三番：一明分别性中止观体状，二明依他性中止观体状，三明真实性中止观体状。

净分三性与染分三性。名同相异者，盖名从性，其性既同，故名亦同；相从体（体谓三性当体，非体相用之体也），体有清浊，故相有清浊也。是故欲明其相之所以不同，不可不知其体。其义上来虽已散见，今复为摄要对举以明之，则条理秩然，更易明了矣。一、染分别，以无明妄想为体。若无妄想，便不分别故。净分别，以方便智波罗蜜为体。对缘摄化，皆由此智现起故。二、染依他，即是十八界果报虚相。其中内根外尘，以八识相分为体；五六七识，以八识见分为体。净依他，即是三身四净土，以清净不空如来藏为体也。三、染真实，即是有垢净心，以八识中清净真如为体（即在染之真）。净真实，即是无垢净心，以平等不二，如来藏一性为体也。体既辨明，则知三性分为净染之所以矣。以是义故，净分止观，与染分止观，修法虽同，而所观之境，复不同也。盖染分，是以五阴为所观境，所谓观身实相，念自佛三昧也。净分，是以三宝为所观境，所谓观佛实相，念他佛三昧也。以其是从佛果德上起观，故其力尤巨。净土宗便是用此法门。又清净三性止观体状，莲池大师所云理一心念佛者，不外此法。然念佛人若不能修理一心，即专修事一心，亦决定往生，以仗弥陀接引之力故。此尤净宗异于他宗处。须知念佛念到事一心时，则佛外无念，念外无佛。便是佛心我心，平等一如，即理一心矣。所以念佛法门，称为三根普被，最胜方便也，念佛人不可不知。又复专念他佛者，于对遇境缘，起心动念时，亦无妨依染分止观，次第而修，以资成念佛之力也。余如释要中广明。

　　第一分别性中止观体状者，谓知一切诸佛菩萨所有色身，及以音声，大悲大愿，依报众具，殊形六道，变化施设。乃至金躯现灭，舍利分颁，泥木雕图，表彰处所。及以经教威仪，住持等法。但能利益众生者，当知皆由大悲大愿之熏，及以众生机感之力，因缘具足，熏净心故。心性依熏，显现斯事。是故唯是真性缘起之能，道理即无实也。但诸众生有无明妄想故，曲见不虚。行者但能观察，知此曲见执心，是无明妄想者，即名为观。以知此见是迷妄故，强作心意，观知无实，唯是自心所作。如是知故，实执止息，即名为止，此是分别性中从观入止也。

初句标，自谓知至众生者，明所观境。自当知至曲见不虚，明能观慧。自行者至为观，正明观行。自以知至为止，正明止行。末句结，明所观境中，谓知知字，即是第六识慧心所。若无此慧，即不能知依三宝为所观境矣。色身，音声，悲愿，为身口意三轮（轮义见前）。盖相好光明，为神通轮。说法音声，为正教轮。大悲大愿，为记心轮。依报，谓净土。众具，如水鸟风树等。殊形六道，即前文所谓现同六道。此皆佛之变化所作，为众生而施设，故曰变化施设。上来色身音声，约在世言，亦可通指示灭以后。如《地藏本愿经》，光目女见过去清净莲华目如来，金色晃耀，如须弥山，及婆罗门女闻先佛觉华定自在王如来空中声曰：泣者圣女，勿至悲哀等是也。悲愿至变化施设，通指在世及灭后言，可知。下金躯现灭，乃至住持等法，则专指灭后言也。佛于俱尸那国双树林中，示现灭度，是为金躯现灭。灭后以三昧火迁化，分八万四千舍利作三分：一分忉利天，一分龙宫，一分十六大国，各为造塔供养。是为舍利分颁。泥木雕图，谓佛菩萨种种造像也。如塑泥刻木，金石雕铸，纸帛图绣等。表彰处所，即指供养舍利造像之处，如塔庙等是也。经教，谓经律论三藏。威仪者，严净毗尼，有威可畏，有仪可法也，即指僧众言。须知出家释子，首重戒律。戒律精严，谓之威仪。所谓行如风，立如松，坐如钟，卧如弓。如风者，向前直行，不左右顾。如松如钟，言其端凝。如弓者，右胁而卧。行住坐卧，具足四大威仪，令人对于佛法，深生信仰，是之谓福田，是之谓僧宝。住持等法，统承舍利等言之。舍利造像，住持佛宝也。经教，住持法宝也。威仪，住持僧宝也。但能利益众生者，总结上文。盖三轮以及住持等法，能令众生转恶生善，离苦得乐，返妄证真，故曰利益。明能观慧中，心依熏现，及真性缘起等句，当双约佛与众生言之，于义方圆。盖约佛边说，是以大悲大愿之熏力为因，复以众生机感之熏力为缘，因缘具足，熏于无垢净心，而现起施设利益等事。约众生边言，则以一心悲仰（即机感也）为因，复以佛菩萨大悲大愿为增上缘，因缘和合，熏于在障之真（此众生之净心也），故缘起表彰住持等事也。真性，即真实性。缘起，即依他性。能，谓功能力用。当知如斯利益之法，皆由佛菩萨大悲大愿，及众生之机感，互为因缘。因缘和合，熏于净心，现起斯事耳。若即执此缘起之法，以为真实究竟，而不知观照自性三宝，转其凡心而见佛心，便是向外驰求。其亦大负己灵，大负佛恩矣。《金刚经》曰：若以色见我，以音声求我，是人行邪道，不能见如来。又复经言：若有法过涅槃者，我亦说彼如幻。有如斯等道理，何得执以为实也。譬如现前讲经法会，亦复如是。盖以弘法之愿，为其因心。住持三宝，为增上缘。因缘和合，现起此会。以道理言，即无实也。无实者，非谓无其事。谓其因缘和合则生，缘散即灭。既有生灭，便是虚相，故曰无实。所以作各种佛事，但令执著外相，以为即此便是真实究竟，便成有漏之因，还招有漏之果。何以故？执虚为实乃曲见，非正见，即是无明妄想故。上来所说观境观慧，乃大师开示行人，凡修清净分别性止观者，应如是定境观心也。以下，方为正明止观二行。正明观行中，谓修行人但能如上来所明，知此曲见执心，是无明妄想者，便是入道初门，故曰即名为观也。正明止行中，此见即指曲见，迷谓无明，妄即妄想。观知无实，自心所作者，谓观知三宝住持等法，皆由佛菩萨大悲大愿，及众生机感，因缘和合，熏心显现。则惟是真性缘起之能，道理即无实也。即复知得此境显现于行者前，亦唯是行者自己心性缘起之能，道理亦复无实。强作心意者，此正修止功夫也。盖虽知迷妄无实，唯是心作。然而习气深厚，必须强力违之，作意观照。俾得熟处转生，生处转熟，方能如是观知。以如是知故，则解性增明，执实之心方能止息也。实执既息，故曰即名为止。须知无明妄想，与染分全同，乃今名为清净者，前是染浊五阴为所观境，今则清净三宝为所观境。缘境既胜，故虽执相，成有漏因，而是善非恶，故名清净，此义不可不知也。又佛法施设，原为令众生返妄证真。若其着相而求，不过得人天福报，仍在轮回中转，岂是利益众生之本旨。所以必须遣其执心曲见，俾得返观内照，销归不生灭之自性上，故曰无实耳。不可误认住持三宝一切佛事，无有实益，可以轻忽视之。此义尤不可不知也。末句结成。

> 第二依他性中止观门者，谓因前止门故，此中即知诸佛净德，唯心所作虚权之相也。以不无虚相缘起故，故得净用圆显，示酬旷劫之熏因。即复对缘摄化故，故得泽沾细草，表起无边之感力。斯乃净心缘起，寂而常用者故。作此解者，名为观门。依此观门，作方便故，能知净心所起自利利他之德，有即非有，用而常寂。如此解者，名为止门。此止及观，应当双行，前后行之亦得。

初明从止入观。前止门中，既能观知无实，唯是心作。即是知得诸佛净德之用，为净心权现之虚相。故曰：此中即知。但前是遣除实执以明止，今复研穷虚相以明观，是为从止入观也。旷劫，指发心以来。熏因，即前依他境界中所谓，无漏净法所熏，及悲愿之力熏习。虚相缘起，即是净用圆显。缘起之净用虚相，即是三身净土一切自利利他之德。对缘摄化，专指利他，故曰表起无边感力。谓摄化德用，起于无量众生机感之力也。据前文，应有大悲大愿之熏，因已摄入熏因二字，故此处但言感力。

泽喻净用之德，细草喻众生之机。众生皆有佛性，即皆有感力也。以观慧解知虚相缘起，起于净心，故曰斯乃净心缘起。净心为本寂，缘起成大用，故曰寂而常用。次明止门中，依观门作方便者，观门能知净心缘起，便是入止之方便。因既知由净心而缘起，便能解知净心为能起，缘起二利之德为所起。既是所起，便为有即非有。以其有即非有，故曰用而常寂也。上来观止二门中，即知能知两知字，是能观之慧。其余文相，虽多约所观境言，须知所观境，既全在能观慧中观照。则其解知诸佛净用，是由净心缘起，有即非有者，便是不执虚相。故凡说所观境处，即是说观慧也。此是大师说法巧妙处。故即结之曰：作此解者名为观门，如此解者名为止门。止观双行，前后亦得者，随根性利钝，而有不同。其余各性止观二门，例此可知，不惟清净依他性为然也。今独于此处标示者，因行人若能止观双行，利益更大，但恐钝根，未易领会。而此中所举寂而常用，用而常寂二义，较易会通。若于此中透过，则于止观双行之理，便可一以贯之矣。

次明真实性中止观门者，谓因前止行故，即知诸佛净德，唯是一心，即名为观。复知诸佛净心，是众生净心，众生净心，是诸佛净心，无二无别。以无别故，即不心外观佛净心。以不心外觅佛心故，分别自灭。妄心既息，复知我心佛心，本来一如，故名为止。此名真实性中止观门也。

前止行中，观知虚权之相，有即非有。即是解知诸佛净德，唯是一心，故曰即知。但前止门中，重在遣除虚相，今则重在观照心体，故名为观。复知下，从观入止也。谓复就唯是一心，加以研究。诸佛既无心外之净德，众生岂有心外之佛心。由此可知，诸佛净心，众生净心，无二无别矣。文中既曰诸佛净心，是众生净心。复曰众生净心，是诸佛净心。文相似同，实则反覆重言之者，即各具有深义。须知诸佛已体证真如，众生则在依他分别中。然今于虚相既除，观照心体时，既不可于真心上，起横执之真。是故今云诸佛净心，是众生净心者，即是前染分真实性第一重止观中，遣其执无之意。所谓妄空非实，除妄空以明止也。复云众生净心，是诸佛净心者，即前第二重止观中，遣其执异之意。所谓即伪是真，息异执以辨寂也。既知妄空非实，即伪是真，故曰无二无别。以无别故，至分别自灭四句，是明其既知无二无别，不于心外观佛净心，复知能觅之心，即是净心，则执无执异之心并息矣，故曰分别自灭。妄心既息，复知我心佛心，本来一如，故名为止者，谓上来虽不于心外觅佛心，然尚有一心之相当情。至此乃彻底大悟，本来如是，则并一心之相亦无之矣。既无能观，亦无所观，唯一真如，圆明显现。所谓弥勒如，众生如，一如无二如，是之谓平等一如。此即前第三重止观中，所谓久久修习，无明妄想习气尽故，念即自息，名证真如，亦无异法来证，但如息波入水，即名此真如为大寂静止门是也。下通简中亦云：我心佛心，平等一如，即是一辙入修满足。以是之故，名为清净真实性止门也。末句结成。

上来清净三性中：初第一性中，从观入止。复从此止行，入第二性中观，复从此观入止。复从此止，入第三性中观，复从此观入止。故得我心佛心，平等一如，即是一辙入修满足。复以大悲方便，发心已来，熏习心故，即于定中，起用繁兴，无事而不作，无相而不为。法界大用，无障无碍，即名出修也。用时寂，寂时用，即是双现前也。

三性幽深微妙，恐不得意者，犹起余疑，故复出此料简之文。此科是约果德，以明定慧双彰，即以通结前文也。我心佛心平等一如，即是心佛及众生，是三无差别。试观初自凡夫，从分别性起修。了达唯虚无实，而入无相性。从此进修，了达虚相唯心，而入无生性。复从此进修，了达净心之体，常无分别，而入无性性。由是久久修习，无明尽故，而得体证平等一性之真如。自始至终，以无间三昧，运大白牛车，径入究竟圆满觉果，是之谓一辙入修满足也。大悲方便，至起用繁兴，即前文所谓，复以发心已来观门方便，及以悲愿熏习力故，即于定中兴起大用是也。示现五通三轮，应化六道四生，是为无事而不作，无相而不为。此之大用，遍周法界。起无边事，而不为世染。不作功用，而自然成办。故曰法界大用，无障无碍。出修犹言从体起用，从定起慧。须知既证觉果，则不离一切菩提树下，身遍十方而无来往。本无所谓出入，兹以对上入修满足言，假名为出修耳。此即染分真实性第三重止观中，根本真如三昧也。用时寂，寂时用，亦即前第四重止观中所明。以其寂用同时，故曰双现前。

乃至即时凡夫，亦得作如是寂用双修。此义云何？谓知一切法，有即非有，即是用时常寂。非有而有，不无似法，即名寂时常用。是故色即是空，非色灭空也。

此约因行，以明寂用双修也。初心凡夫，云何亦得寂用双修？以性体本来寂用同时故。须知常住真心，正历历明明时，即了不可得。虽了不可得，复历历明明。历历明明者，智照之用也。了不可得者，性自空寂也。此之谓寂用同时。心性既尔，故唯心所现之一切虚相等法，莫不如是。所谓有即非有，非有而有是也。有即非有，即是用时常寂。非有而有，不无似有虚法显现，即是寂时常用。是故《心经》言：色即是空也。凡有色有形之物，皆谓之色。色，凡夫之所谓有也。空，凡夫之所谓非有也。一切凡夫，莫不迷色空为二。殊不知色是因缘生法，刹那刹那，生灭不停。所以当体是空，非色灭而后空也。试以吾人五阴色身明之，当可了然。今谓此一色身，当体即空，闻者必为惊诧。实则内自脏腑，外至皮肤，新陈代谢，生灭无常。其生灭之速，岂必一年一月一日一时，乃至刹那不息。此等道理，不但经教广明，即近代新医学书中，亦言之甚详。俗眼视之，但以为此生机耳。若道眼观之，则知方生方死，方死方生。刹那之间，早非故我。非当体即空而何？奚必待殁后，方为非有哉？以其色即是空，所以有即非有，非有而有，同时无碍也。由此色身，推之一切法，莫不皆然。行人若明得此理，则知不可著有，以有即非有故；不可著非有，以非有而有故。如此不著二边，宛合中道，便是称性起修。既能照性成修，所以全修在性，则因该果海，果彻因源。视彼昧于本性，著有着空，堕在一边者，此即功德殊胜，过彼百千万倍。法会大众，善思惟之。果能如是称性而修，止观双现前，则一日千里，受用自在，不可言喻也。

问曰：既言佛心众生心，无二无别。云何说有佛与众生之异名？

答曰：心体是同，复有无障碍别性。以有别性故，得受无始以来我执熏习。以有熏力别故，心性依熏现有别相。以约此我执之相，故说佛与众生二名之异也。

此明因执我相，故有佛与众生之名也。无障碍别性，即是染净二性。盖染性即是净性，一净一切净，无染而不净。净性即是染性，一染一切染，无净而不染，是之谓无障碍。即于无障碍中，不无随染随净之异，是之谓别，故名为无障碍别性也。须知心体平等，法尔常同，故言无二无别。复有无障碍别性，依我执之熏，显现别相，则法尔常别，故说二名。总之，说佛说众生，是就众生分上言之。在佛分上，并无此异。盖既离我执，证得平等一如时，虽随顺世谛，说佛说众生，即复心佛众生，三无差别也。

问曰：诸佛既离我执，云何得有十方三世佛别也？

答曰：若离我执，证得心体平等之时，实无十方三世之异。但本在因地未离执时，各别发愿，各修净土，各化众生。如是等业，差别不同，熏于净心。心性依别熏之力，故现此十方三世诸佛依正二报相别。非谓真如之体，有此差别之相。以是义故，一切诸佛，常同常别，古今法尔。是故经言：文殊法常尔，法王唯一法。一切无碍人，一道出生死。一切诸佛身，唯是一法身。此即同异双论。若一向唯同无别者，何故经言一切诸佛身，一切无碍人？若一向唯别不同者，何故经言唯是一法身，一道出生死？以是义故，真心虽复平等，而复具有差别之性。若解明镜一质，即具众像之性者，则不迷法界法门。

此明修因不同，故成十方三世诸佛之别也。问意谓生佛可言因我执有别，诸佛皆离我执，云何得有十方三世之别耶？须知虽十方各有三世，三世各有十方，横竖交彻，佛佛无量。然而无边刹海，不隔毫端；十世古今，不离当念。大圆觉海中，岂有差殊？所谓十方诸如来，同共一法身是也。但本在因地未离执时，所发之愿以及所修所化，各各不同。既以差别之业熏心，则依熏所现之依正二报，即有十方三世种种相别。盖从因克果，从性现相，不无差别。非真如之体，有此差别也。总之，诸佛法身，法尔常同。胜劣应化，法尔常别。十方三世，莫不皆然。故曰一切诸佛，常同常别，古今法尔。是故下，引《华严经》以证常同常别。此是贤首菩萨答文殊菩萨语，故首称文殊。法王，谓佛也。法常尔，唯一法，即指下四句言。以一切诸佛，莫不如是，故曰法常尔。法王之法，唯是出生死，证法身，故曰唯一法。诸佛障尽性显，自在无碍，故称无碍人。一道出生死者，所谓一门超出妙庄严路也。无碍人及佛身，皆曰一切，是常别义，出生死而曰一道，法身而曰唯一，是常同义。故曰此即同异双论。以是义故下，结成。若解下，喻显。谓真心平等，如明镜一质，常同也。复具差别之性，如镜具众像之性，常别也。解得此义，则于法界法尔常同常别法门，便可洞明，不复更迷矣。

问曰：真心有差别性故，佛及众生各异不同。真心体无二故，一切凡圣唯一法身者，亦应有别性故，他修我不修。体是一故，他修我得道。

答曰：有别义故，他修非我修。体是一故，修不修平等。虽然，若解此体同之义者，他所修德亦有益己之能。是故经言：菩萨若知诸佛所有功德，即是己功德者，是为奇特之法。又复经言：与一切菩萨，同一善根藏。是故行者当知诸佛菩萨，二乘圣人，凡夫天人等，所作功德，皆是己之功德，是故应当随喜。

此简示常同常别正义，以明随喜功德也。问者于同别二义，未能融会，致成偏见。意谓既是真心常别常同，然则以有别性故，他修我可不修。因其体是一故，他修我可得道也。亦应有此义否？答中先就同别二义料简，次就同义正示。料简曰：以有别义故，谓他之所修，非我之所修，乃是正义。汝言他修我不修，非也。以体是一故，谓心体平等，无修无不修，乃是正义。汝言他修我得道谬矣。虽然下，正示随喜功德也。解知体同，何以他所修德，便有益己之能。是故下引《华严经》证明其义。菩萨知诸佛功德，是己功德者，谓菩萨于诸佛所有功德，作自己功德想，此即深生随喜之意。《华严》离世间品言：于一切善根，生自善根想。乃至于一切如来，生无二想。若菩萨安住此法，则得无上善巧想。今云奇特之法，即无上善巧意也。善根藏者，一切善念，皆以第八识为能藏。故得念念增胜，长养善根。而菩萨以及凡夫，同在因地，故曰与一切菩萨，同一善根藏。经中既言菩萨与诸佛同功德，复言凡夫与菩萨同善根藏，故行者当知此自他不二之义。于佛菩萨二利功德，二乘圣人无漏功德，及凡夫天人有漏功德，皆作自己功德想，深生随喜。盖就一切凡夫功德言，若念念随喜，能破嫉妒障，为利己益也。由随喜故，他更欢喜精进，即利他益也。一念随喜，便有此二利之益。况随喜诸佛菩萨圣众功德，缘既增上，其益更大，故曰应当随喜。言下含有，若不随喜，即无益也。

问曰：若尔，一切凡夫，皆应自然得道。

答曰：若此真心，唯有同义者，可不须修行，藉他得道。又亦即无自他身相之别。真如既复有异性义故，得有自他之殊者，宁须一向倚他觅道，但可自修功德。

复知他之所修，即是己德故，迭相助成。乃能殊胜，速疾得道，何得全倚他耶？又复须知，若但自修，不知他之所修即是己有者，复不得他益。即如穷子，不知父是己父，财是己财。故二十余年，受贫穷苦，止宿草庵，则其义也。是故藉因托缘，速得成办。若但独求，不假他者，止可但得除粪之价。

此简示常同常别，不可偏执。以明因缘具足，方为殊胜也。问意谓，若他修功德是己功德，应当随喜者，果尔，一切凡夫，但皆随喜，不必自修，即应自然得道乎？释要中，约当文所释，标显四义，最为警策。一者，专仗自修，不倚于他。二者，惟倚他力，自不修行。三者，既不自修，复不随喜。四者，自修随喜，具足并行。初义者，是但知常别不知常同也。当文又复须知下，即是借《法华经》穷子之喻，以明此义。穷子不知父是己父，财是己财。故二十余年，止宿草庵，但得一扫除粪秽人声价，喻不知他修功德，能益于己。则于性体周遍，自他不二之义，既未了达，虽辛苦勤修，止可成二乘小果而已。第二义者，即是问者所疑。是但知常同不知常别也。当文若此真心下，即明此义。须知若但有同义而无别义，即不应有自他身相之异。今既明明自他相殊，岂可倚他觅道。但可以自修为主，以他所修德为助，乃能殊胜，何得全倚他乎？可知专倚他，不求自者，虽有功德，即不殊胜。盖以能随喜故，可免堕落三途，以自无道力故，不能了脱生死也。迭相助成者，既有自修功德为因，复有随喜功德为缘。互相资助，易于成就，故曰速疾得道。反之，便是释要中标显之第三义。盖自既不修，复不随喜。则常同常别，两皆不知，无因无缘，决定堕落矣。总之，常同者，即常别而常同也；常别者，即常同而常别也，岂可打成两橛。若能如是彻底解知，则以常同常别故，必应自修；复以常别常同故，应当随喜。既能自修随喜，具足并行，则藉因托缘，速得成办矣。此即第四义也。念佛求生极乐，正是此义。以是心作佛，为本修因。以极乐依正，为增上缘。因缘俱胜，故能一生成辨，横超三界耳。

问曰：上言诸佛净德者，有几种？

答曰：略言有其二种：一者自利，二者利他。自利之中，复有三种：一者法身，二者报身，三者净土。利他之中，复有二种：一者顺化，二者违化。顺化之中，有其二种：一者应身及摩菟摩化身，二者净土及杂净土。此是诸佛净德，

此就上明依他性止观中诸佛净德句，示以类别也。诸佛净德所现，不外自他二利，故曰略言有其二种。略者，概略也。自利中，约身言，即是法身、报身。身者，聚集之义。《金光明玄义》云：理法聚，名法身；智法聚，名报身；功德法聚，名应身。是故法身者，乃自性具足常乐我净之理体，诸佛轨之而得成佛。约以法为身言，故曰法身也（常者，不迁不变。乐者，安隐寂灭。我者，自在无碍。净者，离垢无染）。报身者，以如如智，契如如理，理智一如，清净圆满。约修因感报言，故曰报身也。报身亦开为自报（即自受用）、他报（即他受用）。约自利，则为自报。若约利他，则为他报。即指相好光明，无量无尽言。当文下不别开，以应身二字摄之。约土言，法身自报身所依，即常寂光净土。不迁不变，名常。离有离无，名寂。照俗照真，名光也。利他，又分顺化违化二种。顺化中，约身言，即是应身化身。无量无漏性净功德，遍应众机，广度有情，曰应身。大悲愿力，变化现示，曰化身。盖约具见始终言，名之为应（如始自王宫降生，终至双树现灭是也）。约无而歘有言，名之为化也。须知他受用报身，亦是应十地菩萨之机而现，故当文不别标列。若现千丈胜应身，或丈六八尺等劣应身，则是应未登地菩萨，及二乘凡夫之机。梵语摩菟摩，此云意生身，亦云意成身。谓其随意成就，即化身也。界外三乘皆能神化变易，但觉未究竟，不无功用。唯佛觉行圆满，如镜现像，不作功用，自然成办，方为大究竟耳。约土言，则他受用身，依实报庄严净土。别教十地，圆教十住乃至等觉诸菩萨居此。菩萨行真实法，感此胜报，众宝庄严，周圆无际，故曰实报庄严。胜应身，依方便有余净土。二乘已断

见思，尚余尘沙无明，方便居此，故曰方便有余。劣应身，依凡圣同居净土。如极乐世界，各种庄严，无三恶道，故曰清净。上自弥陀，下至往生凡夫，共住一土，故曰凡圣同居也。杂染土，如此娑婆。佛、菩萨圣众，常来应化，而此土众生，无不烦恼业障，生老病死，故曰杂染。此即凡圣同居秽土也。违化即是随形六道，示现三毒，则所现不为佛身，所依即彼秽土，可知。故文中略之。上来皆是诸佛清净平等觉中，因修德之究竟，显性德而圆明。故结之曰，此是诸佛净德。

问曰：利他之德，对缘施设，权现巧便，可言无实，唯是虚相，有即非有。自利之德，即是法报二身，圆觉大智，显理而成，常乐我净，云何说言有即非有？

答曰：自利之德，实是常乐我净，不迁不变。正以显理而成故，故得如是。复正以显理而成故，即是心性缘起之用。然用无别用，用全是心；心无别心，心全是用。是故以体体用，有即非有，唯是一心，而不废常用；以用用体，非有即有，炽然法界，而不妨常寂。寂即是用，名为观门。用即是寂，名为止门。此即一体双行，但为令学者泯相入寂故，所以先后别说止观之异，非谓佛德有其迁变。

此简示前言净德虚相，为令修止观者泯相入寂也。问意谓，自利利他，皆是净德。乃前云诸佛净德，唯心所作虚权之相。夫利他中应化二身，本为方便权现，谓为有即非有，虚权之相可耳。若自利中法身报身，则是圆觉大智。乃显其理体而成，所谓常乐我净是也。云何可说有即非有乎？圆觉，即法身德。大智，即报身德也。答义极明性体圆净，甚深微妙，善思惟之。谓自利之德，正以显理而成故，故得常乐我净，实是不迁不变。亦正以显理而成故，即是心性缘起，所以有即非有也。盖清净性体，离言说相，离名字相，离心缘相。今既立法身报身之名，岂非即是心性上缘起之用。既是缘起之用，故曰有即非有。有即非有者，正以其为理体之所显成者故也。然虽有即非有，实则不迁不变。正以其所显而成者，即是常乐我净之理体故也。须知心性缘起之用，实是用无别用，亦即心无别心。用无别用者，离心性外，别无缘起也。所以用全是心，是故以心收用，便为有即非有。心无别心者，离缘起外，别无心性也，所以心全是用。然则即用见心，故尔非有而有。是故以体体用，则虽有即非有，唯是一心，然而不废常用也。以用用体，则虽非有而有，炽然法界，然而不妨常寂也。以体体用，犹言以体从用。以用用体，犹言以用从体。不废者，明其体必有用。不妨者，明其用不碍体。夫以体从用，所以寂即是用，犹言即寂即照也。依性照之用以修观，故名为观门。而曰寂即是用，所以明即止之观也。以用从体，所以用即是寂，犹言即照即寂也。依性寂之体以修止，故名为止门。而曰用即是寂，所以明即观之止也。故曰：此即一体双行。谓寂用本是一体，所以止观应当双行。然而前明止观，有先后别说之异者，为方便学者计，令其观知诸法虚相，方能泯相入寂耳。由此可知，前言诸佛净德，唯心所作虚权之相者，但为令学者泯相入寂，而证真如实性。非谓佛德是虚，有其迁变也明矣。

又复色即是空，名之为止。空非灭色，目之为观。世法尚尔，何况佛德而不得常用常寂者哉？

此明世法尚色空双即，不可以有即非有，疑佛德是虚也。色即是空，便是用即是寂，故名为止。空非灭色者，犹言空即是色也。空即是色，便是寂即是用，故目为观。色空对待之空，乃谓虚空，故曰世法。若约真空言，则世法空，亦色法也。此理不可不知。常用常寂，即是寂用同时。因其即用即寂，故曰有即非有。然则即寂即用，岂非炽然而有。以世法色空同时例之，可以了知，勿须致疑也。

问曰：佛德有即非有，不妨常住者。众生亦有即非有，应不妨不灭。

答曰：佛德即理显以成顺用故，所以常住。众生即理隐以成违用故，所以生灭。常住之德，虽有即非有，而复非有而有，故不妨常住。生灭之用，亦虽有即非有，而复非有而有，故不妨生灭也。此约清净三性，以明止观体状竟。

此简示佛德众生，顺违有别，所以住灭不同也。问者因上以世间色法为例，还于色法起难。谓诸佛净德，众生色法，既同是有即非有，何为一常住，一生灭耶？须知诸佛出障，其净德之成，是即理以显事，乃是顺用，所以常住。众生在障，其色法之成，由迷事而隐理，乃是违用，所以生灭。故虽同为有即非有，非有而有，不妨常住者常住，生灭者生灭也。不妨者，谓一常住一生灭，而于同为有即非有非有而有之义，并无妨碍，何必诘难？末句结词可知。

　　第三番体状竟也。

此总结第三大科，明止观体状已竟。

　　次明第四止观除障得益。就中复有三门分别：一约分别性，以明除障得益。二约依他性，以明除障得益。三约真实性，以明除障得益。

既修止观，必有利益。利益之大小，因功行深浅，次第不同。故继止观体状，而明止观断得。令学者明其功不唐捐，事必渐除也。断者，断惑，即是除障。得即得益。因修止观，所以除障。因其障除，所以得益也。盖从分别性观行，先除少分障，得少分益。由是步步精进，次第以至真实性止行，则一辙入修满足。既除满分障，便得满分益矣。须知所得之益，自性本具。但向为无明业识妄想所障故，义等于失。今以修习止观故，障分分除，本性即分分显，假名为得耳，非由外得。所谓但复本来性，更无一法新是也。又上明修中，开为染净两重。今明断得，合为一重者，因染净止观，修法虽别，而除障得益则无异，故不别开耳。

  初明分别性中所除障者，谓能解不知境虚执实之心，是无明妄想故，即是观行成。以观成故，能除无明妄想上迷妄。何谓迷妄之上迷妄？谓不知迷妄是迷妄，即是迷也。以此迷故，即执为非迷，复是妄想。此一重迷妄，因前一重上起，故名迷妄之上迷妄也。是故行者虽未能除不了境虚执实之心，但能识知此心是痴妄者，即是能除痴妄之上迷妄也。此是除障。以除障故，堪能进修止行，即是得益。

此明分别性观行除障得益也。不知境虚，境谓一切诸法。执实之心，心谓一念。即此不知境虚执实之一念，便是无明妄想。无明者，果时无明，惑也。妄想者，发业无明，即是业也。且不知境虚，执以为实，便是为境所系，苦也。为境所系，而不能解脱，非苦而何？噫！即此一念，惑业苦三，完全具足矣。能解执虚为实，是无明妄想，即是观行成者。谓自心中，实能觉悟，非仅闻知名义。且非仅一时觉，余时复不觉，然后谓之能解也。故能解即是观行成，而观成即是除障。所谓以观成故，能除无明妄想上迷妄是也。何谓迷妄之上迷妄？谓不知下，正释其义。盖执实之心，已是迷妄，此为前一重。而不知彼是迷妄，即复是迷，且又执为非迷，即复是妄。是因不能解知之故，又增一重迷妄矣，非迷妄上之迷妄乎。今既解知前一重是迷妄。虽前一重病根，未能便除，而能觉知其非，是第二重迷妄已除矣，故曰此是除障。夫不知执实为非，则无明妄想，日益增长，能障修止。今能解知其非，便是发觉初心，堪能进修分别性止行，以渐除无明妄想。其为益也多矣，故曰即是得益也。此书凡说修功处极为细密，须澄心体会之，受用无尽。

  又此迷妄之上迷妄，更以喻显。如人迷东为西，即是妄执。此是一重迷妄也。他人语言：汝今迷妄，谓东为西。此人犹作是念：我所见者，非是迷妄。以不知故，执为非迷者，复为妄想。此即迷妄之上，重生迷妄。此人有何过失？谓有背家浪走之过。若此人晷未醒悟，但用他语，信知自心是迷妄者，即无迷妄之上迷妄。此人得何利益？谓晷复迷妄未醒，而得有向家之益。

大师悲心切切，恐人不解迷妄上迷妄之义，复举迷方喻以显之。迷东为西，喻执虚为实，此是第一重迷妄也。我所见者，非是迷妄，执为非迷，喻不解执实之非，此第二重迷妄上迷妄也。过失喻障，背家浪走，喻背觉合尘，流浪生死。未醒悟及迷妄未醒，喻未能除无明妄想。信知自心是迷妄，喻能解执实之非。向家之益者，家喻自性不生不灭。谓既知执实之非，便是一念回光，从此进修止行，可以渐趣涅槃也。

晷未证知诸法是虚，但能知境虚是无明，执实是妄想者，即常不信己之所执，堪能进修止行，渐趣涅槃。若都不知此者，即当随流苦海，增长三毒，背失涅槃寂静之舍也。此明分别性中，观行断得之义。

分别性止行成时，方为了了证知诸法是虚，故能遣其实执。今观行中，但是发觉初心，解知执实之非耳，故曰未证知。能知境虚，当云能知不了境虚。文中脱不了二字，不了境虚，是惑，故曰是无明。而执之为实，便是发业，故曰是妄想也。能知，合上信知。渐趣涅槃，合上向家之益。涅槃者，不生不灭之义。都不知者，既不知是迷妄，复执为非迷，具有两重迷妄，故曰都不知。随流苦海等，合上背家浪走之过。寂静者，自性本寂也。末句结成。

所言分别性中止行除障得益者，谓依波观行作方便故，能知诸法本来无实。实执止故，即是能除果时迷事无明，及以妄想也。复于贪瞋，渐已微薄。晷有罪垢，不为业系。设受苦痛，解苦无苦，即是除障。复依此止，即能成就依他性中观行故。无尘智用，随心行故，即是得益。此明分别性中止行除障得益。

此中，亦先明除障，次明得益。依彼观行作方便者，依前观行中，能解之力，除去迷妄上迷妄，方能进修止行，故曰作方便也。实执止三字，大有功夫。所谓今复云何仍欲信此痴妄之心，是故违之。必如是念念提起，自愧自责，方谓之违。违者，犹言背尘也。即复强观诸法，唯是心相，以破执境。更观此能观之心，亦无实念，以破执心。曰违曰强观，正是做功夫处。盖一面背尘，即须一面作观。若观照不力，则妄心不破，即亦不能违之矣。其吃紧关头，全在强字。必须毅然决然，无论对遇境缘时，行住坐卧时，提起皆从心作，唯虚无实话头，念念观照，不可松懈。如此久久，然后熟处转生，生处转熟，方能恍然悟知诸法，本来无有一实。能知本来，则是以其始觉，向于本觉，方为解性成就。解成则妄情破，破则名为实执止也。若不痛下功夫，云何能知本来？不知本来，实执云何能止耶？思之思之。即是能除果时等者，盖能知境虚，便是不为境迷。执心止息，便是无有妄想。故曰即是能除迷事无明，及以妄想也（果时无明，即迷事无明，亦名迷境无明）。复于贪瞋渐已微薄等者，既除迷事无明，即断缘中痴，故贪瞋亦薄。何则？向由不了境虚，执以为实，故因顺逆境而起贪瞋。今不执实，故微薄也。言微薄者，虽不迷境执实，不无微有好恶，故但云微薄，明其但除分别我执，而俱生我执，伏而未断也。以未断俱生我执故，不无罪垢。以已除分别我执故，不为业系也。痛苦，是逆境界。今了境虚，当下洒洒脱脱，不为所苦矣，故曰即是除障。得益者，此中止行，以了知境虚故，乃能遣除执实。而诸法虚相，即是依他性。故依此止，即能成就依他性观行也。又果时无明妄想既除，意识即转名无尘智。随心行者，谓无尘之智，随心起用也，即此便是得益。末句结成。

次明依他性中止观断得者，初明观门。此观门者，与分别性中止门不异，而少有别义。此云何也？谓彼中止门者，必缘一切法是虚，故能遣无明。无明灭故，执实妄心即止。然此缘虚之遣，即此依他性中观门，更无异法。是故彼止若成，此观亦就。但彼由缘虚故，能灭实执，故名为止。此即由知无实故，便解诸法是虚，因缘集起，不无心相，故名为观。彼以灭实破执为宗，此以立虚缘起为旨，故有别也。以是义故，除障义同，得益稍别。别者是何？谓依此观方便进修，堪入依他性止门。又复分成如幻化等三昧，故言得益。此是依他性中观行断得也。

首句总标。初明观门下，言与上止门，同中有别。谓彼至亦就，明其所以不异也。缘者，缘念。缘虚之遣，犹言缘虚遣实。谓前止门中，必须缘念诸法是虚，方能遣其执实。而唯虚无实，便是依他性。所以缘虚遣实，止行成时，依他性观门亦就，故曰不异也。但彼至别也，明其少有别义。因缘集起不无心相者，即如能观之智便是因，所观之法便是缘。此因缘和合之虚状，乃唯心所作也，故曰心相。谓前由缘念诸法是虚故，灭其无明执实。是彼以破除执实之妄心为宗旨，故名为止。今由了解诸法是虚故，知其不无心相。是此以建立缘起之虚相为宗旨，故名为观，故曰有别也。以是义故下，谓以更无异法故，所以除障义同。以少有别义故，所以得益稍别。盖前之止行，是从假入空，但成利己之益。此之观行，是从空入假，兼得利他之益，故不同也。云何得益？即依此观门方便进修，堪入依他性止门，一也。又复分分证成如幻如化等三昧，二也。等者，等于如梦如影如乾城如饿鬼，谓一切幻化三昧，皆能分成，以度众生，故曰等也。末句结观行断得可知。

所言依他性中止门除障得益者，谓依前观行作方便故，能知一切虚相，唯是一心为体，是故虚相有即非有。

如此解故，能灭虚相之执，故名为止。以此止故，能除果时迷理无明，及以虚相。又复无明住地，渐已损薄，即名除障。又得成就如幻化等三昧，又无生智用现前，复即成就真实性中观行，即名得益。

依前观行作方便者，观行中能解因缘集起，不无心相，是已知得唯心所作，故能为止行作方便也。以有此方便故，此中便能进观一切虚相，皆无有体，体唯一心。是故虚相有即非有，本自无生，今即无灭也。知此解故句，必须功夫做到，方能如此解。解成，方能灭虚相之执。云何做功夫？所谓缘心遣心是已。即将此有即非有本无生灭道理，缘念于心。如是念念缘熏，以遣其执有虚相之心。熏习纯熟，解性成就。然后恍然会得，虚相本无。知相本无故，虚相之执即灭也。除障中果时二字，是子时之误。按果时子时，本书自释其义云：果时无明，亦名迷境无明。子时无明，亦名住地无明。又云：子时无明，亦名迷理无明。此外，并无别开果时为迷境迷理二种之文。应依大师自立之义，为之改正也。又迷理住地，既均是子时无明。而此中云能除迷理，复云住地渐薄，何耶？须知正使虽除，习气未尽。此即前文所言，住地无明业识习气。盖住地无明习气，至金刚道后方能永尽耳。能除子时迷理等者，前观行中云：不无心相。是犹见虚相之有，即是迷理。以有此细无明（即子时无明也）所执故，似与心异，相相不一，即是妄境。今知唯是一心为体，虚相之执止息，故曰能除迷理无明，及以虚相。又前文云：细无明虚执及虚境熏心故，虽更起无明住地等，即复轻弱。然则执有虚相时，住地无明即复轻弱。今执虚已遣，虽有习气，损薄可知。故曰无明住地，渐已损薄，此明所除之障也。无生智者，前云除依他性，入无生性。今约智用言，故曰无生智。即是无尘智倍复明利，得此异名。前空分别性，即是无相智用现前。今空依他性，则为无生智用现前。此智现前，则成就如幻化等三昧，复成就真实性中观行，此即所得之益也。

问曰：观门之中，亦成就如幻化等三昧。此止门中，亦成就如幻化等三昧。有何别也?

答曰:观中分得,此中成就。又复观中知法缘起如幻化,此中知法缘起即寂,亦如幻化。故有别也。此明依他性中止行除障得益。

如幻化等三昧,观行中是分分而证,故前云分成。止行中是究竟完成,故今云成就。又前中是知一切法缘起假有,所以如幻如化。此中是知一切法缘起即寂,何妨如幻如化。盖观行但得从空入假之用,故为分成。止行则证双遮二边之体,而曰亦如幻化,是双遮而亦双照矣,故为成就,此其别也。须知菩萨成此三昧,所以能不住生死,不住涅槃,悲智双运,广度众生耳。末句结成。

次明真实性中止观除障得益者,初明观门。此观门者,初与依他性中止门无异,而少有别义。此云何也?谓彼止门,必缘一切法唯心所作,有即非有,体是一心,是故得灭虚相之执。然此能知诸法唯一心之体,即是此中观门,更无异法。是以彼止若成,此观即就,不相离也。然彼虽缘一心,但以灭相为宗。此中虽知虚相非有,但以立心为旨,故有别也。是故除障义同,得益稍别。别义是何?谓依此观作方便故,堪能胜进入止门也。

一切法,约染浊言,即是凡夫根身器界。约清净言,即是诸佛三身四土。唯心者,谓自性清净心也。不相离,即更无异法之意。前之止行,虽双照而仍双泯,故曰灭相为宗。今之观行,由双泯即复双照,故曰立心为旨。胜进者,增胜而进。依此观门,堪入止门,故曰胜进。其余在文可知。

问曰:唯心所作,与唯是一心,为一为异?

答曰:唯心所作者,谓依心起于诸法,非有而有,即是从体起相证也。唯是一心者，谓知彼所起之相，有即非有，体是一心，即是灭相入实证也。此明真实性中观行断得也。

问意，因前依他性止行中云：能知一切虚相，唯是一心为体。今真实性观行中云：谓彼止门，必缘一切法唯心所作。因问曰：何以一云唯心所作？一云唯是一心？此二句之义一乎？异乎？答谓，唯心所作者，约依一心起于诸法言，是明其证得从体起相也。唯是一心者，约所起之相体是一心言，是明其证得灭相入实也。盖前止行中，正明灭其虚相之执，即是灭相入实义，故言唯是一心。今观行中，是明从彼之止，起今之观，即是从体起相义，故言唯心所作也。总之，全理成事，全事即理。故或约起相义言，或约入实义言，凡以明心外无法而已。实，谓真实性体也。未句结观行断得。

所言止行除障得益者，谓依前观行作方便故，知彼一心之体，不可分别，从本已来，常自寂静。作此解故，念动息灭，即名为止。以此止行，能灭无明住地，及妄想习气，即名除障。大觉现前，具足佛力，即名得益。此明真实性中止行除障得益也。

不可分别者，净心体绝对待，何有异法可缘可念？但以妄想习气，自生分别耳。何以故？从本已来，常自寂静故。常自二字，正明其本来不可分别。不可以能所分，理智一如故。不可以一异分，离名绝相故。不可以迷悟分，在圣不增，在凡不减故。乃至不可以三谛分，一空一切空，无假无中而非空故；一假一切假，无空无中而非假故；一中一切中，无空无假而非中故。少有分别，即非寂静，即有一不分别之念，亦非寂静。作此解故句，与前依他性中，语虽同而义别。前则有缘有念，今知若更缘念，即成境界，即有能所。何名为如？如是息心达本，遣去横执之真，会归本寂之体，故曰念动息灭。念即最初之一念，名为因中痴。由此一念，忽起动相而成业识，所谓不觉自动是也。今会得体无分别，而念息矣。会得本自寂静，而动灭矣。至此则体证真如，名为大寂静止门。无明住地，是极微细生相无明，即最初之一念是也。能除住地，结上念息。及除妄想习气，结上动灭。所谓一念无明习气，于此即灭，无明尽故，业识染法种子习气，即亦随灭是也。此真实性止行，究竟除障也。垢障尽除，性体全显，故曰大觉现前。大觉者，寂照同时，三觉圆明也。十力，四无所畏，十八不共法等，一切具足，故曰具足佛力。此真实性止行，究竟得益也。末句，结成。

问曰：除障之时，为敌对除？为智解熏除？

答曰：不得敌对相除。所以者何？以惑心在时，未有其解。解若起时，惑先已灭。前后不相见故，不得敌对相除。如是但由一念解心起故，惑用不起。然其本识之中，惑染种子仍在未灭。故解心一念灭时，还起惑用。如是解惑念念迭兴之时，解用渐渐熏心。增益解性之力，以成解用种子。即彼解用熏成种子之时，即能熏彼惑染种子分分损减。如似以香熏于臭衣，香气分分着衣之时，臭气分分而灭。惑种亦尔。解种分成，惑即分灭也。以惑种分分灭故，惑用渐弱。解种分分增故，解用转强，如是除也。非如小乘说敌对除，但有语无义。然彼小乘亦还熏除，而不知此道理也。

敌对除者，谓以正念，敌对妄念除之。如用兵击贼，敌对相攻，是为敌对而除。智解熏除者，谓以无尘智，熏心成种，则惑念皆为解念。如以光照暗，无暗不明，是为熏习而除。或曰：圆教全三障而成三德，故不说除，今此中说除何也？须知虽炽然说除，实无所除。但由熏习之力，即惑念而为解念，此即全三障成三德义。文云：如似以香熏于臭衣，可知即臭成香，仍是原衣，非别有一衣。是故即惑成解，假名为除。非谓解念外，别有惑念为其所除也。或曰：文中有渐义，无顿义。是亦不然，一念解心起时，何有于惑？更何有于除？固无渐之非顿矣。当文答义，分为四层：自不得至相除，明解惑不同时，故不得敌对除也。自如是至惑用，明惑种仍在，故解灭时，还起惑用也。自如是解惑至除也，明解用熏心成种，则能损减惑种。如香熏臭衣，香成臭灭也。惑心解心，谓惑念之心、解念之心。心指本识，惑即无明。解谓慧心所。惑用解用，谓惑念作用、解念作用。如是除者，谓但如是以解用熏心成种。解种分强分成时，惑种便分弱分灭，即名为除也。其余可知。自非如至末，谓小乘除惑，亦是熏除。但彼不知此理，故说敌对除。实则解惑不同时，何能敌对？敌对之说，并无实义，但有是语而已。由此可知，念佛人不必嫌妄念多。妄念之多，即由正念提不起。如正念得力，妄念自无。何以故？正念妄念，不同时故。当知念只是一，随于正则谓之正念，随于妄则谓之妄念耳。如同时念有两个，便成两人。今只是一，故正念有力，妄念即销；妄念有力，正念即隐。然则一边念佛，一边起妄念者，因其口中虽念，心早驰散，并非同时有两个念头也。此实由于妄念种子力强之故。当此之时，不必强抑，以刹那生灭，不相逐及故。更不必嫌，以前念当体是空，嫌之反增妄念故。惟有至诚恳切，提起念佛之一念，如是久久，便能熏心成种，净种分分成，妄种分分销矣。如香分分着衣时，臭即分分离衣，不能并立也。念佛人不可不明此理。

问曰：解熏心时，为见净心故，得熏心？为更有所由，得熏心？

答曰：一切解惑之用，皆依一心而起。以是义故，解惑之用，悉不离心。以不离心故，起用之时，即是熏心，更无所由。如似波浪之用，不离水故。波动之时，即动水体。是以前波之动，动于水故，更起后波也。解惑之熏，亦复如是。类此可知。

问中但言解，答中兼及惑者，解惑虽异，为念则一也。念不离心，故曰皆依一心而起。既依心起，则问中见心之说自破。何以故？心不见自心故。以是义故下，释成熏心之故，即以破其更有所由。盖解惑既不离心，则起用之时，即是熏心，更无所由也。若更有由者，便是心外取法矣。如似下举喻，解惑下法合。波不离水，喻念不离心。波动即动水，喻念起即熏心。前波动水，更起后波，喻前念熏心，更起后念。前念后念，迭起相续，此熏习之所以成种也。须知水本无波，有波便非静水。心本无念，有念便非寂体。是故惑念固非，解念亦妄。何以故？凡念皆妄故。而以解除惑者，即是以幻除幻之法门耳。惑除，解亦无用。所以行人先除我执，更除法执。必须遣之又遣，一念不生，方为究竟。由此益知念佛法门之妙矣。不必说遣不遣，但以诚心，恳切念去，念至一心不乱时，则无念而念，念即无念，便是一念不生也。

问曰：此三性止观，为有位地？为无位地？

答曰：不定。若就一相而言：十解，分别性中止行成；十回向，依他性中止行成；佛果满足，真实性中止行成。若更一解：地前，分别性中止行成；地上，依他性中止行成；佛果，真实性中止行成。又复地前，随分具三性止行。地上，亦具三性止行。佛地，三性止行究竟满足。又复位位行行，俱行三止。即时凡夫始发心者，亦俱行三性止行。但明昧有殊，托法无别也。

位地犹言地位，问意谓，三性止观除障得益，云何判位？答谓不定者，因此三性止观，具论横竖二种修法。乃至凡夫始发心者，亦得三性并修，是为大乘圆顿法门。横竖交参，故判位不能一定也。由是义故，若约一相而竖论之（一相，即一向也，犹言一直），则别教十解位（即十住也），圆教七信以上，为分别性止行成，以断三界见思惑故。别十向，圆十信，为依他性止行成，以断界内外尘沙，兼伏界外无明故。别十地，圆初住以上，为真实性止行分成，以别地圆住，皆名分证佛果故。至于佛位，方为究竟成就，故曰佛果满足。若更一解者，则分别性止行成，可判为别地前，圆十信（地前，即是十住十行十迴向）。以界外细惑虽未能断，亦既圆伏故。依他性止行成，可判为别十地，同圆住上，以无明住地渐微故。真实性止行成，则为佛果满足也。若横约三性论之。则三性止行随分具者，便是别地前，同圆十信，以无明伏而未断故。三性止行具而未究竟者，便是别十地，同圆住上，以分证三德故。三性止行究竟满足，则为佛地也。又复不但别教地前，为随分具，实则依他一性，本具三性。故圆人一修即一切修，即初发心之凡夫，亦得俱修。即前所谓虽是初行，无妨念念之中，三番并学，以资成第三番也。若俱行三性止行，便能圆伏五住烦恼（三界见惑，名见一切处住地。欲界思惑，名欲爱住地。色界思惑，名色爱住地。无色界思惑，名有爱住地。尘沙，无明，合名无明住地），谓之圆五品位（见四教仪），故曰位位行行，俱行三止。但观境前前犹昧，后后愈明耳。而所托之法，皆为三性法门，则无别也。此中但约止行为言者，观为方便，止是正修故。

> 又复总明三性止观除障得益，谓三性止行成故，离凡夫行。三性观行成故，离声闻行。此名除障。三性止行成故，得寂灭乐，为自利。三性观行成故，缘起作用，为利他。此为得益。斯辨第四止观断得竟。

此总明中，先止后观者，明得体方能起用也。凡夫声闻，皆有界内界外之殊。盖未离分段生死者，名为界内凡夫。未离变易生死之三乘，名为界外凡夫。沉空滞寂，名为界内声闻。执于但中之菩萨，名为界外声闻也。故三性止行成，皆为离凡夫行。三性观行成，皆为离声闻行。离凡夫行，是起大智而永断生死。离声闻行，是起大悲而广度众生。故曰此名除障。又止行成，则得无上涅槃，寂灭为乐，利己益也。观行成，则得无上菩提，繁兴大用，利他益也。故曰此为得益。末句，总结第四大科明止观断得已竟。

> 次明第五止观作用者，谓止行成故，体证净心，理

融无二之性；与诸众生，圆同一相之身；三宝于是混尔无三，二谛自斯莽然不二。怕兮凝湛渊渟，恬然澄明内寂。用无用相，动无动相。盖以一切法，本来平等故，心性法尔故，此则甚深法性之体也。谓观行成故，净心体显法界无碍之用，自然出生一切染净之能。兴大供具，满无边刹。奉献三宝，惠施四生。及以吸风藏火，放光动地。引短促长，合多离一。殊形六道，分响十方。五通示现，三轮显化。乃至上生色界之顶，下居兜率之天。托影于智幻之门，通灵于方便之道。挥二手以表独尊，蹈七步而彰唯极。端坐琼台，思惟宝树。高耀普眼于六天之宫，遍转圆音于十方之国。莲华藏海，帝网以开张。娑婆杂土，星罗而布列。乃使同形异见，一唱殊闻。外色众彰，珠光乱彩。故有五山永耀，八树潜辉。玉质常存，权形取灭。斯盖大悲大愿熏习力故，一切法，法尔一心作故，即是甚深缘起之用也。

上来五番建立中，第一番止观依止，显体也。第二第三两番，正明修宗。因修止观，必须定境观心。故先之以境界，次之以体状。第四番除障得益，即是明止观之用。然犹未广显，故今第五番，复出此止观作用之文以明之。此科止行成中所明，即上文所云三性止行成故，得寂灭乐，为自利是也。体证净心，即是体证真如。此句为纲。因其体证真如，所以理融无二，圆同一相，乃至用无用相，动无动相也。性谓性体，性体平等，故曰无二。向犹未融，今体证而理融矣。身谓法身，前云一切众生，一切诸佛，唯共一清净心如来之藏平等法身，故曰一相。向犹未圆，今体证而圆同矣。所谓相者，无相之相，故谓之一。须知理融无二，所以圆同一相。盖以其融染净二性差别之相，故曰圆同也。此四句之意，犹言诸佛证无别证，证于众生之所具。众生具无别具，具于诸佛之所证也。又此四句是总明，下数句，皆由此义推阐言之。三宝谓自性三宝，能证三性之智，是自性佛宝；所证三性之理，是自性法宝；理智和合，是自性僧宝。今既理融，所以混尔无三。二谛谓真俗二谛，分别依他是俗谛，真实是真谛。又三性是俗谛，三无性是真谛。总之，约众生而建立三性三无性名言，是俗谛。约净心以泯三性三无性分际，是真谛。今既圆同，所以莽然不二。混尔莽然，言其圆融也。怕同泊，大寂静义。怕兮句，赞体证净心四句，盖迷则如水成冰，坚碍不融；悟则即冰成水，圆同无二，故以凝湛渊停四字形容之。恬亦寂静义。恬然句，赞三宝二句，澄清如镜，则三宝二谛，了了明明。内证本寂，则混尔无三，莽然不二。用者，性用，谓染净二性也。凝湛渊渟，圆同无二，则是无异无相，故曰用无用相。动者，用用，谓染净二法也。澄明内寂，无三不二，则是用而常寂，故曰动无动相。盖以下，结成。盖上来所说，极显心体寂照，无能证所证之别，所谓无分别智是也。然净心从本以来，法尔具此智性，在圣不增，在凡不减。但非止行成后，不能证得。今既体证净心，故曰一切法本来平等。本来者，天然如此，故曰心性法尔。法尔平等，即是性体，故曰此则甚深法性之体也。此之性体，竖穷横遍，故曰甚深。上明止行成而证净心全体也。观行成中所明，即上文所云三性观行成故，缘起作用，为利他是也。净心体显句，是纲。种种作用，皆由净心之体所显现也。以其不作功用，自然成办，故曰自然出生。一切顺用违用，周遍法界，自在无碍，故曰法界无碍之用，一切染净之能。此二句是总明，向后则是别明。兴大供具四句，明悲敬作用也。供具者，香、花、灯、涂、果，为五供具。饮、食、汤药、卧具，为四供养。初住大士，便有此作用。所谓初住能供百佛，二住能供千佛，三住以上，位位递增，能供无量无边诸佛，能施无量无边众生，故曰满无边刹。此之谓兴大供具也。以之奉献三宝为敬田，以之惠施四生为悲田。四生者，胎、卵、湿、化，六道不出四生，四生遍于六道也。及以四句，明神通作用。吸风者，风谓风轮。每一重世界之外，为水轮。水轮之外，为风轮。然风轮在虚空中，虚空在大觉中，故曰吸风。藏火者，自性中三昧真火也。又菩萨以变化力，能令地作水，水作地，火作风，风作火等，是名随意所作尽能得。放光者，光照大千。动地者，六种震动。引短促长者，引一念而成劫波之长，促劫波而为一念之短。合多离一者，纳十方世界于一微尘，破一微尘出十方世界，以及一身作多身，多身作一身是也。殊形至之天，明应机示现作用。殊形六道者，现身六道，故曰殊形。分响十方者，分身十方，为佛法之影响众，如文殊、普贤、观音诸大士是也。五通两句，释已见前。上生句，谓有天人之机可度者，现身色界顶天以度之。下居句，谓因下界众生机缘将熟，先以补处大士，示居兜率内院也。上来兼明因地作用，以下则明果地作用。托影至取灭，即明八相成道义。其中未及降兜率相，盖即隐括于上句之中也。菩萨将于兜率降生时，放光动地，魔宫隐蔽，日月无光，天龙惊怖，是为降兜率相。托影句，托胎相也。影者，谓如光中之影。盖法身本无生灭，应身则非生现生。应身者，法身之影也，故不谓之托胎，而谓之托影。智幻者，摩耶夫人以智幻力，为千佛母，称为智幻之母。菩萨入母胎时，大乘见为乘栴檀楼阁，小乘见乘六牙白象，与无量诸天，作诸伎乐，从右胁入。身映于外，如处琉璃，是为托影于智幻之门。通灵句，住胎相也。菩萨住胎时，为诸大菩萨，及诸天众，说大乘道。以胎中为方便说法之道场，故曰通灵于方便之道（小乘教义，托胎住胎不别开，合为一相）。挥二手两句，降生相也。四月八日，日初出时，摩耶夫人，在毗岚园中，举手攀无忧树枝，太子从右胁而出。于时万卉俱开，树下即生大莲花。九龙于空中，雨温凉二水，浴太子身。身黄金色，三十二相，放大光明。于莲花上，目顾八方，周行七步，一手指天，一手指地，说言天上天下，唯我独尊。唯极，亦独尊意也。太子年至十九，于二月七日夜半，至苦行林中，剃除须发，是名出家相。文中重在表显神用，故略之。成道之前，小乘复有降魔相。如变魔女为老母，铁丸刀轮，悉变莲花，群魔迸散是也。大乘了魔无魔相，故亦略而不言。端坐句，成道相也。成道时，结跏趺坐千叶宝莲花台，故曰端坐琼台。此大乘所见之相。小乘则见在道树下，思惟至乱彩，说法相也。既成道已，仰观菩提树，俯视金刚地。于三七日中，端坐亦经行，思惟如是事，谓思惟众生之机也。小乘教义，谓初七日法说，二七日喻说，三七日因缘说。大乘教义，即是思惟说《华严经》。说此部大经，前后共七处九会。初会，即在菩提场，说佛依报因果。其余八会，在六天宫。盖第二会，在四天王天普光明殿，说佛正报，及十信法门。第三会，在忉利天宫（忉利，华言三十三天，即帝释所居），说十住法门。第四会，在夜摩天宫（夜摩，华言善时分，谓时时快乐也），说十行法门。第五会，在兜率天宫（兜率，华言知足，谓于五欲知止足也），说十回向法门。第六会，在他化自在天宫（谓诸乐境，皆由他化，而自在受用也），说十地法门。第七八九会，皆在普光明殿，说等妙二觉法门等。故曰高耀普眼于六天之宫。普眼者，所谓十方世界，是沙门一只眼。十方世界，是沙门一卷经。以如是眼，看如是经，是为普眼法门。转者，转法轮也。遍转者，遍周沙界。圆音者，圆妙法音。于十方之国者，所谓不起一切菩提树下，而身遍十方也。莲华藏海，即华严经所说之华藏世界。主伴重重，如帝释殿前宝丝网。网有无量眼，眼中各有一摩尼珠，各放光明，互遍互摄，重重无尽也，故曰帝网开张。杂土者，谓此娑婆世界。正报则五趣杂居，依报则荆棘瓦砾，是为杂染之土。星罗者，如我世尊，在菩提树下成道时，即有无量释迦，同时成佛，如星罗，如棋布。《梵网经》言："我今卢舍那，方坐莲华台，周匝千华上，复现千释迦。一花百亿国，一国一释迦，各坐菩提树，一时成佛道。"故曰星罗布列。同形异见者：如来为实施权，示现相好光明。然因根机不同，或见无量无尽，或仅见为丈六八尺等。一唱殊闻者：一唱犹言一音，佛以一音演说法，众生随类各领解。在化仪，则为不定，既是殊闻，则彼此不相知，即化仪中之秘密。又上之圆音十方，在化仪为顿。此之一唱殊闻，在化仪为渐也。外色者：谓三十二相，八十种好，故曰众彰。珠光乱彩者，谓相好光明，无量无尽，如摩尼宝珠，光光相摄。言乃使者：谓遍转圆音以应众机，机既不一，所以见闻各各不同也。故有四句，涅槃相也。五山永耀，玉质常存，为大乘所见之相。灵鹫山有五峰，故曰五山。玉质谓佛法身，法身清净，故以玉喻之。大乘人知本来无生，今即无灭，故曰永耀常存。八树潜辉，权形取灭，为小乘所见之相。世尊于二月十五日，将入涅槃。娑罗双树（四双八只也），四株尚开花，四株忽变白，故曰八树潜辉。权形者，权现之形，即谓应身。取灭者，非灭现灭也。上言故有者，谓根性不同，则所见不同，故有常存取灭之异也。斯盖下，结成，谓上来所说种种作用，皆由大悲大愿为因，众生机感为缘，因缘和合，遂由一心显现斯事，故曰熏习力故，法尔一心作故。熏习心作，即是缘起法门，故曰即是甚深缘起之用。甚深，义赅横竖。此明观行成，而显缘起大用也。

又止行成故，其心平等，不住生死。观行成故，德用缘起，不入涅槃。又止行成故，住大涅槃。观行成故，处于生死。

自此以下三科，每科各明二义。然虽分三科，其义则用前起后，次第相生。即复以后蹑前，辗转诠显，以明止观作用之圆妙也。此中初明止行成故，净心体证平等法身。以证法身，所以不住生死。观行成故，净德之用依心缘起。以起大用，所以不入涅槃。生死有边，涅槃空边，不住于有，不入于空，是为双遮二边。继明止行成故，谓之不住生死者，因其住大涅槃也。观行成故，谓之不入涅槃者，因其处于生死也。既不入涅槃，而复能住；既不住生死，而复能处，是为双照二边。

又止行成故，不为世染。观行成故，不为寂滞。又止行成故，即用而常寂。观行成故，即寂而常用。

上科明双遮双照，此中复申言之曰：止行成故，住大涅槃者，明其不为世染也。观行成故，处于生死者，明其不为寂滞也。不染不滞，遮照同时，则四倒之过俱离。盖不染，离凡夫四倒。不滞，离二乘四倒也（于生灭之身、受、心、法，起净、乐、常、我想，为凡夫四倒；于无生无灭之常乐我净，起无常等想，为二乘四倒）。更明其义曰：止行成故，不为世染，便是双照而复双遮，所谓即用而常寂也。观行成故，不为寂滞，便是双遮而复双照，所谓即寂而常用也。用时寂，寂时用，此则常乐我净，四德具足矣。

又止行成故，知生死即是涅槃。观行成故，知涅槃即是生死。又止行成故，知生死及涅槃，二俱不可得。

观行成故，知流转即生死，不转是涅槃。

上科明用时寂，寂时用。今更申明其义曰：止行成故，能即用而常寂者，知生死即是涅槃也。观行成故，能即寂而常用者，知涅槃即是生死也。此明止观成时，无生死相，无涅槃相。故生死涅槃，相融相即，是之谓大自在。又复总结之曰：生死即涅槃，涅槃即生死者，因止行成故，知生死及涅槃，二俱不可得也。而复有生死涅槃之名者，因观行成故，知流转即生死，不转即涅槃也。生死涅槃，俱不可得，是明其离一切相，此止行成，所以入大寂静为自利也。生死涅槃，在转不转，今既俱不可得，是无转不转之可言，微妙不可思议矣。而众生方在流转中，此观行成，所以繁兴大用而利他也。至此止观作用，备显无遗矣。

问曰：菩萨即寂兴用之时，三性之中，依于何性而得成立？

答曰：菩萨依依他性道理故，能得即寂兴用。兼以余性，助成化道。此义云何？谓虽知诸法有即非有，而复即知不妨非有而有，不无似法显现。何以故？以缘起之法法尔故，是故菩萨常在三昧，而得起心悯念众生。然复依分别性观门故，知一切众生受大苦恼。依依他性观门故，从心出生摄化之用。依真实性观门故，知一切众生与己同体。依分别性止门故，知一切众生可除染得净。依依他性止门故，不见能度所度之相。依真实性止门故，自身他身本来常住大般涅槃。

即寂兴用，犹言定中起用。问意，因菩萨是定中起用，异于凡夫。故以依于何性而得成立为问。须知一言缘起，便是依他性法。故答曰：依依他性道理。然三性从来不离，故又曰：兼以余性助成也。此义云何下，正释其义。盖诸法有即非有时，即是非有而有，故曰不妨。不妨者，色即是空也。既有即非有，而复不无似法显现。可知缘起之法，是心性之法尔。以是之故，菩萨能得即寂兴用也。常在三昧句，谓即寂。起心悯念众生句，谓兴用。此释成依依他性道理也。此中虽知复知等，便是分别性助义。三昧中起心，便是真实性助义。然复下，更详释之。谓依依他性，普门示现，出生摄化之用者，以依分别性，知一切众生苦恼。依真实性，知己与众生同体故也。此约观门，以明助成。又依依他性，三轮体空，不见能度所度之相者，以依分别性，知众生皆可成佛。依真实性，知自他本无生灭故也。此约止门，以明助成。总之，依他缘起之法，若无分别功能以鉴机，则缘起无由。若无真实性体为依止，则从何缘起？故无论因地果位，三性从来不离。凡夫过患，但在遍计起执耳。若不执计，则不变而随缘，随缘而不变。分别依他，皆成妙用矣。

又若初行菩萨，欲有所作，先须发愿，次入止门。即从止起观，然后随心所作即成。何故须先发愿？谓指克所求，请胜力加故。复何须入止？谓欲知诸法，悉非有故，是故于一切有碍之法，随念即通。何故即从止起观？谓欲知一切法，皆从心作故，是故于一切法有所建立，随念即成也。若久行菩萨，即不如是，但发意欲作，随念即成也。诸佛如来，复不如是。但不缘而照，不虑而知，随机感所应见闻，不发意而事自成也。譬如摩尼，无心欲益于世，而随前感，雨宝差别。如来亦尔，随所施为，不作心意，而与所益相应。此盖由三大阿僧祇劫熏习纯熟，故得如是，更无异法也。

此约因人果人，略分三等。以明功行有浅深纯熟之异，故作用有难易大小之殊也。初行菩萨，谓圆五品观行位以上。何谓欲有所作？所谓欲见释迦牟尼佛，及十方佛者，欲得六根清净，入佛境界；诸佛所说，悉能受持，通达演说，无障碍者，欲得与诸大士，共为等侣；一念之中，遍至十方，供养诸佛者，欲得一念之中，遍到十方，现种种身；说法度生者，欲得破四魔，净一切烦恼，灭一切障道罪，现身入菩萨正位，具诸佛自在功德者，皆不外下说之三法。即时凡夫，欲作一切功德，不论自修利人，皆当依法行之。谛听谛听。其法云何？略有三种：先发愿，次入止，三从止起观。发愿不外四宏誓，须知发愿即须运想。盖必观想诸佛菩萨圣众，慈悲威德，大放光明，遍照行者，及以众生。如是缘念于心，诚敬请求，方为发愿。不然，所发之愿，便无力也。何故如是？行者自无道力，必须指定所求，礼请三宝加被，方得增胜之力，克能成办故。发愿已，即当入止。何故如是？因尚在观行位中，若不入止，则性不空寂，自成障碍。何能于一切有碍之法，随念即通？故须入止，则知诸法有即非有，更无所碍故。入止已，即复起观。何故如是？因入止时，但有舍除，而无建立，何能感应道交？故更须从止起观，则知一切法，皆从心作，随念即成故。此中起观，随念即成者，因经入止一重行法，则心性空寂。以空寂故，一切清净。以清净故，便得胜力加被，与所发之愿相应。初行菩萨欲有所作，必须如是三法兼到，然后方能随其心愿，所作即成也。试观法华忏仪，大悲心咒行法，凡未入道场以先，便须运想。更特出理观一门。智者大师告诫行人曰：行一一法时，皆修此观。一一时中，不得于事理有阙。而今人但随文念诵礼拜而已。是有事仪，而无理观，此征验所以不逮古人也。若能事理并运，感应何可思议！不可不知。久行菩萨，谓相似位以上，即不如是者，谓不须如上，次第而行也。发意，即是发愿。但发意即成者，因止观功行已深，处处时时，皆在止观中，不须特意作之，故但发愿即得。诸佛如来，局而言之，乃究竟觉果。若通而论之，圆初住大士，亦称因中佛。二住以至等觉，望果则称因，望因则称果，其作用则位位增胜。至于觉果，方为究竟满足。复不如是者，久行菩萨，尚须缘念，今则不缘而自照，不虑而自知。久行菩萨，尚须发意，今则随所见闻，有感即应，不必发意，而事自成。譬如下，举喻。如来下，法合。摩尼宝珠，喻诸佛如来。无心欲益，随感雨宝。喻随所施为，不作心意，而与所益者相应也。此盖下，结成。梵语阿僧祇劫，此言无数时。经由不可算计之长时者三，故曰三大阿僧祇劫。无明永尽，曰纯。大觉现前，曰熟。谓诸佛如来无功用道，由于久久熏习纯熟之故，非于止观之外，更有异法也。蕅益大师曰：非因初行，安有久行？非有久行，安得成佛？故知欲成佛者，须学初行方便，其警策行人也至矣。

> 心性自清净，诸法唯一心。此心即众生，此心菩萨佛。
> 生死亦是心，涅槃亦是心。一心而作二，二还无二相。
> 一心如大海，其性恒一味。而具种种义，是无穷法藏。

佛祖说法，有散花，有贯花。散花，即是长行。贯花，即是偈颂（或单曰偈，或单言颂，其义一也）。贯者，连贯之义，喻偈颂限字成句，必加编组，不似长行，长短随心。故长行名散花，偈颂如贯花也。云何说散贯二种？为四悉檀故，随众生欲乐故。偈颂以四言或五六七言为句。四句唯一颂。颂体，略分二类：一、祇夜，此云重颂。依长行所说，重复颂之也。二、伽陀，此云应颂。孤起特立，或略与长行相应，而不一一颂之。此二，复有广略之分：详于长行曰广颂，略于长行曰略颂。今此止观法要，长行已详，复说伽陀者，便人总持也。共十一颂，又一句。此科，略颂长行中依止及境界也。初句，总颂性体。心者，第六意识，所谓现前一念，不变随缘者是也。性者，空不空如来藏，所谓性净明体，随缘不变者是也。自，谓本来。此心虽终日随缘，而性净之体不变，故曰本来清净。诸法句，颂全事即理。诸法，谓十法界因果，事也。然诸法不离一心，心外无法，理也。所谓法界圆融体，作我一念心，是为理具三千。此心即众生四句，颂全理成事。盖迷此心而成染浊三性，即是流转生死之众生。悟此心而成清净三性，即是证大涅槃之佛菩萨，生死涅槃，唯心所作。所谓故我一念心，全体是法界，是为事造三千。一心而作二两句，结上文。作二者，作生死，作涅槃也。二无二相者，生死及涅槃，二俱不可得。不可得，则唯是一清净心矣。上句是常同常别义，下句是常别常同义。末四句举喻，以大海喻一心。以海性唯一咸味，喻心性一味平等。以大海具无穷宝藏，喻心性具广大深法无边义。所谓理具三千，事造三千，两重三千，同居一念也。

> 是故诸行者，应当一切时，观察自身心。知悉由染业，
> 熏藏心故起。既知如来藏，依熏作世法。应解众生体，
> 悉是如来藏。复念真藏心，随熏作世法。若以净业熏，
> 藏必作佛果。

此十三句偈，颂全性起修，全修在性，即略颂长行中体状、断得、作用三科也。首句是警告行者，谛听下文。是故二字，承上文而言。诸行者，谓一切修行人也。听经看教，了解谛理，为慧行者。礼拜随喜，作诸功德，为福行者。种种法门，不出六度，而六度不出福慧。福慧，譬如车之两轮，修必双修也。应当句，总贯下文。应当者，劝勉之词。一切时者，昼夜六时，即总括行住坐卧之时。一寸时光，一寸命光，是日已过，命亦随减。故呼行者而警告之曰：无常迅速，惟恐措手不及，应当如我所说，观察知解，缘念熏修也。观察句，颂依染分别性修止观。观察者，体察审究。自身者，色阴。自心者，受想行识四阴。五阴为正报，六尘为依报。今不及六尘者，了得正报而依报可知矣。此身生老病死，观其来从何来，去从何去。此心念念不停，生住异灭。起时，观其起处。落时，观其落处。须知此身生老病死，为粗生死。心念生住异灭，为细生死。凡夫刹那刹那，在生死中。若一眼觑破生死根本，方得解脱，故当观察也。知悉二句，颂依染依他性修止观也。观察五阴身心，从何来乎？莫不曰：哀哀父母，生我劬劳。是固然矣。然而无始以来，生死死生，离一父母，又一父母，何故如此耶？当知悉由自己造业，为业力所牵而来也。盖夙世因中，造作染浊不净之业，熏习如来藏心，成为染性种子。既有染种，便随染缘，生起苦果之相。此五阴身心来处也。以自己造业故，招感生死，莫能自出。且令多生父母，为我劬劳，岂不可悲！岂不可痛！既知四句，颂依染真实性修止观。世法，即指五阴身心。此两句，牒上义。应解两句，显今义。谓既知五阴，是由如来藏依熏而起，则知即此众生五阴之体，便是如来藏矣。固不可迷水逐波，然亦何可离波觅水耶！须知一念回光，当下便见本性。迷悟之机，只在当人一转念间耳。复念四句，颂依清净三性修止观。前两句，牒上义，犹言全真成妄。下两句，显今义，犹言返妄即真。谓藏体平等，既随染熏，能作世法；若随净熏，必作佛果。行者应当念此，一切时中，熏修净业，

则断得作用，有不佛果圆成者哉？

> 譬如见金蛇，知是打金作。即解于蛇体，纯是调柔金。
> 复念金随匠，得作蛇虫形。即知蛇体金，随匠成佛像。

首句见金蛇二字，喻上文观察自身心句，以显分别性法。见，喻观察。金，喻如来藏真实性体，亦即喻句中心字。盖真性虽成为分别心，而性净不改，如金虽成蛇，而调柔之性依然也。蛇，喻众生五阴身心，谓凡夫执五阴身心是实，而不观察真性，如但见蛇，而不见金也。次句，喻上文"知悉由染业，熏藏心故起"两句，以显依他性法。打作二字，喻熏起。如来藏作众生，由于熏起，如金之成蛇，由于打作也。然则若知金是真体，蛇为真金幻成之虚相者，即知如来藏是真实性体，众生为真性幻现之虚相矣。即解二句，喻"应解众生体，悉是如来藏"两句，以显真实性法。解得即蛇体而见真金，则解得即众生而证佛性。何必以心觅心乎？复念四句，喻上文"复念真藏心"四句也。匠，喻当人，谓仍用蛇体之金，仍由打蛇之匠，而能成蛇虫者，复能成佛像。何以故？金性不坏故，作法不同故。喻如当人，具足佛性，万古常新。以染业熏之，便成染浊三性而为世法。若以净业熏之，便成清净三性而作佛果。由此可知凡有身心者，莫不本具佛性，皆可即凡心见佛心，即凡身成佛身也。而其功用，全由熏习，其主张全在当人。宝哉佛性！慎哉熏习！勉哉当人！

> 藏心如真金，具足违顺性。能随染净业，显现凡圣果。

藏心具足违顺二性，合上真金具有能成蛇形、佛像之性，随业染净，现凡现圣。合上随打作之异，成蛇成佛也。蕅益大师曰：正为蛇时，像性仍在，故可转蛇作像。则知正在染时，净性仍在，故可转凡成圣也。蛇像非佛像，故须修证。佛金即蛇金，故常平等。彼执性废修，执修昧性者，安知常同常别，法界法门哉。行人当三复此言。须知正在染时，净性仍在者，所谓理即佛也。蛇像非佛像，则即而常六，是之谓常同常别，故须修证。佛金即蛇金，则六而常即，是之谓常别常同，故常平等。若不知常同常别，而执性废修，必招堕落之虞。若不知常别常同，而执修昧性，必生退悔之心。故大师并诫勉之。总之，佛性是因，净熏为缘，因缘和合，乃克成办。明得此理，则不贡高，不退屈，可免上说二过矣。

> 以是因缘故，速习无漏业。熏于清净心，疾成平等德。
> 是故于即时，莫轻蔑自身。亦勿贱于他，终俱成佛故。

因，指上文藏心。缘，指上文染净业。藏心与染业和合，则成凡。若与净业和合，则成圣。以是之故，必须速习无漏业也。无漏对有漏言，谓凡夫以贪嗔痴，由六根门头，随六尘而转，便成六漏，漏于六趣。惟有速习大乘止观，了达五阴六尘，唯虚无实。以了知不实故，不贪而持戒，不嗔而慈悲，不痴而智慧，勤修戒定慧，则不漏于生死，是之谓无漏业。以此无漏业之净缘，熏于自性清净心之真因，因缘具足，疾能成就平等妙德。德，谓常乐我净。此之四德，人人性具，故曰平等也。夫了得生死涅槃，皆由一心，故不得自轻。了得人同此心，故不得轻他。何以故？己与一切众生，终俱成佛故。须知自他同重，便是平等。以此平等心为因，乃能证平等德果也。即时者，谓既闻此言，当下便应如此熏习，勿得懈怠！

> 此明止观作用竟，上来总明五番建立止观道理讫。

初句，结止观作用。次句，总结广作分别之五番建立已讫。

> 凡礼佛之法，亦有止观二门。所言观门礼佛者，当知十方三世一切诸佛，悉与我身同一净心为体，但以诸佛修习净业熏心故，得成净果。差别显现，遍满十方三世。然一一佛，皆具一切种智，是正遍知海，是大慈悲海。念念之中，尽知一切众生心心数法，尽欲救度一切众生。一佛既尔，一切诸佛，皆悉如是。是故行者，若

供养时，若礼拜时，若赞叹时，若忏悔时，若劝请时，若随喜时，若回向时，若发愿时，当作是念：一切诸佛，悉知我供养，悉受我供养，乃至悉知我发愿。

上来广作分别中，止观法要，亦已委细详明。今更说此者，盖恭敬之极，莫过礼佛。资生之要，不外饮食。污秽之事，无逾便利，而皆可修习止观。则知随时随处，无有一法不可善巧作止观矣。此即四三昧中，随自意三昧也。行者依此用功，则行住坐卧，不离这个，其速能成就也必矣。十方者，东南西北，四正四隅，以及上下。三世者，过去、现在、未来。须知十方三世一切诸佛，皆在行者礼佛时一念心中，是之谓观。诸佛与我，净心体同，故经言是心是佛。净业熏心，得成净果，故经言是心作佛。诸佛显现于十方三世，故曰差别。实则无差别之差别，故无妨差别耳。一切种智，释已见前。正遍知海者，三智融妙，称性而知。所谓无知而无不知，是为正遍知。此知广大无涯，甚深无底，故譬以海。大慈悲海者，慈者与乐，悲者拔苦，大慈大悲，则普遍如海矣。尽知句，承上正遍知海言。以是正遍知海，故念念之中，一切众生心及心所迁流之相，无不尽知。尽欲句，承上大慈悲海言。以是大慈悲海，故念念之中，一切众生，尽欲救度。佛佛是正遍知海，大慈悲海。即佛佛尽知一切，尽欲救度，故曰皆悉如是。供养乃至发愿，即普贤行愿品中十大愿王。所谓一者礼敬诸佛，二者称赞如来，三者广修供养，四者忏悔业障，五者随喜功德，六者请转法轮，七者请佛住世，八者常随佛学，九者恒顺众生，十者普皆回向。此中劝请，兼彼六七。此中发愿，兼彼八九。盖发愿不出四宏誓。众生无边誓愿度，即恒顺众生义。余三誓，即常随佛学义。又一切行门，皆当发愿。如虚空界尽，我礼乃尽。以虚空界不可尽故，我此礼敬无有穷尽是也。余可例知。愿者，导也。如不发愿，譬如迷途而无引导。所以念佛生西，必应发愿，愿生彼国。普贤行愿品言：是人临命终时，最后刹那，一切诸根，悉皆散坏。唯此愿王，不相舍离。于一切时，引导其前。一刹那中，即得往生极乐世界。可知发愿之要矣。回向具三义：一、回因向果，谓回此胜因，趣求胜果。二、回事向理，谓回其事修，达于理体。三、回自向他，谓回己功德，普利一切。所有礼拜供养等，无论作何行门，皆应如是回向，则功德增胜矣。如通常所诵回向文云：愿以此功德，庄严佛净土，回因向果也。上报四重恩，乃至同生极乐国，回自向他也。曰庄严佛土，曰发菩提心，即显心外无佛，佛外无心，圆融理体，回事向理也。当作是念者，当念诸佛如来，是法界身，入一切众生心想中也。须知诸佛如来，是正遍知海，大慈悲海。一切众生，本来皆在诸佛心内。故众生心想佛时，诸佛如来，即入众生心想中。所以我之供养，乃至发愿，一切诸佛，无不悉知悉受。作是观念，便是起深信解。如是信解，是真礼佛。如是礼佛，则十方不离当处，三世不离一念，一切如来如对目前，其功德不可思议矣！

> 犹如生盲之人，于大众中，行种种惠施。虽不见大众诸人，而知诸人皆悉见己所作，受己所施，与有目者行施无异。

为遣疑故，而来此喻。疑云：诸佛悉知悉受，心想如是耳，未能亲见也。遣之曰：何必见而后知其然哉？譬如盲人，于大众中，广行檀施时，彼诸大众，实见所作，实受所施。盲人心中，既已了了而知，则与有目人行施时何异？初何待于见乎？生盲，喻行者无始以来无明覆障。又目者，喻开佛知见诸大菩萨也。

> 行者亦尔。虽不见诸佛，而知诸佛皆悉见己所作，受我忏悔，受我供养。如此解时，即是现前供养，与实见诸佛供养者，等无有异也。何以故？以观见佛心故。佛心者，大慈悲是也。

生盲行施时，既能心知。故眼虽不见，而与能见者同。行者亦然。供养忏悔时，虽不见诸佛，而心中则了了能知。云何知之？盖知一切诸佛，大慈大悲，怜悯我，摄受我故。如是信解，是能观见佛心矣。以见佛心故，则供养时，便知诸佛现在其前，故曰即是现前供养。此与诸大菩萨，实见诸佛供养者，等无有异。文中即是，原误即时。然上文云，悉见悉受，正明其即是现前。因即是现前，故与实见者无异。且下科云亦是，与此中即是，正相应也。

> 又若能想作一佛，身相严好，乃至能得想作无量诸佛，一一佛前，皆见己身供养礼拜者，亦是现前供养。何以故？以是心作佛，是心是佛故。

假想，对实事言，谓并无佛像，心中想作一佛。亦未礼拜，心中想作礼拜等也。此假想观道理，下释疑中详言之，极为精妙。其行法之善巧，尤便行者。因凡夫所想，无非攀缘名利，起贪嗔痴。若不能六时行道者，于正课外，修假想观，可除妄想，一也。又遇病时，或在旅次，不能修实事观时，修此观门，可免旷废，二也。但不可误会修此即足，竟废实事耳。须知假想实事，既俱重在修观。则凡假想观文中所明之理，即通于实事观，非专约假想言也。总之，假想观，是全理以成事。实事观，是即事而显理。理事必须融通，是故行者应既修假想，更修实事；修实事时，并修假想。如此理事双融，观行尤易成就，方与大师并立二种观门之本旨合也。此理必应知之。身相严好者，身，谓应身。凡夫心想劣，只能先观应身也。相者，三十二相。好者，八十随形好。严者，庄严。谓先想一佛，相好庄严，继想己身，在于佛前，供养礼拜，须一一与实事无异。乃至想作遍满法界无量诸佛，一一相好庄严，一一佛前，皆有己身供养礼拜也。念佛人最好即想阿弥陀佛，最好依《十六观经》，先观丈六，或八尺紫金色身，在七宝池上，宝莲花中，圆光化佛，相好庄严，具如经说。须知观想佛身，当知所从，则易成就。有观见一佛时，即观见无量诸佛，不必贪多，令观难成也。如《观经》云："观无量寿佛者，从一相好入。但观眉间白毫，极令明了。见眉间白毫相者，八万四千相好，自然当现。见无量寿佛者，即见十方无量诸佛。"此数句经文，修假想观者，不可不知。亦是现前供养者，谓不但前一番，即今番假想观成就时，亦与亲在佛前供养无异。成就者，一一明了，如对目前也。何以故下，引《观经》证成。是心作佛者，明其修功。是心是佛者，明其性具。盖作乃全是而作，所谓全性起修也。是乃全作而是，所谓全修在性也。是故经言："汝等心想佛时，是心即是三十二相八十随形好。"又云："诸佛正遍知海，从心想生。"皆是显此性修不二之理也。此中引之者，谓既佛是心作，心即是佛。可知假想若成，无异现前见佛矣。

问曰：前之一番供养，实有道理，可与现前供养无异。此后一番想作佛身者，则无道理。何以故？以实不见佛身，假想作见，即是妄想相故。

答曰：佛在世时，所有众生现前所见佛者，亦是众生自心作也。是故经言：心造诸如来。以是义故，即时心想作佛，则与彼现前见佛一也。

释疑文中，发明一切唯心，自他不二之理，极精极透。行者解此，当益知观行之要也。问意以前番实事观，本有佛像，则作观时，谓与真佛现前无异，其理不诬。今则虽云见佛，然本非实有，但由假想所作，可云妄想之相耳。而云亦是现前供养，不合理也。问者误矣。须知佛像亦本非实，亦由心想作成。既佛像可作真佛观，则想成之佛，亦可作真佛观，其理一也。答义则更深进。盖不但佛像为心作，即佛在世时，众生现前见佛，亦是众生自心所作。欲明此理，当先明吾人何以能见？世人但云：眼见耳。若眼见者，一切木石，雕琢为眼，何不能见？当知所以见者，实由八识见分，缘于八识中变现之相分，然后见义成也。试思事物经眼，若未加以注意，便见如不见。何以故？八识中无其影相故。由此可知，必由自心中见相二分作用，方成为见。非心作而何？又如闻说某事某人，初未眼见也。然使心随所言，而摹拟其状，便尔了了，如历其境，如睹其形，益可证明全由八识中见相二分作用矣。唯识道理，如是如是。此理既明，则于现前见佛，亦是心作，不烦言而可解。是故下，引《华严经》为证。心造，即心作也。依此经义，则即时心想作佛，与彼现前见佛者，岂有二致乎？

又复乃胜二乘现见佛者。何以故？以彼二乘所见之佛，实从心作。由无明故，妄想曲见，谓从外来，非是心作。故即是颠倒，不称心性缘起之义。是故经言：声闻曲见。又复经言：是人行邪道，不能见如来。所言如来者，即是真如净心，依熏缘起果报显现，故名如来。彼谓心外异来，故言不能见也。我今所见诸佛，虽是想心所作，但即能知由我想念熏真心故，心中现此诸佛。是故所见之佛，不在心外。唯是真心之相，有即非有，非有即有，不坏真寂，不坏缘起，是故胜彼二乘现前见也。

此明想心见佛，胜于二乘现前见佛也。何以故下，正释其义。二乘见佛，亦由见相二分，故曰实从心作。而彼不知，谓从外来。此即无明颠倒，妄想曲见。何以故？与心性缘起之义，不相称故。心性缘起者，谓一切法皆缘起于心性，即唯心所作之意。二乘谓从外来，便是心外取法，故言不称。不称者，不合也。邪道，即谓曲见。不能见如来者，二乘无明未破，昧佛本旨，故虽觌面，而不相契。盖如者，即谓真如净心。来者，即谓依熏缘起。诸佛号为如来，即是彰其真如依熏，显现极果之义。而二乘则谓，乘如实道，来成正觉，是于一心之外，异有所来矣。与佛本旨相背，故言不能见也。而由想心见佛者，即能知所见之佛，不在心外。夫显现之相，不离真心，是为有即非有。即复真心依熏，显现起相，是为非有即有。有即非有，妙有即真空也，故不坏真寂。非有即有，真空即妙有也，故不坏缘起。可知想心见佛，合于佛旨，便是能见如来。胜彼二乘现前见佛，而谓为不能见如来者远矣。

又若我以想心熏真心故，真心性起，显现诸佛，而言是妄想者，道场会众，皆以见佛之业熏真心故，卢舍那佛在于真心中现，彼诸菩萨，亦是妄想。若彼菩萨所见之佛实从心起，见时即知不从外来，非是妄想者，我今所见诸佛亦从心起，亦知不从外来，何为言是妄想？又复彼诸菩萨所修见佛之业，悉是心作，还熏于心。我今念佛之想，亦是心作，还熏于心。彼此即齐，是故彼若非妄，我即真实。

此明观想见佛，与十地大士见卢舍那佛，事理相同。何以故？皆是真心为因，想心为缘，因缘和合，现起佛身相好故。盖华严道场中诸大菩萨，所修见佛之业，悉是心作也。即以此业，还熏真心，现起千丈卢舍那佛。此佛实从心起，不从外来也。然则与我观想见佛之为心作心起者，毫无差异。彼若非妄，此云何妄耶？梵语卢舍那，此云净满，即报身佛也。上来初明现前见佛，亦是心作，继明不知心作，不见如来，更明菩萨悉是心作心见。明此三义，则观想见佛，非是妄想之相，更复何疑。

问曰：若一切诸佛，唯由众生自心所作者，即无有实佛出世。

答曰：不妨一切诸佛出世，而即是众生自心所作。何以故？谓由一切诸佛，一切众生，同一净心为体故。然此净心全体唯作一众生，而即不妨全体复作一切凡圣。如一众生，是净心全体所作，其余一一凡圣，悉皆如是。一时一体，不相妨碍，是故若偏据一人以论心者，此人之体，即能作一切凡圣。如藏体一异中，释此义也。由此义故，一切诸佛，唯是我心所作。但由共相不共相识义故，虽是我心能作诸佛，而有见不见之理，如共相不共相识中具明。

若明得现前见佛，亦是心作之理，即无此疑。但恐不得意者，犹未了解，故复举同一净心义，以明感应道交，自他不二。明乎此，则无疑不释矣。答中，不妨诸佛出世，即是众生心作者，谓虽唯是心作，不妨有出世之佛也。盖以一切凡圣，同一净心为体，故约一人言，虽此人心体，能作一切凡圣；而约净心言，则全心体作一众生者，即全心体复作一切凡圣。此一一凡圣同于一时，同一心体，不相妨碍之义，如前藏体一异中广释。总之，净心既同，我心如是感，佛心即如是应。感应道交，即是以心印心，故不妨诸佛出世，即复唯是心作。譬如一室千镜，光光相照，虽不妨一镜光中，遍摄他镜，然不可谓一镜能摄他镜者，便无一切镜也。然则遍法界中，一切凡圣，心心相印。虽不妨一人心内，能作诸佛。然何可谓一心能作一切佛者，便无出世之佛乎？此下，复有疑词。疑云：既不妨诸佛出世，即是众生心作。何以众生有见有不见？释之云：见不见之理，前释共相不共相识中，亦已具明。盖虽是众生心作，然必作而相应，则成共相识而能见。若不相应，便成不共相识而不得见也。此义，下科更为详释。

  以是义故，若能方便假想者，此想即熏真心。与诸佛悲智之熏相应故，于真心中显现诸佛，自得见之。此所现之佛，以我假想见佛之业，与佛利他之业相应，熏心起故，此佛即是我共相识也。是共相识故，即是真实出世之佛，为我所见。若无见佛之业，与佛利他之德相应熏心者，一切诸佛虽是我净心所作，而我常不得见佛。

以是义故句，牒上共相不共相识。若能至所见，释成共相识。此中可分为三：初明得见之理。方便假想者，假想，即是修观；修观，即是方便。又修观中，亦自有方便之道。如观无量寿佛者，从一相好入是也。此想即所谓见佛之业。悲智之熏，亦即下文诸佛利他之业。以此业为大悲大智之所熏起故，见佛之业熏心为能感，诸佛利他之业为能应，感应道交，故佛于真心中显现，自得见之。次明共相识义。盖能感为因，能应为缘，感应道交而后佛身显现，即是因缘和合而成共相。而此之共相，是由熏心现起，故此佛即是我共相识也。三明所见是真义。谓自心观想所见者，即是真实出世之佛也。何以故？是共相识故。上科因释无有实佛之疑，故但言不妨诸佛出世，即是自心所作，以明诸佛实有。此中，因既显共相识义，故的指之曰：自心所作，即是真佛。至此，则自他不二之义，彻底显露矣。若无下，释成不共相识。盖自心之能感，必须与佛悲智之心相应。若不相应，何能熏起共相识？识中既无共相，云何能见？故曰：诸佛虽是我净心所作，而我常不得见佛也，以其虽知心作，而未能感应道交故。须知念佛生西，即是修见佛之业。而念佛不能口念而心不念，心念便是心作。念念心作，即不观之妙观也。故持名法门，与修观之理无二。且必戒杀放生，心存普利，即是发慈悲心。复知娑婆是苦，五阴六尘，皆是空花，不为所转，即是无尘之智。如是念念熏心，便与弥陀愿力相应。共相识成，当下便能见佛。不然，虽生西方，不得一时花开见佛也。念佛人，不可不明此理。

> 是故若偏据诸佛以论净心，即诸佛净心，作一切众生。但佛有慈悲智力熏心，故得见一切众生。若偏据众生以论净心，即众生净心，作一切诸佛。但众生有见佛之业熏心，故得见一切诸佛。

此双约诸佛众生，以显自他不二。一切众生即是诸佛净心所作，一切诸佛即是众生净心所作者，此明心体本同也。诸佛得见众生，由慈悲智力熏心；众生得见诸佛，由有见佛之业熏心，此明见不离心也。心体既同，复见不离心，合此二义，可知众生是佛心内之众生，诸佛是众生心内之佛。自他不二，复何疑哉？

> 是故假想熏心者，即心中诸佛显现可见，所见之佛，则是真实出世之佛。若不解此义故，谓释迦如来是心外实佛，心想作者，是妄想作佛。如是执者，晤见释迦如来亦不识也。

初四句，总结前文。若不解下，重加诫斥。心外实佛者，执谓真实出世之佛，在自心外也。须知谓在心外，便是心外取法。经云：心佛及众生，是三无差别。又云：若认他是佛，自己却成魔。云何可说心外？妄想作佛者，执谓观想所作之佛，乃是妄想也。须知观行成时，真佛现前，即是自己果佛。经云：应观法界性，一切唯心造。又云：诸佛正遍知海，从心想生。云何可说妄想？虽见释迦如来亦不识者，所谓是人行邪道，不能见如来也。何以故？执心未息，无明覆障故。

> 又复行者，既如是知一切诸佛，是心所作故，当知身及供具，亦从定心出生。以是义故，当想自身心，犹如香藏王。身诸毛孔内，流出香烟云。其云难思议，充满十方刹。各于诸佛前，成大香楼阁。其香楼阁内，无量香天子。手执殊妙香，供养诸最胜。或复想自身，遍满十方国。身数等诸佛，亲侍于如来。彼诸一一身，犹如大梵王。色相最殊妙，五体礼尊足。知身及供具，悉是一心为。不生妄想执，谓为心外有。复知诸菩萨，所有诸供具。悉施诸众生，令供养诸佛。是故彼供具，即是我己有。知是己有故，持供诸如来。以己心作物，及施他己者。复回施众生，供献诸最胜。深入缘起观，乃能为此事。此观门礼佛。

又复至出生，牒上文生起。谓既知佛是心作，当知身及供具，无不可以心作。供具中，虽但举香，余如肴膳衣幡，宝盖宝座等，可以例知矣。定心，即别境五中之定心所。须知无论作何种观，皆从定心出生。若心不定，即便驰散。必须杂念不生，而后心定，心定而后观门可成。观成，谓之出生也。上来一切诸佛，本从定心出生，故今云亦从。以是义故下，正明供具观。其中可分为六：当想至供养诸最胜，初明所供周遍；或复至尊足，次明能供周遍；知身至外有，三明修观之益；复知至如来，四明随喜功德；以己至最胜，五明普皆回向；深入两句，六结叹功能。初中当想二字，直贯至第五，盖一一皆想心所作也。香藏王，即栴檀树。此树根株枝叶，无一不香，故曰香藏。其香殊胜，故称为王。身心既如香藏王，即从一切毛孔，流出香烟如云。是此不净之臭皮囊，即时变成清净之妙供具矣。奇哉奇哉！心力之不思议也。其云难思议者，此心既难思议，心作之香云，何可思议？其云充满十方国土，复于诸佛前，成无量楼阁，无量天人，故曰难思议也。最胜，谓佛，佛称无上士，故曰最胜。盖先想身心如香王，毛孔出香云，继想香云遍满十方，幻作无量楼阁天人。更想无量天人，手执妙香，以供养于心中诸佛。此皆从定心出生者也。次明能供周遍中，先想自身，色相殊妙，如大梵天王。复想此身，遍十方国。其分身之数，等于佛数。五体投地，礼世尊足。更想彼一一身，顶礼尊足已，亲侍一一如来。此亦从定心而出生也。梵者，清净之义。诸佛兴世，梵王无不请转法轮。观作此身相者，明行者须身心清净，而请诸佛住世转法也（杭州海潮寺大殿西，首一尊，即梵王像，色相殊妙）。上来所供之具，能供之身，初学行者，须一一次第观之。一观成已，再及他观。极令明了，方为观成。三明修观之益中，谓行者修此观门，既知能供所供，悉是心作。便不执谓心外有法，而妄想可以不生矣。四明随喜功德中，谓菩萨所作供具，悉施众生供佛。我亦众生之一也，是故应当随喜，持以供诸如来。五明普皆回向中，及施他己者他字，应移在施字之上，即谓菩萨施己者也。谓我复学菩萨，普皆回向，以己心所作，及菩萨施己之诸供具，普施众生，令供诸佛。此二段是于供具观中，方便善巧，兼修随喜回向。盖平等心中，自他不二，故应他修我随喜，我修普回向也。第六结叹功能者，谓此之观行，是法界缘起法门，唯深入缘起观者，乃能为此事，明非初心人所易遽及也。盖必缘熏功深，方能现起耳。此观门礼佛句，结礼佛止观之观门已竟。

止门礼佛者，当知一切诸佛，及以己身，一切供具，皆从心作，有即非有。唯是一心，亦不得取于一心之相。何以故？以心外无法能取此心相故。若有能取所取者，即是虚妄，自体非有。如是礼者，即名止门。

观门礼佛，为从体起用，所谓感应道交难思议也。止门礼佛，为摄用归体，所谓能礼所礼性空寂也。是故若知一切诸佛，身及供具，皆从心作，有即非有，为入分别性止门。知得唯是一心，为入依他性止门。复知不得取于一心之相，为入真实性止门。何以故下，释成不得之故。盖心外无法取此心相，可知能取所取，唯是自心妄作分别，便非净心矣，故不得取也。自体非有者，所谓净心之体，常无分别。夫佛心我心，平等一如，若有能所，便不空寂，何名为如？止门礼佛，如是如是。

复不得以此止行故，便废息观行，应当止观双行。所谓虽知佛身我身，及诸供具，体唯一心。而即从心出生缘起之用，炽然供养。虽复炽然供养，而复即知有即非有，唯是一心，平等无念。是故经言：供养于十方，无量亿如来。诸佛及己身，无有分别相。此是止观双行也。

修止行，则不坏真寂而得体。修观行，则不坏缘起而达用。因中止观平等，则果上定慧平等，故应当双行也。所谓至炽然供养，即唯是一心而不废常用之义。虽复至无念，即炽然法界而不妨常寂之意。是故下，引经证成。供养于十方无量亿如来，是不坏缘起以明观。诸佛及己身无有分别相，是不坏真寂以明止。故结之曰：此是止观双行。上来明礼佛止观竟。

凡食时亦有止观两门。所言观者，初得食时，为供养佛故，即当念于此食，是我心作，我今应当变此疏食之相，以为上味。何以故？以知诸法本从心生，还从心转故。作是念已，即想所持之器，以为七宝之钵，其中饮食，想为天上上味，或作甘露，或为粳粮，或作石蜜，或为酥酪，种种胜膳等。作此想已，然后持此所想之食，施与一切众生，共供养三宝四生等食之。当念一切诸佛及贤圣，悉知我等作此供养，悉受我等如是供养。作此供养已，然后食之。是故经言：以一食施一切，供养诸佛及诸贤圣，然后可食。

问曰：既施与三宝竟，何为得自食？

答曰：当施一切众生，共供养三宝时，即兼共施众生食之。我此身中八万户虫，即是众生之数故，是故得自食之，令虫安乐，不自为己。

凡修行人得食，应先作此普供观已，然后食之。食亦非为自己，为令身中八万户虫，得其安乐。如是起敬起悲，观想熏心，能除我爱，能种福田，功德殊胜也。当念，即是作观。此二字，统贯全文。疏食，粗疏之食。上味，无上妙味。诸法本从心生，何不可转粗为妙。七宝者，金、银、琉璃、赤珠、玛瑙、玻璃、砗磲也。甘露，亦天上美食，或降人间。石蜜，即冰糖。或想作天上上味，或想作人间胜膳，故曰种种等也。施与众生，同供三宝四生，是为善巧回向。诸佛贤圣，悉知悉受者，感应道交故。八万户虫，释已见前。其余可知。

又复想一钵之食，一一米粒，复成一钵上味饮食。于彼一切钵中，一一粒米，复成一钵上味饮食。如是辗转出生，满十方世界，悉是宝钵盛满上味饮食。作此想已，持此所想之食，施与一切众生，令供养三宝四生等。作此想已，然后自食，令己身中诸虫饱满。

想一钵中一一米，成一一钵。彼一一钵中之一一米，复成一一钵。如是辗转出生，钵满十方，等施众生，皆令种福田，及以得饱满。如丛林中每日食时，以七粒米普施沙界，即作如是观也。

若为除贪味之时，昌得好食，当想作种种不净之物食之。而常知此好恶之食，悉是心作，虚相无实。何故得知？以向者钵中好食，我作不净之想看之，即唯见不净，即都见不净故。将知本时净食，亦复如是，是心所作。此是观门。

上既转粗为妙，以种福田。今复转好为恶，以除贪心。常言饥者易为食，渴者易为饮，可知好恶悉是心作。本时净食者，本时犹言现时。谓钵中净食，因我作不净想故，即唯见不净。然则现时钵中所谓好食者，亦由我作净想故，见以为净耳。悉是心作，虚相无实，其故可知矣。须知饮食者，所以药我及身中诸虫饥渴之病，岂可分别好恶？况贪爱好食，必憎厌恶食，爱憎即生死根本也。今想作种种不净而食之，不但除贪，亦复除憎，憎爱悉除，便是出尘罗汉。大师教法众生，作如是观，真善巧哉。

止门吃食者，当观所食之味，及行食之人，能食之口，别味之舌等。一一观之，各知从心所作故，唯是心相，有即非有，体唯一心，亦不得取于一心之相。何以故？以心外无法能取此心相故。若有能取所取者，即是虚妄，自体非有。此名止门（从心所作，所字衍）。

行食，对所食言，即谓能食之人也。解得所食之味，能食之人，以及进食别味之口舌，皆从心作，有即非有，是知虚相无实，分别性空也。体唯一心，是不著于虚相，依他性空也。即一心之相亦不取著，盖知能取所取，自体非有故，是并横执之真亦无之矣。此名大寂静止门。

凡大小便利，亦有止观。所言观者，当于秽处，作是念言：此等不净，悉是心作，有即非有，我今应当变此不净，令作清净。即想此秽处，作宝池宝渠，满中清净香水，或满酥酪。自想己身，作七宝身，所弃便利，即香乳酥蜜等。作此想已，持施一切众生。即复知此净相，唯是心作，虚相无实。是名观门。

净可想成不净，不净复可想成净。了得悉是心作，便了得净无净相，秽无秽相，如是则三毒可除。此大师教人作除贪观、便利观之本旨也。又文中但云持施，而持施之上，复云作此想已，是令行者，特加敬慎。盖必宝池宝渠，香乳酥蜜等，一一观成，方为作此想已，然后堪以作持施想也。此又大师微旨所在，不可不知。

所言止门者，知此不净之处，及身所弃不净之物，唯是过去恶业熏心，故现此不净之相可见。然此心相，有即非有，唯是一心，平等无念，即名止门。

凡夫无始以来，起贪瞋痴，造种种业，以致招此不净之果。故曰：唯是过去恶业熏心而现，当知既从心现，还从心灭，不必分别。何以故？有即非有故，且本来无生。何以故？唯是一心故。亦不得取于一心之相。何以故？心性平等，本无于念故。则遣三性，入三无性矣，即名为止也。

问曰：上来所有净法不净法，虽是心作，皆由过去业熏所起，何得现世假想变之，即从心转？

答曰：心体具足一切法性，而非缘不起。是故溷中秽相，由过业而得现。宝池酥酪，无注缘而不发。若能加心净想，即是宝池酥酪之业熏心，故净相得生。厌恶之心，空观之心，即是除灭不净之缘。净熏心故，秽相随灭。此盖过去之业，定能熏心起相，现世之功，亦得熏心显妙用也。

问意有二：一、上来所有净法不净法，既已心作，何能复转？二、且皆由过去业力熏起，现世假想，何得变之？答意亦二：自心体至随灭，初明缘熏之力。一切法，即染净因果，谓染净诸法，虽心性所本具，然非缘熏，不能现起。过业者，过去之业。往缘者，往昔之缘。加心，犹言加念。谓即彼秽相，加以净想之念也，指观门言。厌恶空观，指止门言。上云唯是过去恶业熏心，故现此不净之相，此厌恶之心也。然此心相有即非有，乃至平等无念，此空观之心也。既以观门净想为缘，熏其真心，复以止门空其心念，而除不净之缘。如是则净相得生，秽相随灭矣。此明所以得转之理也。总之，心作心转，皆仗缘熏之力。然则秽如溷圊，净如酥蜜，既可由往日业力之缘，熏心而作。今胡不可以止观之缘，熏心而转乎？此盖下，正释所疑之非。须知心之能转，正由心作。何则？心既能作，何不可转耶？又过去心即现在心，现在心即过去心。《金刚经》云：过去心不可得，现在心不可得，未来心不可得。三际原是假名，心性岂有三际之相？是故十世古今，不离当念。定能随缘熏而作者，即定能随缘熏而转，初不以过去而碍现在也。大众当知，众生界中，举心动念，无一非业。然而业由心作，即由心转。若了得心作之义，则知我辈生此五浊之世，又当末法之时，皆由过去凤业所感。若了得心转之义，当生大惭愧，存大警惧，发大忏悔，起大精进。则虽灾害并起，烦恼相攻，当下转灾害为康乐，转烦恼成菩提矣。而吃紧关头，唯在净缘熏习。则舍皈依三宝，弘扬佛法，其道将何由哉？

> 如此于大小便处，假想熏心而改变之。其余一切净秽境界，须如是假想熏心，以改其旧相。故得现在除去憎爱，亦能远与五通为方便也。然初学行者，未得事从心转，但可闭目假想为之，久久纯熟，即诸法随念改转。是故诸大菩萨，乃至二乘小圣，五通仙人等，能得即事改变，无而现有。

此中可分为四：如此至旧相，初以一例余。谓观行熏心，功难思议，既可转不净而成净相。其余一切净秽境界，皆可以观想力，改其旧相也。

故得两句，次正示方便。谓修此观行，近可为除憎爱作方便，远可为得五通作方便。盖观净为秽，能除爱也。观秽为净，能除憎也。五通皆由定力而得，而定力则由观行而成，故曰能为方便。但言五通，不及漏尽通者，因漏尽并非别有一通，但因漏尽，而五通神力益大耳。憎爱悉除，即成漏尽矣。又外道仙人，亦可由定力而得五通。若夫漏尽，必须戒定慧三学齐修，方能将烦恼结使断尽，为三乘圣人之极致。此中既兼言五通仙人，故隐而不彰。然初学至改转，三明功久方成。盖初学未有定力，故未能事从心转。然但须如是闭目观想，久久熏心，修功纯熟。即一切法，自能随其心念而改转之矣。是故下，四结显功能。二乘小圣，谓未证四果者。五通仙人，即指得五通外道。自登地诸大菩萨，以及地前三贤，辟支佛，阿罗汉，莫不具此功能，故曰乃至等也。即事改变，是将已有者变之。无而现有，是于本无者现之。神通变现，非同幻术，但诳人眼，乃是使一切法，变则竟变，现则竟现，非如龟毛兔角也。须知成佛成菩萨，皆由观行，岂但得神通而已哉！

问曰：诸圣人等种种变现之时，何故众生有见不见？

答曰：由共相识故得见，由不共相识故不见。

因菩萨圣众，种种神通变现，众生多不得见，故来此问。须知见亦不难，但须以净业熏心，与诸圣人等悲智之心相应，感应道交，成共相识，即得见也。若迷于五阴六尘，执虚为实，起贪瞋痴，则无明覆障，成不共相识，虽欲见而不可得矣。

问曰：菩萨神通与二乘神通，有何差别？

答曰：二乘神通，但由假想而成，以心外见法，故有限有量。菩萨神通，由知诸法悉是心作，唯有心相，心外无法，故无限无量也。又菩萨初学通时，亦从假想而修，但即知诸法皆一心作。二乘唯由假想习通，但言定力，不言心作。道理论之，一等心作，但彼二乘不知，故有差别也。

二乘虽三学齐修，然定力偏多，望于菩萨，慧则为劣。何以故？不了唯心故，因此便与菩萨成其差别。盖二乘定力，实由心作，与菩萨正等。但以不知心作故，心外见法，遂成有限量之神通。菩萨习通，亦由观想，与二乘相同。但以悟知本心故，心外无法，故成无限量之神通。须知心量竖穷横遍，若不了唯心，便不能照性成修，何能全其性用乎？此大乘止观，所以先明一心以为依止也。总之，心为一切法之根本，止观为一切行门之总持。今不说他经，独说此部者，实愿法众明其根本，得其总持，盖具有三种因缘焉。一大藏教，浩如瀛海，初学每苦不得津涯，亦有阅教参方，多年勤苦。若未明夫旨要，不免误其修功。而此部宏文，义赅三藏，明修明性，详切精深。明得此一法门，尚有何法不明乎？此其一也。时当末法，念佛一门，为最应机。然往往有误以为简易平常者，殊不知老实念佛，虽简易实圆妙。亦因圆妙，故简易耳。大乘止观，可谓幽深微妙矣。然一句洪名，摄尽无余，已于文中吃紧处，一一点明。则老实念佛之为至圆至顿，当可彻底了然。此其二也。至于念佛人闻此法门，便于心作心是之理，净业熏心之要，止息妄念之法，皆得洞然明白。则其念佛，必更得力。况书中所说，皆三谛圆融之第一义，若能善解义趣，固为殊胜。即但粗知大要，亦必于第一义，心不惊动，此《观经》所说上品上中生者也。然则此一法门，其助于往生净业，岂浅鲜哉。此其三也。以此因缘，故说此部。昔蕅益大师为此书作释要毕，曾举一偈，普皆回向，我等应当随学。今就原偈，谨易一字。因大师作释要，故曰释少分。今我但说明其少分。道场法众，亦各各明得少分。更愿辗转流通。法界有情，同明心要，同生安养，同成觉道。我今如是回向，法众亦复如是回向云：

佛祖心要妙难知，我今随力明少分。
回此功德施群生，同生安养成觉道。

教观纲宗讲录

教观纲宗讲录

释题

教者言教，乃圣人被下之言。观者观行，乃禀教修心之行。纲者纲领，是古德提挈之言。宗者宗致，示学者悟修之要也。大凡一部，均有通别之名。通则通于全藏教，别则别在一部。立题不外乎七种，今此究竟以何立题？曰：法喻。教观，法也。纲，喻也。教为能喻，纲为所喻。此乃灵峰老人之命名，其意之所在，一则以如来所说三藏十二部虽多，今以两种四教，一代五时，包括无遗。化仪无体，全揽化法为体，则藏等即教之纲也。一则十方诸佛，历代祖师所修之行门。虽种种不一，乃至无量百千三昧等法。然以今家所立之四观，收无不尽，即观之纲也。夫教者，诸佛被九界之言。观者，等觉以下修行之法。纲者，《诗·大雅》：疏网之绳；《书·盘庚》：若网在纲，有条不紊是也。盖四教，犹网之纲。若四观，如衣之领。举其纲，则众目自张。挈其领，则衣襟不乱。宗为万法之归趣，教观乃行人所必需。今此部，非诸经通称，此教观纲宗四字，是其别目耳。

> 原名一代时教权实纲要图，长幅难看，今此添四教，各列十乘观。改作书册，乃题是名。

此部原名一代时教权实纲要图，乃一种图式也。旭师因其篇幅太长，难以检看，故今于藏等四教之后，各各添成十乘观法。既作书册，题立教观纲宗之名。今之所谓一代者，乃通指如来一期化导，五十年中所说之法也。年限既长，说法亦多。今以智者大师华严等之五时，藏顿等之八教而判释之。从所证之实体，起化他之权用。从本而垂迹，开迹而显本。兜率下降，王宫诞生，十九出家，五年游历，六载苦行，三十成道，摩竭提国，寂灭场中，夜睹明星而悟，究竟证得实相之体，了知生佛原来平等，圣凡本无二致。遂即说大《华严》，直谈一真法界，和盘托出，脱体呈来。上根菩萨得领其教，悟法界理。奈一类小根在座，若聋者之不闻，如盲者之不见。千丈卢舍那身，高高大大，圆满修多罗教，其义甚深，而乃不见不闻。所谓有耳不闻圆顿教，有眼不见舍那身者是也。不得已，乃为此一实，而施于三权。故曰我此九部法，随顺众生说也。直至法华高会，一经开显，三乘共会，九界同归。会权小之方法，归实际之理地。至于化功将毕，大事已完，如是名为会权归实。故曰正直舍方便，但说无上道。十方佛土中，唯有一乘法。即是此一实义也。言纲要图者，即通别五时，两种四教。若权若实，提其纲要，画成一图。舒之可看，张之可挂，卷之可收，放之可藏，可谓尽美矣。乃以幅长难看，遂从其便，改作书册，题今教观纲宗之名耳。

北天目蕅益沙门智旭重述

作者之谓圣，述者之谓贤。孔子犹自谓述而不作者，盖谦辞也。今大师德亚先圣，效法前人之谦冲自牧，故亦曰述。述之而言重者，显非一次。盖将图中所列，改作说明书，乃出重述耳。究竟何人重述，故上又云智旭二字。作者自署其名，欲后人开卷，即知为何人注述。此乃大师之法讳也。师俗姓钟，父岐仲，母金氏。先世汴梁人，后迁吴。其父诵大悲咒十年而生师。先业儒，次从释。注述甚夥。如《法华会义》、《楞严文句》等，共三十八种，计三百余卷，皆是大师之手笔。以义定名，云智旭者，智有照了之功，旭日初升之象。此二字，足见智光显露，照耀人天。作昏衢之宝炬，如杲日之当空。日之利物固无穷，师之利人岂有尽。智炬烛人，故喻之日。名称其德，德得其名，故名曰智旭。此上又有沙门二字者，正显大师非余众也。云何谓之沙门？沙门者，梵语也。华言勤息，谓勤三学，以息三毒。能识本心，达到本源，故号沙门。又云桑门，正云末那拏迦。大都沙门二字，乃出家之通称。其实，则有四种分别，具如法数。明师乃圣道说道二种人耳，非活道污道人也。此上又有蕅益二字者，乃大师净业之号。蕅具六即，理名字二即，犹藕也。相似观行二即，犹荷也。分证即，犹华也。究竟即，犹莲也。师乃示居名字，故云藕也。能得四悉之益，若珍池花敷。莲花父母，大士同行，则得究竟之四益也，故称蕅益。北天目，岩名，在湖州。寺名灵峰，大师之塔，在其殿石，后人之称灵峰宗者，此耳。

释 论

佛祖之要，教观而已矣。

释义：云教者，圣人被下之言也。观者，秉教修行之法也。教网万殊，大纲有八。而化仪无体，全揽化法为体。则藏通别圆四教，乃教之纲也。依教设观，亦复万殊。而析空、体空、次第、一心，四观收无不尽。则析空等四，乃观之纲也。教观虽各有四，而前三是权，后一是实。为实施权，开权显实，乃佛祖之宗要也。临济云：识取纲宗，本无实法。夫四教四观，总为治众生见思无明轻重诸病也。而设药不执方，合宜而用。所以于此四教，须有顿、渐、秘密、不定，四种之殊，岂容执著。又为实施权，则不可执实而废权。开权显实，则不可执权定异实。故云无实法也。《传灯录》云：临济，院名，在镇州，今直隶正定府也，以前临济水故名。师讳义玄，曹州南华人，姓邢氏，得法黄檗。引此为证者，明宗教不二也。化仪四教，或摄别圆入顿，或摄藏为渐初，或摄藏通别圆为渐中，或摄通别圆为渐末，或摄入秘密，或摄入不定，故有四种之殊。然则以药治病，病痊药除矣。盖权即是实，实即是权，权实二教，皆无实法也明矣。

梵语佛陀，此云觉，谓三觉也。祖乃深悟佛理，妙契佛心之称。其重要之处，一则自利，次则利他。自利令自受用，利他令他受用。本无二法，原在一心。得意者，处处皆成。失意者，徒劳万劫。自行法门曰定，以利其心，专注不散。度生事业曰慧，以令其解，种种方便。定之名万千，慧之数不一。大凡佛祖出现于世，无非为一大事因缘。所谓佛传祖印，祖契佛心。佛印祖心，佛心祖印。如世尊之于迦叶，迦叶之于阿难等，所传者皆佛印，所印者皆佛心。虽说教如稻麻，谈禅若竹苇。其宗旨之关键，曰心而已矣。显无余法，局仅于此。佛祖之要，教观收尽矣。

观非教不正，教非观不传。有教无观则罔，有观无教则殆。

夫教与观，事与理，定与慧，本不可偏废。若重在一边，俱不得真实受用。但修行而不以教证，则必落邪外，故曰观非教不足以正其观，是邪观也，外道观也。若但多闻，譬如画饼说食，徒自劳苦，自己一无所得。设以此教人，则是一盲引众盲，相牵入火坑。其教欲传久远，岂可得乎？不以观契，则徒教耳。故曰教非观不足以传其教也。唯是教资于观，观依于教，以慧助定，以定摄慧，定慧均平，教观相应，斯可以流通佛法耳。夫教，如目也。观，如足也。有教无观，如具目而缺足。虽说有谈空，讲得天花乱坠，地涌金莲，未免说食不能充饥，数宝岂能致富。所谓终日数他宝，自无半文钱。真如永嘉大师云："分别名相不知休，入海算沙徒自困"耳！有解而无行，其过如是也。故曰有教无观则罔，以其昏而无得也。若但行而无解，真是有足而无目。则虽有日行千里之能，终然无用。何以故？以其不识康庄之大道为可行，不辨荆棘丛林险径之须避。只论前行，不论是否。坑堑当前也不知，须臾失坠而不识。如是盲修瞎炼者，不免有堕坑之患，落堑之虞。喻其走入邪外，必有丧身失命之畏也。有行无解者，其过亦如是。故曰有观无教则殆，危而不安矣。

然统论时教，大纲有八。依教设观，数亦略同。

我佛释迦，应迹西乾。所说经教，但法华一部，犹积至八里，何况其余。若统而论之，化人始至，法水东流。梵筴之多，殊难措手。华僧挈其要领，得以流通其文，研究其义，考核其本，升其庭阶，入其堂奥者，则有刘虬之五时，龙猛之四教，晓公四教，光宅四教，贤首之五教，乃至判至十时教者，种种不等。今天台大师，灵山亲证，大苏妙悟。游法华功德之林，证圆教五品之位。亲见灵山一会，俨然未散。以法华逗此土机宜，故用五时八教，而判释如来一期化导之经。文中而且当，甚为希有。所谓五时者，即华严等是也。言八教，化仪化法是也。如是观之，则藏等顿等之八教，为大教之纲也明矣。故曰统论时教，大纲有八。然教虽有八，而观只有四，何以故？化仪不自体，全取化法而为体故。且此四观，即析空等四是也。观虽万殊，以此四收之，无不净尽，则是观之大纲也明矣。然化仪之实体，本无观可立。今借顿渐不定之名，以立此观，唯约圆人。则此三观，与前之四观，教有八，而观则七。明其不全同，故曰依教设观，数亦略同耳。

　　八教者，一顿，二渐，三秘密，四不定，名为化仪四教，如世药方。

所谓顿者，顿是超顿，一直前进，不得回头转脑，而立地成佛也。发心究竟，无二无别。生佛体同，凡圣一揆者，是乃如来最初所说。所谓渐者，渐为渐次阶级也。登高必自卑，行远必自迩。由凡转贤，由贤转圣，逐节而修，次第以证。步步向前，渐引入室。即第二第三第四等时说。所谓秘密者，秘而不传，密而不露。如来三轮不思议力，一音演畅，机性异解。约互不相知边，名为秘密也。所谓不定者，定谓定准，决无疑议。今不定者，显非一定也。约相知边，故云不定。其不定之名，通显露，通秘密，两两相通，得此名也。然此遍前四时中，乃名秘密，乃名不定耳。以上四教，名为化仪。化谓化导，仪谓仪式。如世间之医士开方用药，咸称病人所宜，令病得瘥。如来之教化众生，亦复如是。彼是何教人，即令习何等法药，可谓善开方者，医师之良也。如来乃类是，以其化仪得当，故喻之药方。化仪四教，如世药方，即此义也。药方，即古汤头也。世间之医，譬如出世大医王。药方，譬如十二部经。故化仪四教，为判经之方法也。

> 五三藏，六通，七别，八圆，名为化法四教，如世药味。

所谓三藏者，三是数目，藏乃含藏，出生之义。出生，谓世出世善法，莫不从此流露。含藏无量深义，悉在其中。第一经藏，次律藏，次论藏。经诠定学，律诠戒学，论诠慧学。三藏之义，即三无漏学也。其中对论，次第不等者，何也？盖修行之初，木叉为首。起教之次，阿含为先故耳。三乘人所秉四谛，十二因缘，六度法门者，属此教也。所谓通教者，通为融通。通钝复通利，通前更通后。通前之钝，即藏教也。通后之利，即别圆也。三人同以无言说道，体色入空，故名通教也。所谓别教者，别谓各别，有次第也。独被菩萨，不与二乘共。别在界外大根众生，八法各异。别前藏通，别后圆教。故名别也。所谓圆教者，圆谓圆融无碍也。天然性德，在圣不增，在凡不减。迷之不暗，悟之非明。生佛平等，因果不别，是为圆教。以上名为化法四教。化谓教化，法乃轨持之义。如来出现于世，说法普被群机，使无一物不得其所者，能识众生之性，应凡夫之宜。譬如世之医士，善调药味，则无病而不愈焉。我如来莫不然也。所以能得教化众生之法者，此耳。若世间庸医，不是岐黄妙手，卢医扁鹊。他并不辨药性，不调药味，乱投药石，能不令人丧身失命者几希！如来岂其然耶？因是喻其化法之良，如世之药味，能愈人病起死回生故也。辨别酸甜苦辛碱之药味，以疗色身。晓了化法四教之法式，以治法身。信哉，取喻之巧也。

> 当知顿等所用，总不出藏等四味。

当知是训诫之辞，欲人不可不知。顿等四教所用，总不出乎藏等四教之外。何以故？非化仪无以判，非化法无以释故。譬如世间，虽具种种药味，然后得神农尝其性，制成一定药方。寒病须燥药，热病用温药。若但药草，无人尝之，无人辨之，虽有愈病之能，夫复何用。化仪，药方也。化法，药味也。如来辨味制方之人也。以此观之，则顿等与藏等，有密切关系可知。故曰当知顿等所用，总不出藏等四味也。

藏以析空为观，通以体空为观，别以次第为观，圆以一心为观。四观各用十法成乘，能运行人至涅槃地。藏通二种教观，运至真谛涅槃。别圆二种教观，运至中谛大般涅槃。

此正明藏等四教之观法。三藏，以析空为观。析，谓分析剖判也。空，一无所见也。此观究竟如何修法？曰：钝根凡夫，处处执著，而我执最重。见惑如四十里水，思惑如十里水，倒澜弥漫，不可胜计。欲下手用功，殊不易易。必将色心二法，研求一番，始能得个落处。谓我见，即身见也。身名内色，若用一念第六意识心，观此色身，乃因缘所成。观地水火风空识等六大，何者是我？若地是我，则余不是我。若俱是我，则有百千万亿我。我虽遍在一切处，求其我之所在，了不可得。我既无我，我所何安？如是既无我，则无我所矣。空观成就，是名析色入空。此观又能破外道计常，外道修此，必须取一物陈设于前。打碎了，然后分成七分；七分又分，分至如牛毛，次如羊毛，再次如兔毛，乃至邻虚，到于极处，至不可分，方知是空。其根性之钝，不言可知。观名同是析空，其修功差远矣。通以体空为观者，谓此教，二乘根性稍利，不同藏人灭有还无，乃谓之空。今则了知一切法，皆从缘生，亦由缘灭。所谓缘会则生，缘散则灭也。既是缘生，缘生无性，当体即空，是名体空观。又观诸法，如水中月影，空中云影，镜里花像，水上浮沤，谷响阳焰，蜃楼海市等。别以次第为观者，十住修空，十行修假，十回向修中，次第修，次第破，次第证，故名次第三观也。圆以一心为观者，圆人受法，无法不圆。一修一切修，修空时，假中俱修；修假时，空中俱修；中观亦然，三观融在一心中修故也。四观各用十法成乘者，十法，即第一境，乃至第十离法爱也。大凡十乘观法，均在观行位中修。上中下三根不同，故有广，有略，有中。上根一观到底，即第一乘成，略也。中根二至六，中也。下根十法备观，广也。四教四观，各各有境。藏，因缘境。通，幻化境。别，但中境。圆，不思议境也。俱云乘者，何也？乘有运载之功，摧碾之用。今日各教行人，均欲转凡情入圣智，变生死为涅槃，化烦恼作菩提，出炎热获清凉。

取喻发明，名为乘也。四教十乘，如后详明。行人修之，各各运载不生不灭地。藏教运至偏真涅槃，通教运至真谛涅槃，别教运至中道无住涅槃，圆教运至中谛大般涅槃。梵语摩诃般涅槃那，此云大灭度。灭五住河，度二死海故也。藏通破见思之能，别教破尘沙之力，圆教破无明之功，一往分此界限，以显能运，运至所运也。

藏通别三，皆名为权。唯圆教观，乃名真实。就圆观中，复有三类：一顿、二渐、三不定也。为实施权，则权含于实。开权显实，则实融于权。良由众生根性不一，致使如来巧说不同。

权谓巧设方便，实乃究竟证得。约随他意边，则藏通别三，皆是权矣。藏教正化二乘，傍化菩萨。通教反此，别是不共二乘教。此种根性，虽有利钝。钝中利，利中钝，即是界外大士，均未能达得诸法实相。必须累生累劫，加功用行，功用至极，方乃证得。所以如来为不得意人，分别说权者是也。约随自意边，真实之法，只此一法。此法亘古亘今，不迁不变。竖穷三世，横遍十方。一切诸佛之所同证。随愿所成，拈来便是。头头无碍，法法圆融。迷之未下，悟之匪高。可见圆教所诠圆理，即真实之法，不言可知矣。即是修观，未尝不是真实。何以故？全法界体，而为能修所修故。以此观之，若教若观，靡非真实法矣。前三教观，具如向论。今且就圆观之中，又复分三种：一、顿观，此人宿根深利，虽闻渐教修行，能直圆悟成观，是名顿观。二、渐观，此人前生未曾研习，根性不甚利。虽闻顿教，用功必须渐次下手，是名渐观。三、不定观，或有法行人修观容易，听教，则茫然不知。或有信行人闻法颇利，修观，则妄想纷飞，渺无下手处。渐人修顿，顿人修渐，是名不定。此三观，唯约圆人修，以其教虽圆，人亦圆。然根性亦有三等故也。实，乃实相之理。权，乃体上之用。用全体建立，体备用方彰。如来出现于世，菩提树下成道。本欲即说大教，奈小机不堪，不得已为此一实，施于三权。则权乃实家之权，非离实说权，则权含实中矣。直至灵山会上，说《法华经》，方显出真实面目。然此实，必待权开后方显。权既能显实，则实乃权家之实，非离权而说实，则实容于权者可知。如来之所以说权说实者，亦由众生根性，千差万别，致使设教多方，权说种种法门，渐引入实耳。其说法之不同者，皆为众生起见，而出此曲体悲心也。

且约一代，略判五时。

一代，谓一化也。五时，华严等也。如来说法四十九年，谈经三百余会。经卷之多，积若须弥。教义之广，浩若烟海。龙宫海藏，此界他方，奚止汗牛充栋而已哉。多则多矣，广者广矣。诸家之判教者，多寡不定，乃至有判作十时教者。俱未挈其要，得其中故。智者大师，特出手眼，既中且要。于一代四十九年之中，而略分为五时也。此约别五时而论耳。

一华严时，正说圆教，兼说别教。约化仪，名顿。

华谓莲华，严谓庄严。以万行为因，庄严一乘果德。盖释迦世尊，成道摩伽陀国，大寂灭场，菩提树下。夜睹明星而悟曰："奇哉奇哉！大地众生，皆有如来智慧德相，皆因妄想，不自证得"。即三七思惟如是妙道。有一类大机成熟，而时亦至。所以演大华严，如日初出，先照高山。日譬如来，光譬说法，照譬被机，诸大山王，譬大道心众生。尔时如来，现尊特相，演圆满教，即此时也。既是具谈法界，直说于圆，而乃兼带一分别者，何也？盖大根人，亦分利钝。利者，即达圆融法界。钝者，必须行布重重。广明历劫修行，行相渐次深进耳。因是之故，正说圆，兼说别也。故约化仪，名顿教耳。

二阿含时，但说三藏教。约化仪，名渐初。

梵语阿含，此云无比法，以世出世法之所不能比拟故。此时说经律论之三藏，用被界内之钝根。正在双垂两相，二始同说之时。一面说大华严，一面说三乘小教。一边现千丈舍那身，一边现丈六比丘相。在座如聋若哑之小众，于此得受化之因缘。小教逗小机，乃如来不得已耳。但说三藏教者，正为此也。渐分三，约化仪，标明为渐初。约时，日照幽谷。

三方等时，对三藏教半字生灭门，说通别圆教满字不生灭门。约化仪，名渐中。

方者方向，等谓平等。譬如四河入清凉池，同成一味。即是四教四门，进道虽别，到家则一耳。盖此专明弹斥之功，广称圆大之旨。四教并设，约化仪，为渐中。约时，为食时。

四般若时，带通别二权理，正说圆教实理。约化仪，名渐后。

梵语般若，此云智慧。智有照了之功，慧具分别之能。此时在方等后，法华前。由阿含来，贪著于小者，沉空滞寂，不肯回小向大。后经净名之斥，天女之诃，虽节节调停，番番转熟。然执小之情未忘，犹且止宿草庵。故以般若之水，淘汰之，荡涤之，无非欲其担荷家业。而小乘犹自无希取一餐之念，故如来不吝慈悲之心，带通别二教，以此两种权理，而诱引之，以正说于圆也。约化仪，为渐后。约时，为禺中。

五法华涅槃时，法华开三藏通别之权，唯显圆教之实。深明如来设教之始终，具发如来本迹之广远。约化仪，名会渐归顿，亦名非顿非渐。

后于前四时，二经共一时，为最后时也。法华二字，法即妙法，华谓莲华，不可心思，不可口议。口欲言，而辞丧。心欲思，而虑亡。《起信论》云："离文字相，离心缘相，离言说相。"又言语道断，心行处灭，故称曰妙。然此法思议既绝，卜度皆离，法云何说耶？须知理本具有，假事显之，文字诠之，方知其妙法也。又此理圆妙，超出寻常，莫可比伦，难可喻，不得不假世间最贵洁之莲华取譬之。莲华处污泥而不染，出水面而不沾。在浊而不浊，居清而不清。因即具果，果复含因。因此妙华，故用喻之。华果同时，譬权实一体。余如妙玄广说，兹不繁赘。此经超四时之外，出八教之表。功高一代，义冠群经。三乘之权，同归一乘之实。九界之粗，同成佛界之妙。从华严一直以来，不得已乃为实施权。渐次调停，逐进纯熟。前之所谓三乘九界者，无非权也。阿含之引诱，方等之策进，般若之陶铸。既令回小向大，更使转教付财。至说无量义经后，根性渐大，堪付家业，到此法华高会，开前三教之权，唯显圆教之一实也。此即所谓开权显实者是矣。权实本乎一心，究理原无二致。法华称为最上乘者，及天台之称圆妙宗者，亦准此耳。深明如来设教之始终，论理始既无始，终岂有终。然无始不得不说其有始，无终不得不言其有终。既有始终可论，不妨论之。论其远，远则大通智胜佛为始，如化城喻品所明。我世尊于尘点劫前，在大通智胜佛所，为第十六王子。代讲法华，广结法缘。为过去世众生，下成圆顿种子。如是种、熟、脱，三时不废。如《梵网经》云："吾今来此世界八千返，坐金刚华光王座"等，犹是迹上事，其本不可说不可说，微尘劫数已前，最初成佛为其始。言八相成道，一往而论，经五时说法。迨至入灭，是其终耳。究竟如来，终何有终。即是现在，未尝不于灵山说法也。以智者大师而论，时当隋代，去佛灭度千有余年，仍见世尊演说法华。以此观之，终岂有终哉，不过约意而说终耳。即如化城之譬，原始要终，悉皆包括。况三周之全文，况法华之一部。若论如来之始终，则法华全体，可指其发明，尽其余蕴，明其非浅，故名曰深。具发如来本迹之广远者，论其远本近迹，尘点以前为本，现在行化为迹。本地之远，广如法华寿量品，明之最详。前十四品，明迹因迹果。后十四品，明本因本果。迹因迹果者，先明开显真实佛知佛见，亦明弟子实因实果，亦明师门权因权果。为成弟子实因实果，因正果傍，故于前段，明迹因迹果也。本因本果者，从涌出品，迄劝发品，发近迹而显远本。废方便之近寿，明长远之实果，亦明弟子实因实果，亦明师门实因实果，果正因傍，故于后段明本因本果也。若因果，若权实，若本迹，法华一经，无不备明之。故名具发如来本迹之广远也。约化仪，名会渐归顿者，会阿含等三时之渐，一经开显，而同归于一乘圆顿之实也。亦名非顿非渐者，法华云久默斯要，不务速说，故非顿。正直舍方便，但说无上道，故非渐。又非华严之聋哑，故非顿。非中间渐次调停，故非渐。虽部类双非顿渐，教相未尝不双明顿渐也。今云非顿，非其顿时所说之教。非渐，非其渐时所说之法耳。

涅槃重为未入实者，广谈常住。又为末世根钝，重扶三权。是以追说四教，追泯四教。约化仪，亦名非顿非渐。

别教信住行三十位，最初不知常住之理。至十回向修中观，伏无明，方知中道，是在后方知。况别教初心所见，乃是但，而非圆。方等与涅槃异者，此耳。追说追泯者，即随说随开，不落渐次之谓也。约化仪，与法华同。约时，如日轮当午，无处不照。所谓大地普照，罄无侧影者也。涅槃高会，双树林下入灭时，受纯陀长者供，而为说斯经耳。

而秘密不定二种化仪，遍于前之四时。唯法华是显露，故非秘密。是决定，故非不定。

二种之义，无别部可指，故云遍前四时耳。经云："开方便门，示真实相。"是显露，非秘密。举手低头，无不成佛。是一定，非不定也。

然此五时有别有通，故须以别定通，摄通入别，方使教观咸悉不滥。

以上五时，一则别，各有分限。一则通，通于前后。须知通对别而说，别对通以言。用别定通，方见说法之妙。宜乎通入道者，即以通五时说。宜乎别入道者，即以别五时说。随机随情，庶使若教若观，方不淆乱混滥于其间也。以上略明通别竟。

今先示五时八教图，次申通别五时论。

五时八教权实总图

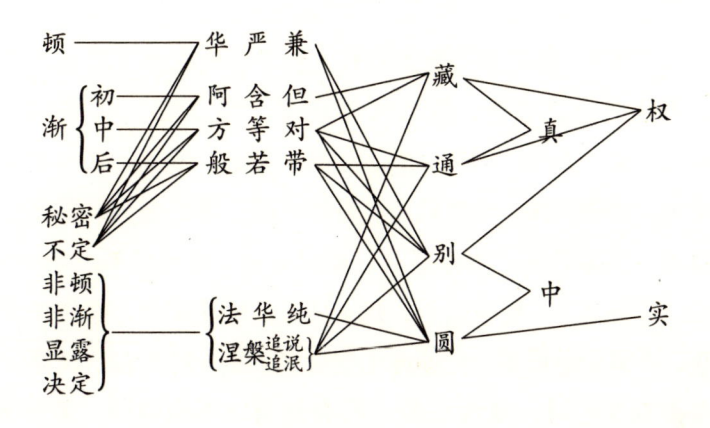

```
顿 ──────── 华严   兼                  藏
   ┌初                对                       真 ──── 权
渐─┤中       阿含   但                  通
   └后       方等
            般若   带                  别
秘密                                          中 ──── 实
不定
非顿
非渐 ┐     ┌法华  纯                  圆
显露 ┤     │      说
决定 ┘     └涅槃  追泯
```

已上图式，经纬交错，横竖该罗。以五时联络八教，用八教组织五时。致使如来一代时教，了若指掌，昭于心目，而无遗漏。讲此图之规格，必须先讲前之四时，次讲法华涅槃时，方为允当。五时为动体，真中为所依体，八教为用。又前之四时，为秘密不定所依，即今明部中之教。故此二教，以藏等四教为当体体，真中二理为所依体。又藏等诠理，不出真中故也。华严一粗一妙，所谓兼别明圆也。阿含但粗无妙，故但三藏也。方等四教并谈，故云对半明满，三粗一妙也。般若融通淘汰，故带二权，正说一实，二粗一妙也。法华未开显，相待妙也。既开显，绝待妙也，纯圆独妙也。涅槃四教，不同方等。以其追说追泯，而终为一圆故也。藏通诠真，固是权。即别教，未尝不是权。何以故？但中之理，不具诸法故。圆教即边即中，故前三教是权，唯圆教是实也。

通别五时论（最宜先知）

旭师婆心后世，智实鉴之，特垂诫后学。盖六朝南北诸师，及诸大老，每每不知通别二义。或执别难通，或执通难别，门庭知见，互相矛盾，互相是非，争之不已。故大师特舒手眼，用通别二种之论，而调和之。今人不可不知，故曰最宜先知也。此下一段文，先总明通别，入后分明之。

《法华玄义》云：夫五味半满，论别，别有齐限；论通，通于初后。

文引《玄义》，盖此部乃智者亲宣，显非臆断，令人取信耳。夫五味半满者，夫是发语之端也，取五味譬说法，有二义：一、相生次第义，二、浓淡逗机义。五味，即乳、酪、生酥、熟酥、醍醐。乳味太浓，喻大教不投小机。酪味少淡，恰合乳儿。酪转生酥，婴儿渐大，即浓无妨，正喻堪任弹呵。生酥转熟，如渐成人，堪付家业，喻其转教。熟酥转醍醐，子已长成，即告众言：此是我子，我实其父，付其家业，喻法华开显，授记作佛也。半满如前可知。论通通于初后者，第一时为初，义通于最后时也。如华严初发心时，便成正觉。所有慧身，不由他悟。清净妙法身，湛然应一切。《法华》云：微妙净法身，具相三十二。举手低头，皆得作佛等。岂非通于华严之初乎！如来三七思维，即说《法华》，岂非通于后乎！

章安尊者云：人言第二时十二年中说三乘别教。若尔过十二年后，有宜闻四谛、十二因缘、六度，岂可不说？若说，则三乘不止在十二年中；若不说，则一段在后宜闻者，佛岂可不化也？定无此理。经言为声闻说四谛，乃至说六度，不止十二年。盖一代中，随宜闻者即说耳。如四阿含，五部律，是为声闻说，乃讫于圣灭，即是其事。何得言小乘悉十二年中也？人言第三时三十年中说空宗般若，维摩思益，依何经文，知三十年也？

章安尊者，乃智者大师门人，结集台藏者也。章安名灌顶，《玄义》中备明破斥之辞，蕅师引之作证。人言第二时等，即指刘虬等诸人所立一段，即一类也。设十二年后，有三乘之人来闻法，便谓此会不说三乘小教，待第二会再来，我佛决无此理。故云佛岂可不化耶？余破辞如文可知。

　　《大智度论》云：须菩提于法华中，闻说举手低头皆得作佛，是以今问退义。若尔，《大品》与《法华》前后何定也。

《大智度论》，龙树菩萨所造也。又名《智论》，亦名《大论》，解释《大品般若经》者。今问退义，指阿鞞跋致品。一往而论，大品在前，法华在后。再往，则不然。何以故？须知《大品》，本在涅槃追说四教时说，结归部类，收入般若。如是观之，空宗般若，岂定局在三十年说哉？若尔，《大品》、《法华》，前后不一定也明矣。以通论之，《大品》在后，《法华》在前。以别论之，《大品》在前，《法华》在后。故曰《大品》与《法华》前后何定也。

　　论曰：智者、章安明文若此，今人绝不寓目。尚自讹传阿含十二方等八之妄说，为害甚大！故先申通论，次申别论。

妙玄引增一经说，十二年中略说戒，后起瑕疵。乃广判长阿含之说，乃至涅槃游行经。

论曰下，蕅师破斥之辞。长阿含游行经，云乃至涅槃，岂得局在十二年也？破他不知通别，故曰为害甚大。故斥其妄说，余并可知。

　　先明通五时者，自有一类大机，即于此土，见华藏界舍那身土常住不灭，则华严通后际也。只今华严入法界品，亦断不在三七日中。

上段末二句，是通标。首句，先明通五时者；者，征起之辞。自有一类大机，即别圆二种人。时至机熟，应可得度者，即能于此娑婆世界，凡圣同居之秽土，见莲华藏世界海，卢舍那为千百亿释迦牟尼佛，说心地法门。若身若土，常住不灭，则华严通后际也。土有四：凡圣同居，方便有余，实报庄严，常寂光。身有三：谓法、报、应。各具单、复，如余处明。法身无始无终，亘古亘今，横遍十方，竖穷三际。报身有始无终，以无明已破，不复更破，三智已圆，不复更圆。应身有始有终，有机则应，无感不通，机薪既尽，应火云亡。如上观之，三身四土，皆机见异故，分别说之。然舍那身土，何尝有迁变去来哉。则华严近通涅槃，远通尽未来际矣，余可知。

复有一类小机，始从鹿苑，终至鹤林，唯闻阿含毗尼对法，则三藏通于前后明矣。章安如此破斥，痴人何尚执迷。

鹿苑，亦名奈苑，又名仙苑，随事彰名。去波罗奈国十余里，广如毗尼止持。鹤林在拘尸城，阿夷罗跋提河边。树有四双，复云双树。四方各双，根分上合，故名双也。具见辅行。对法，即论也。此时正脱珍着弊，二始同时之时。

复有一类小机，宜闻弹斥褒叹而生耻慕，佛即为说方等法门。岂得局在十二年后，仅八年中？且如方等《陀罗尼经》，说在《法华经》后，则方等亦通前后明矣。

方等会上，机有二种：一类竖，一类横。竖则从阿含来，横则王城处来。弹斥，折伏门。褒叹，是摄受门。折伏折其横来，摄受摄其竖进。复次弹者，诃其偏教。斥者，远其小乘。褒者，美重圆宗。叹者，称赞大法，而生其耻小慕大之心耳。

复有三乘，须历色心等世出世法，一一会归摩诃衍道。佛即为说般若，故云从初得道，乃至泥洹，于其中间，常说般若。则般若亦通前后明矣。

历色心等世出世法者，即八十一科是也。般若偈云：色心阴入界，四谛十二缘。十八空六度，四智八十一。可寻教乘法数，余见后文。

　　复有根熟众生，佛即为其开权显实，开迹显本，决无留待四十年后之理。但佛以神力，令根未熟者不闻。故智者大师云：《法华》约显露边，不见在前。秘密边论，理无障碍。且如经云：我昔从佛闻如是法，见诸菩萨授记作佛。如是法者，岂非妙法。又《梵网经》云：吾今来此世界八千返，坐金刚华光王座等。岂非亦是开迹显本耶？

如来种熟脱三时不废，利根开显，原无一定。三轮不思议力，鉴机说法。令根未熟，而不闻耳。引天台证明显露，不见在前，别五时也。秘密理无障碍，通五时也。且如经云下，述昔闻如是法，岂非通前之确论乎。梵网部局华严，而云吾今来此世界等，岂非通后之龟鉴欤。七千九百九十九返为本，第八千返为迹，开迹显本不待今日明矣。

　　复有众生应见涅槃而得度者，佛即示入涅槃。故曰八相之中各具八相，不可思议。且《大般涅槃经》追叙阿阇世王忏悔等缘，并非一日一夜中事也。

八相见法数，有大小之异，出没之差，各具之别，兹不繁录。忏悔等缘，见《涅槃经》。盖部收阿含，事在涅槃，故云并非一日一夜中事也。

　　次明别五时者，乃约一类最钝声闻，具经五番陶铸，方得入实。所谓初于华严不见不闻，全生如乳（华严前八会中，永无声闻，故云不见不闻。至第九会入法界品，在祇园方有声闻。尔时已证圣果，尚于菩萨境界，如哑如聋。验知尔前纵闻华严，亦决无益。然舍利弗等，由闻藏教，方证圣果，方预入法界会。则知入法界品，断不说在阿含前矣。人胡略不思察，妄谓华严局在三七日内耶)。

五番陶铸者，指钝根备经五时，方镕化也。利根无论何味，置毒则发，故不同耳。余见前明。

华严九会：一、摩竭陀阿兰若说六品，二、普光明殿说六品，三、忉利天说十住，四、夜摩天说十行，五、兜率天说十回向，六、他化自在天说十地，七、重会普光明殿说十地胜进行，八、三会普光明殿说一品，九、在逝多林说入法界品。局在三七日内句，初七说前五会，二七说十地，三七说入法界品。

次于阿含闻因缘生灭法，转凡成圣，如转乳成酪（酪即熟乳浆也）。

以因感果为因，互相由藉为缘。缘会则生，缘散则灭。因为亲种子，缘为疏助道。心为因，法为缘。因感果，缘招报。心生则法生，心灭则法灭。若无一切心，何有一切法？法本无生，心自生耳。

次闻方等弹偏斥小，叹大褒圆。遂乃耻小慕大，自悲败种。虽复具闻四教，然但密得通益，如转酪成生酥。

弹偏斥小，弹诃有二：一、述昔诃，如弟子品。佛遣弟子问疾，皆述昔诃，辞不敢往。二、当座诃，如礼座散花等是也。叹大，出观众生品。褒圆，如称叹净名文殊等。耻小慕大，声闻号泣，菩萨欣庆是也。自悲败种，迦叶云：我等何为永断善根，于此大乘，已如败种是也。虽四教并谈，但密得通益者，此正约钝根之一类耳。

次闻般若会一切法皆摩诃衍，转教菩萨。领知一切佛法宝藏，虽带通别，正明圆教。然但密得别益，如转生酥成熟酥。

会一切法等者，即上文会归等也。会者，融会曰归者，来返。盖众生迷时，背觉合尘名曰往。悟时，背尘合觉名曰归。体会色心诸法，举体即摩诃衍，名之曰会归也。摩诃衍，此云大乘。重刊教乘法数，以《大般若经》色心等世出世法，即为八十一科，一一会归摩诃衍。如云诸菩萨摩诃萨，应无住，而方便安住般若波罗密多。所住能住，不可得故。乃至备历色心等世出世法，一一皆云安住般若波罗蜜多，以无所得，而为方便云云，故云会归摩诃衍道。世出世诸法，悉属缘生。缘生无性，未可执为实有实无也。融会一切法，此即密得别益也。故大品佛敕须菩提，以般若波罗密，转教诸菩萨。及领知一切佛法宝藏，般若观慧者以此。故曰虽带通别，正明圆教，然但密得别益也。

次闻法华开权显实，方得圆教实益。如转熟酥而成醍醐。然只此别五时法，亦不拘定年月日时，但随所应闻，即便得闻。如来说法，神力自在，一音异解，岂容思议。

我为法王，于法自在，根性有四，得益亦四，故不可思议也。各有四句料拣可知。

又有根稍利者，不必具历五味。或但经四番三番二番陶铸便得入实。若于阿含方等般若随一悟入者，即是秘密不定二种化仪所摄。复有众生未堪闻法华者，或自甘退席，或移置他方，此则更待涅槃捃拾，或待灭后余佛，事非一概。熟玩《法华玄义》文句，群疑自释。

或自甘退席者，法华会上，正说无量义经之后，结跏趺坐，入无量义处三昧。尔时天雨四花，地摇六震。一光东照，十界全彰。待佛出定，舍利弗四请，如来三止。而退席五千，约权说，策进在座也；约实说，方便遣去也。或移他方者，如法华三变净土，移诸天人置于他土者是也。三变土田，初变，容一方之身，犹故未尽。二变，各二百万亿那由他国土，皆令清净，容他方佛。三变，更各二百万亿那由他国土，皆令清净，容他方佛，为诸佛当来坐故。或待灭后余佛者，灭后，即灰身泯智也。至方便有余土中，或遇四十一位法身大士转法轮时，便能入实报庄严土。所以《法华》化城喻品云：我灭度后，复有弟子，而有不闻是经，不知不觉菩萨所行，乃至唯以佛乘而灭度之，更无余乘。此盖灭后余佛灭度之也。已上发明通别二种五时竟。

化仪四教说

顿有二义：一、顿教部。谓初成道为大根人之所顿说，唯局华严（凡一代中，直说界外大法，不与二乘共者。如《梵网》、《圆觉》等经，并宜收入此部。是谓以别定通，摄通入别也）。二、顿教相。谓初发心时，便成正觉。及性修不二生佛体同等义，则方等般若诸经，悉皆有之。

顿教相者，即宗门所谓明心见性，见性成佛。净土所谓是心作佛，是心是佛。楞严所谓狂心顿歇，歇即菩提。语云：放下屠刀，立地成佛。此俱是顿教面目。初发心时，即圆初住。一位一切位，故得具足，而便成正觉也。照性成修，全修在性。一而二，二而一，故不二也。心佛众生，三无差别，故同体也。余文可知。

渐亦有二义：一、渐教部。谓惟局阿含为渐初（凡一代中，所说生灭四谛，十二缘生事六度等，三乘权法，并宜收入此部），方等为渐中（凡一代中，所说弹偏斥小，叹大褒圆等经，及余四时所不摄者，并宜摄入此部，如增上缘名义宽故），般若为渐后（凡一代中，所说若共不共诸般若教，并宜摄入此部）。二、渐教相。谓历劫修行断惑证位次第，则华严亦复有之。

菩萨修行，动经劫数，次第断，次第证。别教行布重重，非仅渐有，而华严法华亦有之也。

　　法华会渐归顿，不同华严初说，故非顿。不同阿含方等般若隔历未融，故非渐。然仍双照顿渐两相。

言顿亦法华之顿，言渐亦法华之渐。离法华外，更无顿渐可得。虽双非顿渐，而为实施权，开权显实，故云双照顿渐两相也。施权照渐，显实照顿。

　　秘密亦有二义：一、秘密教，谓于前四时中，或为彼人说顿，为此人说渐等。彼此互不相知，各自得益（法华正直舍方便，但说无上道，故非秘密）。

如来身轮现通，口轮说法，意轮鉴机。尘说刹说，显应密应，观大察小等字，一字应具四料拣。正三轮不思议力，而所被之机得益广也。

　　二秘密咒，谓一切陀罗尼章句，即五时教中，皆悉有之。

梵语陀罗尼，此云总持。又名遮持。总持者，总一切法，持无量义。遮持者，诸恶莫作，众善奉行也。五时中多有之，如方等陀罗尼，如楞严咒，法华陀罗尼品等。

　　不定亦有二义：一、不定教，谓于前四时中，或为彼人说顿，为此人说渐，彼此互知，各别得益。即是宜闻顿者闻顿，宜闻渐者闻渐也（法华决定说大乘，故非不定教相）。

佛以一音演说法，众生随类各得解。一雨普润，上下均沾。故各获益不同也。

二、不定益。谓前四时中，或闻顿教得渐益，或闻渐教得顿益。即是以顿助渐，以渐助顿也（随闻法华一句一偈，皆得受记作佛，故非不定益也）。

众生种性各异，得益故有差别。根有利钝，益有渐顿。三时相资，获益浅深，故名不定。究论种子受熏使然耳。

顿教部止用圆别二种化法，渐教部具用四种化法。显露、不定，既遍四时，亦还用四种化法。秘密、不定，亦遍四时，亦还用四种化法。顿教相局惟在圆，通则前之三教亦自各有顿义，如善来得阿罗汉等。渐教相局在藏通别三，通则圆教亦有渐义，如观行、相似、分证、究竟等。秘密教互不相知，故无可传。秘密咒约四悉檀，故有可传。不定教不定益，并入前四时中，故无别部可指。

三转四谛十二法轮，五比丘次第证果，善来比丘得显益，空中八万诸天得无生忍获密益，是前三教亦有顿义也。不定教益无别部可指者，盖破彼三时教中，有以《金光明经》，判作不定部故也。

约化仪教，复立三观，谓顿观、渐观、不定观。盖秘密教既不可传，故不可约之立观，设欲立观，亦止是顿渐不定三法皆秘密耳。今此三观名与教同，旨乃大异。何以言之，顿教指《华严经》，义则兼别，顿观唯约圆人。初心便观诸法实相，如《摩诃止观》所明是也。渐教指阿含方等般若，义兼四教，复未开显。渐观亦唯约圆人，解虽已圆，行须次第，如《释禅波罗蜜》法门所明是也。不定教指前四时，亦兼四教，仍未会合。不定观，亦唯约圆人，解已先圆，随于何行，或超或次，皆得悟入，如《六妙门》所明是也（此本在高丽国，神州失传）。

《摩诃止观》，释禅波罗蜜，六妙门等，皆智者大师说。华严一权一实，阿含单权无实，方等三权一实，般若二权一实，法华开权显实也。六妙门，谓数、随、止、观、还、净。前三定，方便也。摄心在息，从一至十为数。细心随息，知出知入为随。息心静虑为止，分别推息为观。转心运照为还，心无所依，妄波不生为净。行人或造一二，或次第修，皆得悟入耳。

问：但说圆顿止观即足，何意复说渐及不定？

答：根性各别。若但说顿，收机不尽。

问：既称渐及不定，何故唯约圆人？答：圆人受法，无法不圆。又未开圆解，不应辄论修证。纵令修证，未免日劫相倍。

圆人受法无法不圆者，溪声山色，备明般若；黄花翠竹，遍露真如；山河大地，全露法王身；羽毛鳞甲，普现诸三昧者是也。日劫相倍者，别地圆住，比较已远。别住圆信，仍属天渊。位次相隔，四十有一。故云日劫相倍耳。

化法四教说

法尚无一，云何有四？乃如来利他妙智，因众生病而设药也。见思病重，为说三藏教。见思病轻，为说通教。无明病重，为说别教。无明病轻，为说圆教。

如来随情说权，随智说实，故称妙智也。此处总论化法之文，四教之义，不出一偈之外，即因缘所生法，我说即是空，亦名为假名，亦名中道义也。后文广明。

三藏教，四阿含为经藏，毗尼为律藏，阿毗昙为论藏。

五篇戒相，见翻译名义。十八部等，见毗尼止持。须者往寻。

此教诠生灭四谛（苦则生异灭三相迁移，集则贪瞋痴等分四心流动，道则对治易夺，灭则灭有还无）。

谛乃真实不虚，又审实也。三藏明界内理事，故生灭耳。三界二十五有，见辅行广明。今以偈摄之：四洲四恶趣，六欲并梵天。四禅四空处，无想及那含。无非逼迫，故云苦也。心妄，则为烦恼。心真，则成法门。行住坐卧，各二百五十戒，共成一千。历三聚各一千，则三千。再历身三口四七支各三千，则成二万一千。再历贪瞋痴等分，各具二万一千，计成八万四千。《楞严》云八万细行者，举大数耳，亦名八万四千律仪。反此，均能召感生死，故名集也。广则八万四千法门，中则三十七道品，略则戒定慧三无漏学，均是可修，故云道也。又六道众生，轮转四生，循环三界。钻马腹，入驴胎，炉炭曾经几度回。才从帝释殿前过，又向阎君锅里来。修道而灭此三界生死之有，还证于涅槃之无，故称灭也。

亦诠思议生灭十二因缘（无明缘行，行缘识，识缘名色，名色缘六入，六入缘触，触缘受，受缘爱，爱缘取，取缘有，有缘生，生缘老死忧悲苦恼。无明灭则行灭，行灭则识灭，识灭则名色灭，名色灭则六入灭，六入灭则触灭，触灭则受灭，受灭则爱灭，爱灭则取灭，取灭则有灭，有灭则生灭，生灭则老死忧悲苦恼灭）。

无明有二：一为异熟愚，二为真实义愚。异熟愚者，《唯识心要》云：

迷内异熟愚，即迷理无明也。随疏，愚于我相，迷无我理。夫因缘生法，缘生无性，求其我相了不可得。人执谓有我相者，岂非惑欤？由是不知善恶因果，确然无谬。乃于现在恣情造恶，故发三途恶业，能招将来三途非可爱果也。真实义愚者，合响，三界是苦果，业惑是集，即道理胜义，故名真义。迷真义故，由是不知三界无常无我，于后苦果不如实知，乃贪著人天等可爱果报，故有漏等业也。于昔因所感，现在境界，受不了知者，在随流境，即依报增上果也。受即受支。此依报，乃无常无我苦空，不生厌离，而起贪爱故也。此十二因缘，有顺生还灭二门。无明至老死，顺生也。无明灭至老死灭等，还灭也。迷理发业，一至七。迷事润生，八至十二。由因感果，验果知报。因亡，则果报无寄。所谓因者，无明感行业。过去二支，识等五支，现在苦果。爱取属惑，有属业，此三属现在因，召当来苦报是也。过去已往不可追，今欲断将来果报，不得不从现在因上下手。所谓现因者，爱取，乃迷事润生无明。从此下手，斫树伐根，芽条自枯。灸病得穴，病可痊愈。见可爱境，与非可爱境，皆识其真实义，不起爱念憎念，无明灭则行等灭矣。以上还灭门，可用之。因缘相资，种现互助。能生国土之依，众生之正。然正之由，由于无明，即过去种种烦恼是也。无明无体，全痴是依。迷暗为性，从不了边得名。其名字不一，举要言之，根本枝末二种。根本，别地圆住大士所断。今藏教但论枝末，即见思也。其名有二：一曰发业，即迷理也。二曰润生，即迷事也。迷理又二：一、异熟果愚，二、真实义愚。以上顺生门可用之。偈曰：无明爱取三烦恼，行有二支属业道。从识至受并生死，七事同名一苦道。又偈曰：过去二支因，现在五支果。现在三支因，未来二支果。十二因缘，即四谛推广而成也。顺生属苦集二谛，还灭属道灭二谛。由无明而不觉，致中阴而托生。缘八识而造业，乃名色以身心。揽父母之精血，假众缘而共成。认豆大之色质，成分段之躯本。是故胎中有七位焉：一、歌罗逻，此云血肉。二、頞部昙，此云疱。三、蔽尸，此云凝滑。四、羯南，此云凝厚。五、钵罗奢佉，此云形位。六、发毛爪齿位。七、具根位。余义广，不及备载。

亦诠事六度行（布施、持戒、忍辱、精进、禅定、智慧）。

六度见《辅宏记》。今略记之：梵语檀那，此云施，财施、法施、无畏施也。梵语尸罗，此云戒，三聚戒，道共定共也。梵语羼提，此云忍，生忍、法忍、无生忍也。梵语毗梨耶，此云精进，心进、身进、身心俱进也。梵语禅那，此云静虑，世出世禅，根本禅等。法界云：以四无量心，八背舍，八胜处，一切神通变化，无漏观慧等，种种诸三昧，悉从四禅中出故。又三种：一、世间禅，谓根本四禅，四无量心，四无色定等，是名凡夫所行禅。二、出世间禅亦三：谓六妙门，十六特胜，观炼熏修等。三、出世上上禅，谓自性等九种大禅是也。定者，对散而言。谓摄纷飞之心，专注一缘。使不驰散于六尘，奔逸于五欲。习之既久，自然成定也。梵语般若，此云智慧，一心圆明是也。

亦诠实有二谛（阴入界等实法为俗，实有灭乃为真）。

苦果，集因。灭果，道因。声闻根钝，知苦断集，慕灭修道，是故然也。此节专约藏教初心论。

开示界内钝根众生，令修析空观（观于地、水、火、风、空识、六界、无我、我所），**出分段生死，证偏真涅槃。正化二乘，傍化菩萨。**

修观，因也，证涅槃果也。故曰，诠因果。

亦得约当教自论六即。

六即之义，出于诸经，名出智者。前三教之判六即，出于蕅祖，但论即义，不言佛名。以前三六无佛可论也。普润大师颂云："动静理全是，行藏事尽非。冥冥随物去，杳杳不知归"。此理即颂。"方听无生曲，始闻不死歌。今知当体是，翻恨自蹉跎。"此名字颂。"念念照常理，心心息幻尘。遍观诸法性，无假亦无真。"此观行颂。"四住虽先脱，六尘未尽空。

眼中犹有翳，空里见花红。"此相似颂。"豁尔心开悟，湛然一切通。穷源犹未尽，尚见月朦胧。"此分证颂。"从来真是妄，今日妄皆真。但复本时性，更无一法新。"此究竟颂。以上六颂，本取圆教六即佛义，姑志于此，后不复录。今约当教，自论六即。

> 理即者，偏真也。诸行无常，是生灭法。生灭灭已，寂灭为乐。因灭会真，灭非真谛。灭尚非真，况苦集道？真谛在因果事相之外，故依行教，判曰偏真。

转八识成四智，见法数。转前五，为成所作智。转第六，为妙观察智。转第七，为平等性智。转第八，为大圆镜智。诸行无常，统三界内事皆无常。古德偈云："六欲诸天具五衰，三禅尚自有风灾。纵然修到非非想，不及西方归去来。"仁王偈云："三界无常，国有何赖。"正此意也。

> 名字即者，学名字也。知一切法从因缘生，不从时方梵天极微四大等生，亦非无因缘自然而生。知因缘所生法，皆悉无常无我。

一切法者，广则五阴、六入、十二处、十八界，中则地水火风空识。略则色心二法。今以色心论之，而计常见之有，断见之无也。时方等是常，无因等属断。

> 观行即者，一五停心，二别相念，三总相念。外凡资粮位也。
>
> 五停心者，一、多贪众生不净观，二、多瞋众生慈悲观，三、多散众生数息观，四、愚痴众生因缘观，五、多障众生念佛观。以此五法为方便，调停其心，令堪修念处，故名停心也。

广见《辅宏记》，今略记之，心有四种：一、草木心，二、肉团心，

三、积聚精要心，四、虑知心。偈曰："三点如星相，横钩似月斜。披毛从此得，作佛也由他。"此单指虑知心。此心从未有停，故以五法药，对治五病。进更有总相，别相，依之修行，能为转凡入圣之资粮耳。言五停心者，一、多贪众生不净观，贪有多种，皆以引起无厌为义。外贪，以九想治。一、胮胀，二、青瘀，三、坏，四、血涂，五、脓烂，六、啖，七、散，八、骨，九、烧。内贪以五种不净可对治：一、种子，二、住处，三、性，四、相，五、究竟也。偈曰："贪是心中水，能迷般若津。欲行菩萨道，戒欲护真心"。二、多瞋众生慈悲观者，非理瞋，修生缘慈。顺理瞋，修法缘慈。诤论瞋，修无缘慈。偈曰："瞋是心中火，能烧功德林。欲行菩萨道，忍辱护真心。"三、多散众生数息观者，从一至十，数出入息也。数出不数入，不可并数。但数息，不可数喘、气、风等也，能治散乱。四、愚痴众生因缘观者，因缘，有一念十二因缘，三世二世等，十二因缘。若人故有性实断常之计，此属愚痴。观因缘而对治之，则无不克。五、多障众生念佛观者，昏沉障，念应身佛；恶思惟障，念报身佛；境界逼迫障，念法身佛。以忆念三身佛，而对治三障，则不唐施矣。余可知。

别相念者，一、观身不净，二、观受是苦，三、观心无常，四、观法无我，对治依于五蕴所起四倒也。

四念处，乃佛灭度时遗嘱之一，谓未来众生当依此修也。以众生于色蕴，起净倒；于受蕴，起乐倒；于识蕴，起常倒；于想行二蕴，起我倒。是故净倒，用不净观。乐倒，三受皆苦。常倒，刹那促时无常。山水溜，靳石光，若不忍时，悔将何及，故无常也。我倒想心趣逐妄念，迁流不住，我在何所，故法无我也。

总相念者，观身不净，受心法亦皆不净。观受是苦，心法身亦皆苦。观心无常，法身受亦皆无常。观法无我，身受心亦皆无我也。

别总二种相念，应具四句料拣：一、观别境别。观身受心法四处，境别也。不净等四观，观别也。各用各观，各照各境是也。二、观总境别。如身等四境，境别也。只不净观一观，观总也。三、境总观别。如但身一境，具不净等观也。四、观总境总。观身不净，受心法皆不净等也。以上三科名外凡，亦名资粮位。

相似即者，内凡加行位也。一暖、二顶、三忍、四世第一。得色界有漏善根，能入见道。

从总相后，生暖善根。俱舍颂云："从此生暖法，具观四圣谛。修十六行观，次生顶亦然。下中忍同顶，上惟观欲苦。一行一刹那，世第一亦然"。七贤位修观行相：一、五停心，破贪等五障。二、别相念，惟观欲苦。三、总相念，四暖，五顶，但观欲界四谛，修十六行观，属下忍位。二上界同一定地，合一四谛，并欲界四谛，通观八谛三十二行，属中忍位。二十四番减行，七番减缘，减至一行二刹那在，名中忍满，即入上忍。前一刹那尽名上忍满，即入世第一。一行一刹那，引入见道。七方便属缘修，见道后属真修。此四又名四善根位。

分证即者，前三果有学位也。初须陀洹果，此云预流，用八忍八智，顿断三界见惑。初预圣流，名见道位。

言顿断三界见惑者，八十八使也。欲界三十二，色无色二界共五十六，统论八十八使，历三界四谛下，颂曰：苦下具一切（十使），集灭各除三（七使除边见、身见、戒取），道谛除二见（八使除身边二见），上界不行瞋（苦九、集灭各六、道七）。又《俱舍》三结偈曰：身摄边见戒摄取，邪见元从疑惑生。四钝皆由利使生，是故三结摄见尽。

二斯陀含果，此云一来。断欲界六品思惑，余三品在，犹润一生。三阿那含果，此云不还。断欲界思惑尽，进断上八地思，不复还来欲界。此二名修道位。

三界分九地，各地九品思惑，共八十一也。一、俱生思，与形俱生故。二、依见思，境缘分别故。三、界系思，由前二惑，受六道之报身；由后一惑，招九地之报境。九品思惑，润七番生死。任超合论图（见教乘法数图），初果至二果，欲界九品思惑，已断六品。从一品至五品，可论家家。余三品断去二品，即论一种子，亦即是三果向。以最后三品未断，故尚润一生，来欲界受生，故名一来。偈云：初品润二生，二三四各一。五六共润六，第七断三品。三界九地，欲界五趣杂居地，初禅离生喜乐地，二禅定生喜乐地，三禅离喜妙乐地，四禅舍念清净地。以上色界。无色四地，空无边处，识无边处，无所有处，非非想处也。厌下苦粗障，欣上净妙离，六行观也。修此，以不受欲界缠缚，能生禅定力，故得居五不还天。至色究竟天，起大加行，观炼熏禅，断空天三十六品。最后一品，必须用狮子奋迅三昧，电光三昧等，方入四果之位。

究竟即者，三乘无学位也。

一、小乘第四阿罗汉果。此含三义：一、杀贼，二、应供，三、无生。断三界见思俱尽，子缚已断，果缚尚存，名有余涅槃。若灰身泯智，名无余涅槃。

小乘我生已尽，梵行已立，所作已办，不受后有，四智圆明，五分成就，故无学也。在因为比丘时，能破身口七支之恶，故果上能杀见思贼，是破恶果也。因时外乞食资色身，内乞法资法身。故乞士果，能应人天之供。因于登坛白四羯磨时，魔王恐怖，故果不生三界也。子缚已断等者，不随生因之所生，但随了因之所了，名有余涅槃。子果俱无，名无余涅槃。灭尽定，堪断集。不然，则润三五七生流落也。灰身泯智，谓沉空滞寂。饮无明酒，堕无为坑。见三界如牢狱，视生死如冤家。又名孤调解脱。罗汉有三种解脱：慧、俱、无疑也。广如《辅宏记》明矣。

二、中乘辟支佛果。此人根性稍利，逆顺观察十二因缘，断见思惑，与罗汉同。更侵习气，故居声闻上。

辟支有二种：一、出有佛世，二、出无佛世。一、名缘觉，观内悟道。二因既非其业，五果之报何酬；爱取有既已无疵，生老死亦何所累。如此观察十二因缘流转还灭，是出有佛世，禀佛教法者也。二、名独觉，观外法悟道。如云秋观黄叶落，春见百花开。睹物变以悟无常，鉴时迁而入真道。是出无佛世，无师自悟者也。独宿孤峰，观缘散灭。身唯善寂，意玩清虚。无佛之世出兴，作佛灯之后焰耳。又有部行麟喻等义，广如大本。更侵习气者，难陀贪，舍利弗瞋，毕陵伽婆蹉慢，提婆达多痴，摩头婆私咤掉举等，皆习气也。中乘更侵而能除，故居小乘上。

三、大乘佛果。此人根性大利，从初发心，缘四谛境，发四弘誓，即名菩萨，修行六度。初阿僧祇劫，事行虽强，理观尚弱。准望声闻在外凡位。

六度各有满时：尸毗王代鸽，檀满；普明王舍国，施满；羼提仙人为歌王割截无恨，忍满；大施太子抒海，进满；尚阇黎鹊巢顶上，禅满；劬宾大臣分阎浮提七分息诤，智满。望初声闻是下忍位。前五度属福，后一度属智。即福智二严，两足尊之因也。事理兼备，行愿双资。以行山而填愿海，以事修而明理观。故曰三祇修福慧，百劫种相好因耳。从古释迦至尸弃佛，值七万五千佛，名初阿僧祇也。从此长离女身，及四恶趣。常修六度，然不知自己能作佛耳。

第二阿僧祇劫，谛解渐明，在暖位。

次从尸弃佛至燃灯佛，值七万六千佛，名第二阿僧祇劫。此时用七茎莲华供养，布发掩泥，得授记莂，号释迦文。尔时自知作佛，口未能说。若望声闻是在暖位。

第三阿僧祇劫，谛解转明，在顶位。

次从燃灯佛至毗婆尸佛，值七万七千佛，名第三阿僧祇。六度满已，此时自知，亦向人说必当作佛，自他不疑。若望声闻是在顶位。我佛因地，为须摩陀王，自斑足大王，取千王头，次临彼王，王持戒故，不妄来归。因感斑足而说偈曰："劫烧终讫，乾坤洞然。须弥巨海，都为灰飏。天龙福尽，于中凋丧。二仪尚殒，国有何常。"此颂无常偈也。"识神无形，假乘四蛇。无明保养，以为乐车。神无常主，形无常家。形神尚离，岂有国耶。"此颂无我偈也。"有本自无，因缘成诸。盛者必衰，实者必虚。众生蠢蠢，都如幻居。声响俱空，国土亦如。"此颂空也。"生老病死，轮转无际。事与愿违，忧悲为害。欲深祸重，疮疣无外。三界皆苦，国有何赖。"此颂苦也。出《仁王经》。由此四偈，感化斑足王改恶为善，反邪归正，转杀害为放生。从此以面做千人头，将千王顶上各拔一发，以祭山神。乃命千王，各还本国。而千王各感大王不杀之恩，不忍回国。于是乃于山中，建千王舍。公推须摩陀为行道领袖，以度余年，即今王舍城是也。以上单明尸罗一度耳。须摩陀，即普明王也。

六度既满，更住百劫修相好因，在下忍位。

更住百劫修相好因者，相有三十二，好有八十种。此三十二，通云相者何也？相有所表，览而可别故。如来应化之体，以表法身众德之极。使人爱敬，天中天，圣中圣故。又云好者，皆因累劫而修成也。

次入补处生兜率天。

乃至入胎、出胎、出家、降魔、安坐不动时，是中忍位。次一刹那入上忍，次一刹那入世第一。发真无漏三十四心，顿断见思正习无余。坐木菩提树下，以生草为座，成劣应身（如释迦丈六，弥勒十六丈等）。

八相成道，有大小区别，请详法数。坐木菩提树下生草为座等者，金刚土台，在摩竭提国。佛佛成道，皆坐此台。后有菩提树一株，即成道树。土轮，上有方石台，下抵金刚际，宛如莲台。盖居南赡部洲之中故也，唐玄奘法师亲见。今发明地球家，亦云金刚通南北极之说，可见佛之事迹，信不虚也。

受梵王请，三转法轮，度三根性，缘尽入灭，与阿罗汉辟支佛究竟同证偏真法性，无复身智依正可得。

住世八十年，现老比丘相，薪尽火灭，入无余涅槃者，即三藏佛果也。上来所释，三人修行，证果虽则不同，然同断见思，同出三界，乃至同入化城耳。受梵王请等者，初转，上根陈如得度。次转，额鞞等三中根得度。后转，十力下根得度。盖转四谛十二行法轮耳。缘尽入灭者，机薪既尽，应火云亡。佛身舍利，八斛四斗。八国集兵争夺，有烟婆罗门，为息诤故，分为八分。阿阇世王，得第八分，还王舍城起塔。后阿育王得八万四千颗，造八万四千宝塔。每藏一颗，役使鬼神，分送南阎浮提界供养。我震旦先有十九处舍利塔，今只四明之阿育王寺，尚存其一，余失所闻。至今仅留此，以作人世之福田云尔。

此教具三乘法。声闻观四谛以苦谛为初门，最利者三生，最钝者六十劫，得证四果。辟支观十二因缘，以集谛为初门，最利者四生，最钝者百劫，不立分果。出有佛世名缘觉，出无佛世名独觉。菩萨弘誓六度，以道谛为初门，伏惑利生，必经三大阿僧祇劫，顿悟成佛。然此三人，修行证果，虽则不同。而同断见思，同出三界，同证偏真，只行三百由旬入化城耳。

三生四生者，内凡、外凡、见道。顺解脱分，顺抉择分，共三生入圣位。一分出无佛世，证无学果，为四生。六十劫，以小劫论之时分也。三乘五分法身，应具防止之戒，息散之定，灭净之慧，从因显果也。解脱、正习俱断，得尽智。解脱知见，了了觉照，证无生智，依果彰能也。余见《辅宏记》广明，兹不烦赘。

十法成乘者：一、观正因缘境，破邪因缘、无因缘，二种颠倒。二、真正发心，不要名利，惟求涅槃（二乘志出苦轮，菩萨兼悯一切）。三、遵修止观，谓五停名止，四念名观。四、遍破见爱烦恼。五、识道灭，还灭六度是通，苦集流转六蔽是塞。六、调适三十七品，入三解脱门。七、若根钝不入，应修对治事禅等。八、正助合行，或有薄益，须识次位，凡圣不滥。九、安忍内外诸障。十、不于似道而生法爱。是为要意，利人节节得入，钝者具十法方悟。

一、观境，谓了知一切诸法，皆是因缘所生。缘会则有，缘散则无。能破断常二见外道之邪因缘及无因缘也。二、发心，谓不图名利为真，唯了生死为正也。三、修观，即指五停名止，四念名观，依二法修，名遵也。四、破遍，见爱即见思二惑，净尽，名遍破也。五、识通塞，即指三乘法门。四谛，前二为塞，后二为通。十二支，顺生为塞，还灭为通。六蔽为塞，六度为通。六、调道品，即指三十七科，科科均须调和适中，而后可进入空无相无作之解脱门也。七、对治，谓钝根人，虽修道品，犹未破惑，应修八背舍等事禅以对治之。八、识位，以前正助合行，必获少益。若不识位次，恐以凡滥圣，故位次不可不知也。九、安忍，以功用得力，必有内外障起，故须耐烦忍受也。十、离爱，谓忍极定生，定性现前，切不可心生爱著，故须离也。

通教，钝根通前藏教，利根通后别圆，故名为通。又从当教得名，谓三人同以无言说道，体法入空，故名为通。

通者，融通。从融会前后教义以得名，亦即同也。从三人同禀、同见、同断、同出、同证，以受称。教乃由上被下，谓此中教道，小异藏教。何以故？为衍之初步故。盖通大通小，通前通后，故名通教。此教正化菩萨，傍化二乘。不同三藏以二乘为正，以菩萨为傍。又藏教先析色入空，故是界内之钝根。通教则不然。何以故？体色即空故。以是界内利根，当教虽有三乘，然以菩萨为正。二乘有利钝，菩萨亦有利钝不同。所谓钝者，必须离一切法外方见空理。故所见仍属偏空，亦名但空，亦即但真理也。不能兼见不空，故是钝根。虽教道在通，仍收归藏教。何以故？止能成当教果头佛故。行因虽殊，仍与藏教齐故。故云通前。所谓利者，非但见空，兼见不空。见空，空无所有，有即非有。不空之空，空能具法。能具之空，空即非空。非空非有，即是双遮。别显中道，乃曰但中。取而夺之，但受别接，空外无有，有外无空，是故双照。真俗一体，直显中道。从而与之，故受圆接。是名通后也。又三人入道不殊，故名通也。无生之教，即是色空之理。诸法不生，般若方生。须陀若断，同是无生之忍，同秉摩诃衍之行，同是干慧地及至佛地之位，同学般若波罗蜜之因，同是到萨婆若海之果。故八法皆同，而名通也。又从当教得名等者，诸法实相，不可言宣，是圆教义。通则有别，灭谛之名，而无实义，故无言说道之义有差。言体法入空者，通人既观诸法如幻，幻本无生，今无所灭，名之为体。谓体六凡依正之色，当体即空，而入真理也。故立之为通教耳。

此无别部，但方等般若中有明三乘共行者，即属此教。诠无生四谛（苦无逼迫相，集无和合相，道不二相，灭无生相），亦诠思议不生灭十二因缘（痴如虚空，乃至老死如虚空，无明如幻化，不可得故。乃至老死如幻化，不可得），亦诠理六度行（一一三轮体空）。

谓此教无别部类，即指二时中三人共行者是。言无生苦谛者，三界诸果是也。如响，如化，如水月，如镜像，毕竟空无所有。解苦无苦，不为苦所苦，而有真谛也。无生集谛者，即烦恼行业是也。了知一切如梦幻等，空无所有。知无所有，不为集业所转。解集无集，而有真谛也。无生灭谛者，知一切法，灭不可得。设使有法过于涅槃，我说亦如梦幻。本自无生，今亦无灭。若不知无生无灭，生灭终不自灭。若知无生无灭，生灭自灭，而有真谛也。无生道谛者，信一切法至涅槃道，皆如梦幻，无有二相。若见有二，有通不通，则成壅塞。若知不二，不见通与不通，任运虚通入第一义，是则知通，而有真谛也。行施，则尽命倾财。持戒，则防遮护性。忍辱，则就刀割水。精进，则如救头燃。禅定，乃四仪湛然。智慧，则一念圆明。此之为六度也。一一三轮体空者，《教乘法数》云：不执我为施者，不执彼为受者，不著施物及果，名三轮体空。戒忍进禅慧三轮，例之可知也。

亦诠幻有空二谛（幻有为俗，幻有即空为真），亦诠两种含中二谛（一者幻有为俗，幻有即空不空为真，是通含别二谛，故受别接。二者幻有为俗，幻有即空不空一切法趣空不空为真，是通含圆二谛，故受圆接），亦诠别入通三谛（有漏是俗，无漏是真，非有漏非无漏是中），亦诠圆入通三谛（二谛同前，非漏非无漏具一切法，与前中异）。

二谛如原注，是当教义也。一则含于别教之但中，一则含于圆教之圆中。幻有即俗谛，立一切法也。幻有即空即真谛，泯一切法也。不空即中谛，统一切法也。中谛，正因理也。真谛，了因智也。俗谛，缘因行也。迷正因，即苦也。迷了因，即惑也。迷缘因，即业也。悟惑业苦，即法身般若解脱也。六凡净正因绝分，但有恶缘因，染了因耳。何以故？不谈中理故，起惑造业故，实教生佛同体等，方具正因故。所以九界但云性恶，惟佛一人称性善也。今通教，但谈空有二谛，则是全性恶，而无性善故。所有了因，乃染了因，非净也。所有缘因，乃恶缘因，非善也。所有正因，乃假名正因，非真实义也。故但迷而不悟，由是性德在缠，不能自显。所以不得不假修德，而显性德。转染成净，回恶向善也。今教受别圆来接，与而言之，别十向，圆十信，方见有正因。降此则无耳。

开示界内利根众生，令修体空观（阴界入皆如幻化，当体不可得），出分段生死，证真谛涅槃。正化菩萨，傍化二乘。亦于当教自论六即。

理即者，无生也。诸法不自生，亦不从他生，不共不无因，是故知无生（此四句推检通别圆三教，皆用作下手功夫。但先解不但中者，即成圆教初门。先闻但中理者，即成别教初门。未闻中道体者，止成通教法门）。解苦无苦而有真谛，苦尚即真，况集灭道？

对相说性，对动说静，对有说空，对有漏说无漏，对生死说涅槃，对烦恼说菩提，对生灭说不生灭。离即边中，界内界外，世出世，皆得论生灭与不生灭。对离说即之即，原非即。对边说中之中，亦非中。何以故？有可对故，非绝待也。言生灭时，即非生灭。说无生时，即非无生。皆不可说故，忘能所故，离边中也。圆融无碍，是圆无生也。离空有二边，方显中道，不具诸法。此教以十界为诸法，说九界为性恶，言佛界为性善。此不思议缘起正理，因一念不觉，致有妄动。所谓无明不觉生三细，境界为缘长六粗，故一心而生万法焉。亦用四性推检，得悟但中，即别教无生也。悟不但中者，即圆教义也。

名字即者，幻化也。知一切法当体全空，非灭故空。生死涅槃，同于梦境。

《金刚》偈云："一切有为法，如梦幻泡影。如露亦如电，应作如是观。"一切法，六凡法也。当处出生，随处灭尽。空花镜像，蜃楼海雾，当体全空，非灭故空。故云梦里明明有六趣，觉后空空无大千。生死涅槃，犹如昨梦，故同于梦境云耳。修习空花万行，晏坐水月道场。降伏镜里魔军，大作梦中佛事，是通教之相也。

观行即者，一干慧地也。未有理水，故得此名。即三乘外凡位，与藏教五停别相总相念齐。

通教之人观行位中，不云修何法门，而辄云干慧者何也？盖四教修行功夫，全依藏教五停修行。行门不别，悟理前后差别，各有位次不同耳。

即如通教下手，亦由浅至深，由近至远。所修仍是藏教五停心，别总相等法。何以故？藏为诸教初故。即如修无生观，莫不以根身器界，依正色心等法，而为观境。然观法固多，境亦甚广。究以一念为能观，诸法为所观。为是四念处中，不观余法，但观心法。此心念念流动，时时生灭。所以用四运观心，未生、将生、正生、已生，微细念头，变化百端。倏忽之顷，生住异灭，四相迁移，互更互现。欲见无生之性，焉可得哉。须知无生之性，藏在生灭相中。一相异相，种种等相，无生观之，当体全空，不可说少。一尚不得，况云多哉。欲得无生理，须向生灭相中求。信夫！

相似即者，二性地也。相似得法性理水，伏见思惑。即三乘内凡位，与藏教四加行齐（藏通指真谛为法性，与别圆不同）。

前位但干有其慧，慧多定少。今但少分得法性理水，定慧相资，智火炎炎，定水滔滔，如密室灯，故能伏烦恼耳。藏通以六凡诸法，无性为法性，别以真如为法性，圆以一心圆融三谛为法性。盖藏教实有为俗，灭实有为真。通教幻有为俗，幻有即空为真。此二教但有恶缘因，染了因，无正因可谈。何以故？无中道法性故。一则离相外见真，一则体空虽不离相见，犹是但真，不具诸法故。且六凡三乘根性人，一向未闻中道故。别教以真如为法性者，真乃不变之谓，如乃不异之辞。真而不变，仍是恶缘因。何以故？离空有故。如而不异，仍是染了因。何以故？滞于但中故。而真而如，本是正因面目。别教虽有正因，不过仰信而已，仍非究竟。圆教举正，缘了在其中。举了，缘正摄其内。举缘，了正含其间。所谓一即三，三即一，圆融互具，故是真正因，净了因，善缘因耳。前三教比此，大有云泥之隔也夫。

分证即者，从八人地至菩萨地，有七位也。三八人地者，入无间三昧，八忍具足，智少一分。四见地者，八智具足，顿断三界见惑，发真无漏，见真谛理，即三

乘见道位，与藏须陀洹齐。五薄地者，三乘断欲界六品思惑，烦恼渐薄，与藏斯陀含齐。六离欲地者，三乘断欲界思惑尽，与藏阿那含齐。七已办地者，三乘断三界正使尽，如烧木成炭，与藏阿罗汉齐，声闻乘人止此。八支佛地者，中乘根利，兼侵习气，如烧木成灰，与藏辟支佛齐。九菩萨地者，大乘根性，最胜最利，断尽正使，与二乘同。不住涅槃，扶习润生。道观双流，游戏神通。成熟众生，净佛国土。此与藏教菩萨不同。藏教为化二乘，假说菩萨，伏惑不断，正被此教所破。岂有毒器堪贮醍醐？

通教十地位，释签广明。入无间三昧者，梵语三昧，此云正受。以不受诸法，故名正受。又云正定，以不为邪法所动故。此三昧名无间者，乃无暂停之谓。即火也不能烧，水也不能溺。如银墙铁壁相似，犹苏迷卢矗立一般。一念不留，打成一片，是名无间。下手功夫，须先知心，次识境。心有二，解行是也。境亦二，是非是也。是者取，非者拣。藏以实有二谛为境。事不是理，理在事外，事理分张，两不相即。真俗各别，二相脱离。此境不能取。且凡夫执重，所谓真实有，断无空，如外道断常之二见也。上来拣非境。第二取是境者，藏以析空生灭为观，以苦为初门。通以体空为观，以灭谛为初门。以幻有，幻有即空为境。有不异空之有，空不异有之空，空即是色，色即是空，空有不二，二谛融通。当照境时，此解亦绝，不可有法在心故也。有法当前，不免随机。此境非分别，非思量，为独自明了，余人所不知，如人饮水，冷暖自知耳。忍开智解时，定慧均等，平帖帖地，毫无间断。是名入无间三昧也。根性有二种：一、信行，二、法行。八人见道，约信行。见地见道，约法行。一往语也。先体见假入空，明三假。次体思假即真，亦然。用八无间，历八地。入初禅觉观，厌下欣上。及至究竟断正使，别圆以中道应本，起化他度生之用。藏可知，通但明二谛，不知无明。故无法身，不能显应，只扶习而为受生之缘焉。道观双流，道，谓化导，体假智也；观，谓空观，入真智也。带空出假，故曰双流。然则般若之门观空，沤和之门涉有。涉有未始迷，证是一念之力，权慧具矣。可为此文注脚。沤和，有不碍空，可随缘施化。般若，空不碍有，能任运自利。大智上求，大悲下化，双谓二谛融通也。游戏神通，见释签。成熟众生净佛国土者，净名经，佛为宝积，广明众行，为净土因。如云六度是菩萨净土，菩萨成佛时，能舍众生来生其国等是也。

究竟即者，第十佛地也。机缘若熟，以一念相应慧，断余残习，坐七宝菩提树下，以天衣为座。现带劣胜应身（分段生身故劣，如须弥山故胜），为三乘根性，转无生四谛法轮。缘尽入灭，正习俱除，如劫火所烧，炭灰俱尽，与藏教佛果齐。

机缘若熟等者，非生示生，非灭现灭，有机则应，无感不通。所谓菩萨清凉月，常游毕竟空。众生心水净，如来影现中是也。坐七宝菩提树下等者，大论明生身佛，树下生草为坐。法性身佛，天衣为座。菩萨成佛时，诸天神等，各以妙衣敷座，欲界天衣，从树边生。无继生织，譬如薄冰。光耀明净，有种种色。色界天衣，纯金色光明。如是等宝衣敷座者，盖宝树，表殊胜。天衣，表自然也。七宝树，根茎枝叶花果，均七宝互成而间饰之。如劫火所烧等者，七日出现：一、大旱积久，草木皆焦。二、小流竭。三、大河涸。四、四河空。五、大海干。六、大地须弥烟出。七、悉皆炽然，是劫火所烧，喻当教正习皆尽耳。

此教亦具三乘根性，同以灭谛为初门。然钝根二乘，但见于空，不见不空。仍与三藏同归灰断，故名通前。

前之藏教，本有三乘。今通教，乃云亦有三乘。藏通二教，同一四谛为所观境，藏教三人入门不同。故声闻以苦谛为初门，知苦才知断集。缘觉以集谛为初门，故云无明缘行。菩萨以道谛为初门，故修六度行。今通教三人，同以无言说道而入手，即以灭谛为初门也。通前后义，文极明显，不必繁赘。

　　利根三乘不但见空，兼见不空。不空即是中道，则被别圆来接，故名通后。中道又分为二：一者，但中，唯有理性，不具诸法。见但中者，接入别教。二者，圆中，此理圆妙，具一切法。见圆中者，接入圆教。就此被接，又约三位：一者，上根，八人见地被接。二者，中根，薄地离欲地被接。三者，下根，已办地支佛地被接。就此三位被接，又各有按位胜进二义。若按位接，或同别十向，或同圆十信。若胜进接，或登别初地，或登圆初住。既被接已，实是圆别二教菩萨。于当教中，仍存第九菩萨地名。至机缘熟，示现成佛，乃是别地圆住，来示世间最高大身，非由通教教道得成佛也。通教尚无实成佛义，况藏教哉！藏教佛果，亦皆别地圆住所现劣应身耳。

此教二谛，名含中者，谓含二种中道也。一含但中义，二含不但中义。言但中者，中中唯有理性，不具诸法。所谓非空非有，双离二边，以显中道。见但中者，能受别人接引。言不但中者，即圆中也。此理圆妙，具一切法，所谓亦有亦空，双照二边，即是中道。见圆中者，能受圆人接引。上根八人见地被接，中根薄地离欲地被接，下根已办辟支被接。故知此教，是有教无人。前八地人，二乘钝者，与藏同。利者，同菩萨，被后二教接去也。其第九地，虽云当教菩萨，实则即是别圆人耳。此教佛果，无实成佛之义。就如机缘熟时，有机感化。或是别地，或是圆住之法身大士垂迹而来，故云通教尚无实成佛义，况藏教哉！而藏教劣应身，亦是圆别之法身大士应现也。

十法成乘者，一明观境，六道阴入，能观所观，皆如幻化；二明发心，二乘缘真自行，菩萨体幻兼人，与乐拔苦，譬于镜像；三安心如空之止观；四以幻化慧破幻化见思；五虽知苦集流转六蔽等皆如幻化，亦以幻化道灭还灭六度等通之；六以不可得心，修三十七道品；七体三藏法，无常苦空，如幻而治；八识干慧等如幻次位，而不谬滥；九安忍干慧位内外诸障，而入性地；十不著性地相似法爱，而入八人见地证真。利钝分别，如前说。

当教十法成乘，其下手修观，与藏不殊，而见地大异。以藏教名实有观，通教名如幻观。谓以如幻智，观如幻境，修如幻观，破如幻惑，证如幻道。所谓"修习空花万行，宴坐水月道场。降伏镜里魔军，大作梦中佛事"，即指当教意也。以上释通教竟。

别教谓教、理、智、断、行、位、因、果，别前藏通二教，别后圆教，故名别也。

教则独被菩萨。

佛说恒沙佛法，独被菩萨，不共二乘。教乃佛说一大藏教，乃至一字一句，皆下被三根众生故也。今是不共般若，明别教八法，故云独被。

理则隔历三谛。

三谛，真俗中也。乃至一字，有一字之义理。一句，亦如是。一大藏亦然。皆所诠之义理也。以令众生，知得本来三谛，天然之性矣。言隔历者，三不即一故。

智则三智次第。

道种智，别在当教。一切智，一切种智，亦应有。藏生空智，以十信人同藏故。通如幻智，以十住人同通故。前既能了知义理，必须用观智之功照察之，令其烦恼伏断。见思虽在六根门头，如野马游云，亦能以智力念念返照。则天然之体，久久自现。如太虚空，湛寂常恒。言次第者，指住行向人发智，次第不同故。

断则三惑前后。

三惑者，见思、尘沙、无明。尘沙无明，即界外见思也。既能以观智得力，必能断一切烦恼。如当教众生根性，三惑次第而断之也。谓十住断见思，十行断尘沙，十向伏无明，十地断无明。

行则五行差别。

历尘沙劫，行诸波罗蜜，自行化他也。五行者，谓天行、圣行、梵行、病行、婴儿行。别教大士，用次第五行，不同圆人不次五行耳。

位则位不相收。

三十心伏无明，是贤位。十地断无明，是圣位也。所谓初地不知二地事，乃至等觉不知妙觉事，不比圆人，一位具知一切位也。

因则一因迥出，不即二边。

别教初心，虽是信仰中道，但闻名而仰信。其实所信之理，犹是但中佛性。但知其理不变，并不知有随缘之能。故取喻如云外之月，故云一因迥出。不即二边，指正因不具缘了，所以云不即也。

果则一果不融，诸位差别。

即前所云，初地不知二地等，故云诸位差别。

此教诠无量四谛（苦有无量相，十法界不同故。集有无量相，五住烦恼不同故。道有无量相，恒沙佛法不同故。灭有无量相，诸波罗蜜不同故），亦诠不思议生灭十二因缘（枝末无明为分段生因，根本无明为变易生因），亦诠不思议六度十度（于第六般若中，复开方便愿力智四种权智，共成十度。一一度中，摄一切法，生一切法，成一切法，浩若恒沙）。

亦诠显中二谛（幻有幻有即空，皆名为俗，不有不空为真），亦诠圆入别二谛（幻有幻有即空，皆名为俗。不有不空，一切法趣不有不空为真），亦诠别三谛（开俗为两谛，对真为中，中理而已），亦诠圆入别三谛（二谛同前，点真中道具足佛法）。

开示界外钝根菩萨，令修次第三观（先空、次假、后中），出分段变易二种生死，证中道无住涅槃。亦于当教自论六即。

理即者，但中也。真如法性，随缘不变。在生死而不染，证涅槃而非净。迥超二边，不即诸法。故依圆教，判曰但中。

六即者，谓理即佛，名字即佛，观行即佛，相似即佛，分证即佛，究竟即佛。盖理即者，通途而言也。此理，上与诸佛同，下与众生共。人人本有，各各不无。圣凡虽别，理体却同。理固无差，迷悟天渊。此教但有即名，犹无佛名。直至分证，方云即佛。以前不知，后方知故也。故知理虽均等，而众生迷重。不达理之所在，常随业境流转。长劫茫茫，不识归理之要。

若论四教之理，各各不同。藏，偏真。通，真谛。别，但中。真俗，不相即也。圆教，不思议法性之理也。若论今之别教八法，别前别后，远离真俗之外，迥出空有之表。如云外月，其不知离空无月，离边无中。故后教斥之为但者，此耳。中不即二边，真俗不融于中隔历，次第孤零，直显一中。且不能具一切法，是当教之但中也。称真如法性者，《起信论》云：心真如者，即是一法界大总相法门体。所谓心性本不生灭，一切诸法，依妄念而有差别。若离心念，则无一切境界之相。是故一切法，从本以来，离言说相，离文字相，离心缘相，毕竟平等，无有变易，不可破坏，故名真如。所谓法者，一切法之相也。所谓性者，一切法之性也。法性遍在法相中，法相含有法性在。故举手所指，纵目所观，无非一切法也，又无非不是一性也。若论真如之体，真名不妄，如名不异。以不妄故，有随缘之功。以不异故，有不变之能。今教但能知随缘而不变，不能知不变而随缘。所谓随缘者，随迷悟之缘也。不变者，一念回光，便同本得是也。如楞严观音呈耳根圆通，所谓从闻思修，入三摩地。初于闻中，入流亡所等。可见耳根具有随缘之用，而体实不变也。盖见闻觉知之性，与明暗色空之相，即以一耳论。所谓钟鼓等声，击则声生，不击则声灭。二俱是相，一动相，一静相。动即生相，静即灭相，是有生灭。耳根随其缘时，闻性何尝变哉？余根例知。在迷，随迷缘。在悟，随悟缘。在凡，随凡缘。在圣，随圣缘。在生死，为随染缘。在涅槃，为随净缘。随缘，相也。不变，性也。圣不能高，凡不能下，迥超二边，不即空有。离二边而谈中，依圆教斥曰但中。

名字即者，解义也。仰信真如法性，凡不能减，圣不能增。但由客尘覆蔽，而不证得。须先藉缘修，助发真修，方可克证。

次曰名字即者，或由经卷研究所得，或从知识指导之益，方信本有佛心，未曾离却。如衣里明珠，常在不失。虽信有佛性，依稀仿佛，相似不真。故须先藉空观以缘修，伏四住烦恼。次修假观，伏尘沙无知。然后方起中观之真修，真修伏无明，全赖缘修之力而助发也。

观行即者，外凡十信位也。一、信心，二、念心，三、精进心，四、慧心，五、定心，六、不退心，

七、回向心，八、护法心，九、戒心，十、愿心。既先仰信中道，且用生灭因缘观，伏三界见思烦恼，故名伏忍，与通干慧性地齐。

既闻佛性之名，不能全性而起观，但仰信而已。先修空观以伏见思，即入信位。信位有十：一、信心，仰信真如。以钝根大士，不能依如信起观，先藉空观以为缘修。作意缘空，依空习观，调伏妄心，信顺不疑，名信心。二、念心。依前缘空，妄念不起，念起即照，不散不昏，二六时中，常忆常念，即念即照，得无遗忘，名念心。三、精进心。仍依前观，不杂余思，自觉观念精纯，惟进无退，名精进心。四、慧心。依前精纯观念，真理渐明，明相现前，慧心朗耀，名慧心。五、定心。前慧心虽朗，杂念微生，无定摄持，念起即散，故须放下念头，安然习定，名定心。以上五心，即成五根。以信能伏疑，进能伏怠，念能伏昏，慧能伏痴，定能伏散。以五根力，如木钻火，火虽未发，暖相先彰。大似藏教暖位，义相似也。六、不退心。前位暖相，既已现前，不得刹那间断，惟进无退，直造其巅，名不退心，大似顶位。七、护法心。既至其巅，正在百尺竿头，护即是心，法即是境。心冥于境，如鸡抱卵，常护常持，刹那不得失念忘照，名护法心。似忍位也。忍有三位，此下忍耳。八、回向心。以心境相冥之力，回光返照，摄境向心。心无心相，境无境相，心境相泯，未得忘情，自觉有力，名回向心。此中忍位也。九、戒心。此心境泯合之力，不敢一念妄动，如持浮囊，以渡大海。即乞一丝，不肯暂舍，以舍一丝，即有丧身之危。即此便名戒心，乃上忍位耳。十、愿心。功用至此，犹未破惑，因未破惑，急须发愿。愿为第一增上之缘，亦即入道之大导师，如《梵网经》三十五云云。如藏教之世第一位。以上十心之功，伏三界见思，至第十心功用之极，承斯宏愿之力，一念增进，即破见惑矣。以观行位，即以生灭因缘为观。吾人现前一念，全依境界而有。外境若无，内心亦泯。心境异名，其体互依。以心照境，则心因境发。依境发心，则境因心缘。行人于此心境交偶之际，从境发智，以智照境，境智融即，理事交映。钝根生空智下手，利根无生智下手，任运破惑而前进也。释十信竟。

相似即者，内凡三十心，三贤位也。

初十住者，一、发心住，断三界见惑，与通见地齐；二、治地住；三、修行住；四、生贵住；五、方便具足住；六、正心住；七、不退住，断三界思惑尽，与通已办地齐；八、童真住；九、法王子住；十、灌顶住，断界内尘沙，与通佛地齐。此十住名习种性（研习空观），用从假入空观，见真谛，开慧眼，成一切智。行三百由旬，证位不退。

一、发心住，所谓发觉初心也。由上第十愿心，大愿奋发，顿破三界见惑，得臻此位。安住不动，如须弥山，名发心住。二、治地住。地是法性理地，由客尘所覆，不得现前。故须重虑缘真，发起观智。智穷真理，治破妄惑，妄惑分净，法性分显，名治地住。三、修行住。修，即治也。行，即履也。修无别法，即以前治地之功，履而行之。修治破爱，任运趣真，履行法性之地，名修行住。四、生贵住。修德有功，欲爱渐薄，智重情轻，智明理显。如中阴身，投王后胎，揽父母体，一生王种，贵胜群臣，名生贵住。此位总在人天受生，不堕四趣之贱地也。五、方便具足住。爱愈轻，而智愈明。如子在胎，六根渐具，虽未出胎，外貌具足。方便，即外貌也。此位破欲界思惑将尽，虽在人天受生，宛有菩萨威仪，一举一动，似可范匠人天，即方便具足住。六、正心住。欲爱净尽，进断上界思惑。断得一地思惑，得正一地心地。地地思断，地地心正。临五尘境，心无偏染，名正心住。七、不退住。三界思尽，得住不退之位。从此即得名不退住。八、童真住。伏界内尘沙，修界外观行，宛尔王子出胎，出假之观未成，入俗之智未开，如青年稚子，不能佐父齐家，名童真住。九、法王子住。破界内尘沙，伏界外尘沙，假观方成，俗理将备。可以辅弼法王，作度生事业，堪称法王之子也。十、灌顶住。假观习成，俗谛理显，利生事业，正可全体肩荷。如世子堪承父王大业，故大王即以金瓶，取四大海水，灌王子顶，使将来可以南面称孤矣。释十住竟。

> 次十行者，一、欢喜行，二、饶益行，三、无瞋恨行，四、无尽行，五、离痴乱行，六、善现行，七、无著行，八、尊重行，九、善法行，十、真实行。此十行名性种性（分别假性），用从空入假观。遍学四教四门，断界外尘沙。见俗谛，开法眼，成道种智。

此教十行大士，断界外尘沙，见俗谛理，入假观成。法眼已开，广学四教法门。拟十度而释之：一、欢喜行，即布施度，有四：一、见相施，二、轮空施，三、广大施，四、平等施。无论财施，法施，无畏施，能施所施，皆大欢喜，故以名焉。二、饶益行，即戒度，有四：一、有相律仪戒，二、真谛体空戒，三、三聚清净戒，四、金刚菩提心戒。持第一种，能免三涂苦恼。持第二种，能出分段生死。持第三种，能出方便变易。持第四种，能出实报变易。名饶益行。三、无瞋恨行，即忍度，有四：一、调伏忍，二、柔顺忍，三、无生法忍，四、寂灭忍。我能忍则不瞋，便使彼怨而无恨。伏忍尚尔，后三不待言矣。四、无尽行，即精进度，有二种不同：一事，又有四：一、恶事未起，宜精进提防，令其不起。二、恶事已起，宜认真调解，令其消灭。三、善事未成，使精进资助。四、善事已成，使认真永久。二理，有三：一、于真谛理精进，不令起见思障。二、于俗谛理精进，不令起尘沙障。三、于中谛理精进，不令起无明障。事之精进，尚无有尽，况理精进耶？故名无尽行。五、离痴乱行，即禅定度。禅，思惟修。定，寂静修。有三：一、世间禅，二、出世间禅，三、出世上上禅。禅能离痴，定能破乱，故以名焉。六、善现行，即智慧度，此自行之实智也。后之四度，皆从此度开出，名利他之权智也。有四：一、生空智，二、无生智，三、次第三智，四、一心三智。梵语般若，般若有三：一、文字般若，二、观照般若，三、实相般若。以上诸智，此教大士俱当学也。若以当教而论，宜用次第三智释之。一切智照真，道种智照俗，一切种智照中。照真谛见空，照俗谛见有。无无一味，有有千差。从空出假，善现差别之相。从假入空，不见一法当情。二智尚尔，况中智而照中谛乎？此就当教立名，名善现行。七、无著行，即方便度。《大论》云："无慧方便缚，有慧方便解"。方便有三：一、入世开发方便。谓入有情世间，度诸凡外；入正觉世间，度诸三乘；入器世间，普度一切含灵抱识。二、示形同事方便。谓以种种形，随类化现。三、化必究竟方便。谓教化众生，令成正觉。一种是藏通方便，二种是别圆方便。此一往似之，其实皆圆教义也。缚即著，解即无著，名无著行。八、尊重行。即愿度，谓四宏誓愿也。愿为大导师，由凡入圣，成始成终，全赖愿力，而能究竟。凡世间小善，无愿不成，足见愿为可尊可贵也。九、善法行。即力度，谓度生作用，善能取法于古人。古人，即上圣也。上圣古人，无过于佛。融前八度，成此一力，用此之力，果勇向前，即佛度生之作用，亦不外是。十、真实行。即智度，会权归实智也，又名权实不二智。此行名真实者，不同凡外有为之妄修，亦非藏通三乘之空幻。妄即非真，幻即非实。此行非彼，故名真实。性是种性，前位真谛之理，体即圆成。此以法眼照之，空体不空。原归诸法，诸法各有种性，故能从空出假。由性显相，故有十界差别之假性。由此遍学四门，能断界外尘沙，彻见俗谛之理，以成道种之智，即差别智也。此智照见俗谛理中，十界依正诸法，各各种子不同。由种子，发于现行，令善以治恶，转染而成净。此十行大士，经劫修行，无暂停息。经云："佛道长远，久受勤苦，乃可得成。"即此之谓欤。言遍学四教四门者，十信，学藏教四门，伏见思惑。十住，学通教四门，初住断见；二住至七住，断思；八至十，断界内无知，从所化众生以受称。随伏界外无知，从所化二乘以得名。一向皆说见思阻空寂，尘沙障化导。见思亡，空寂无阻，而真谛理显矣。慧眼开，一切智成矣。尘沙伏，化导无滞，而俗谛理明矣。法眼开，道种智成矣。若别教与前藏通核论，至第七住，思惑断尽，应同住果。其所以不住者何也？只因信位，即仰信中道。所以眼界大，心量大，知识大，化缘大，故不住果。发广大心，勇往而前，直造堂奥而止，乃遍学当教四门，以为化导之资料。病多则药广，机杂故教广。由此发此十行心耳。其圆教四门，此行位人，亦不得不学。如不学圆教，倘遇到初心圆人，便无开口之处，故须遍学也。释十行竟。

次十回向者，一、救护众生离众生相回向，二、不坏回向，三、等一切佛回向，四、至一切处回向，五、无尽功德藏回向，六、随顺平等善根回向，七、随顺等观一切众生回向，八、真如相回向，九、无缚解脱回向，十、法界无量回向。此十向，名道种性（中道能通），习中观，伏无明，行四百由旬，居方便有余土，证行不退。

回向有三：一、上求，回因向果。二、下化，名回自向他。三、观心，名回事向理。一、救护众生离相回向，《佛顶》云："纯洁精真，远诸留患。当度众生，灭诸度相。迥无为心，向涅槃路。"释云：首二句，总显十行之妙，谓凡夫沉生死，为有留患。二乘滞涅槃，为无留患。大士不住二边，践行中道，故曰远诸留患。上之权实不二智，即为初向之因。虽下化度生，救之护之，故曰当度众生，即下化也。亦无众生之相可得，故曰灭诸度相，即观心也。正观心时，亦了不可得，回此不可得心，向彼大涅槃路，即上求也。此位三种具足立名。二、不坏回向，经云："坏其可坏，远离诸离。"释云：对生死，说涅槃。若无生死，便无涅槃。如是则不独生死可坏，涅槃亦可坏也。因妄说真，无妄即无真。如是则非但妄当离，真亦当离。故云坏可坏，远离诸离也。此观心显，余二隐。三、等一切佛回向。经云："本觉湛然，觉齐佛觉。"释云：本觉，即中道理。理本常寂，故云湛然。佛觉，即中观智。智中理中，原无二中，故名为齐。一切诸佛皆同此理，亦同此智，故名同等。上求显，余二隐。四、至一切处回向，经云："精真发明，地如佛地。"释云：上位合理向智说，故称一切佛。故经文上句说理，下句说智。此位精真发明，谓觉智独朗。即以此智，返照本觉之理。理本竖穷横遍，智亦如之。所谓无边刹海，不隔毫端。不动而至，故云一切处也。隐显同上。五、无尽功德藏回向，经云："世界如来，互相涉入，得无挂碍"。释云：此收前一二位，成于此位之功德也。世界，即所至之处。如来，即所等之佛。涉入，即融会义。以世界涉如来，则于一毛孔中，见有无量诸佛，转大法轮。以如来涉世界，乃于一微尘内，见有无边宝王刹土，诸佛成等正觉。如是则不特佛德无尽，界德亦无尽。理智不二，主伴含容，故云为藏。隐显同上。六、随顺平等善根回向，经云："于同佛地，地中各各生清净因。依因发挥，取涅槃道。"释云：前位含藏功德，为积行成因。因同佛因，故云地同佛地。此言各各出生，是依因取果，故云发挥取道。涅槃，即果德也。平等有三：一、自他平等，二、因果平等，三、事理平等。善根，指三无差别之因心，故云随顺。此三种具足立名。七、随顺等观一切众生回向。经云："真根既成，十方众生，皆我本性。性圆成就，不失众生。"释云：真根成，即因心就。故十方众生，皆我本性，即自他平等也。性圆成，即众生就，故曰不失众生，是理事平等也。曰观者，即前位至此，乃增进之相也。此观心显，余二隐。八、真如相回向，经云："即一切法，离一切相。唯即与离，二无所著。"释云：首句一法不舍，足见上有佛道可成，下有众生可度。次句一尘不立，可知则上无成相，下无度相。三四谓，不但不住二边，中道亦不可立。所谓离言说相，离心缘相，离远离相，即真如相也。隐显同上。九、无缚解脱回向，经云："真得所如，十方无碍。"释云：谓真所如，则一如一切如。求缚尚不可得，脱个什么？缚指下凡，脱指四圣。可谓真如界内，绝生佛之假名，平等会中，无自他之形相。此中圣凡不立，真真如也。十、法界无量回向，经云："性德圆成，法界量灭。"释云：前第八二无所著，已得如体。第九十方无碍，已发如用。此位体用完美，故云德圆，又云量灭。第八即般若，第九即解脱。前二是修德，谓修德有功，性德方显。今是法身，故曰圆成。言法界量灭即法身德也。法身无为，不堕数量，故曰量灭。亦即谓诸妄消亡，不真何待。此即无处不是毗卢之境，乃无明损坏之相也。道种性，经云："一切众生，皆有佛性。"佛性，即道种性，亦名正因佛性。前云十界依正诸法，各各有差别之性。无差别，而言差别也。今云道种性，即无差别之性，差即无差也。不修空观，不了无差。不修假观，不了差别。今修中观，能了无差而差，差即无差，故云中道能通。此教回向十位，双舍二边，但习一中。所谓能伏无明，无明无性。无性之性，即但中法性。是故无明伏，而中观现前。前破见思，如过三百由旬。今破尘沙，即过四百由旬矣。此虽修真实观，未证真实果。故所依之土，犹是方便有余。于三不退中，已证行不退。在十行时便证，至此称究竟证矣。差而无差，所谓差，即万象森罗，法法具备。十界依正，因果色心等，无非差也。用从假入空观，是谓以修显性，借用明体。迨空观成，见思破，真理明，慧眼开。倘能回光一照，全体了无所得，于此更有差乎？故曰无差也。言无差，即圆成实性也。此中平帖帖地，圆陀陀，光烁烁，脱体全空。差个什么！此中真理现前，皆由空观之力，故是无差也。欲从体而起用，从性以发修，故不得不用从假入空观，破界内外二种尘沙，显俗谛理，大张法眼，观机逗教，应病与药。若凡若圣，若依若正，种种千奇万状。罗列于前，均分别之。此乃大士假观之力使然，夫岂无差哉！故云无差而差。至十向，双舍空有，单提一中。非前般若之门以观空，沤和之门以涉有。遣去二边，以中道之始觉智，照本觉之中道理。以智照境，以境发智，境智融通。其合理向智说，则心唯万法；其合智向理说，则万法唯心。理智虽云各别，究竟本无二致。如是任运差无差，无适不可。依正无碍，事理无碍，境智无碍，空有无碍。功用至此，毛端现宝刹，芥子纳须弥。大无大相，小无小形。毛端与芥子不小，宝刹与须弥不大。依报涉入正报，正报容之而非碍。正报容纳依报，依报入之而弥通。正报纳依报，依报尽其所有，不为不多。正报之悉无余，别教之无差，皆空观之力所成。别教之差别，皆假观之功所致。别教之双非，乃但中观使然耳。释十向竟。

分证即佛者，十地圣种性（证入圣地）及等觉性（去佛一等）也。初欢喜地，名见道位。以中道观，见第一义谛。开佛眼，成一切种智。行五百由旬，初入实报无障碍土。初到宝所，证念不退。得无功用道，随可化机缘，能百界作佛，八相成道，利益众生。二离垢地，三发光地，四焰慧地，五难胜地，六现前地，七远行地，八不动地，九善慧地，十法云地。各断一品无明，证一分中道。更破一品无明，入等觉位。亦名金刚心，亦名一生补处，亦名有上士。

此教前四即，俱未尝举着佛字。以其于名字位中，虽闻中道之名，不过仰信而已，实未了解中道之义。观行位中，以其根钝，不解真修。先起缘修，不过修空观，伏见思耳。及相似至三十心，十住，破见思，但见一真。十行破尘沙，但见一俗。十回向虽修中，未能证中，虽了生死，未免后障。以其未证中道，则不见有同体之佛。故前四即俱不能称即佛也。唯至此十回向后身，以金刚观智，破无明，豁开佛眼，窥见佛性同体，本来具足，即证圣也，故名圣种性。此后无明分分破，圣种分分显。至十一番破显名等觉性，以其较之妙觉，相去仅一等级耳。此十一位，俱名分证佛也。一、欢喜地，经云："于大菩提，善得通达，觉通如来，尽佛境界。"释云：大菩提，指佛果。此果三有凡夫，二乘小圣，非惟不能通达，而且不能测度。即前三十心，十住，只能渐通。十行，可能渐达。十向，善能通达，而犹未能得。至等觉地，故称善得。以其觉通如来，谓如来，指始觉。境界，指本觉。始觉与本觉融通无二，故能尽佛境界。一证一切证，三身同证，故此名见道位也。以修中观成，破无明惑，初开佛眼，即见中道第一义谛，成一切种智。行过五百由旬，初入实报无障碍土。谓修中观成真实因，感真实果。以真实缘，招真实报。乃依正融通，事理无碍。故此土名无障碍，纯以百宝而为庄严，故名宝所。从此不起二边之念，念念流入萨婆若海，故名念不退，非前三十心之有作功用。今第一地，可称分得无功用道。至第八地，方谓究竟无功用耳。初地称欢喜者，谓得遂本愿，庆喜无涯也。二、离垢地。经云："异性入同，同性亦灭。"释云：前十住，见无差性。十行，见差别性。十向修中，虽差别性泯，未曾彻证相即之性。故地前称为异生性，地上称同生性。今从十向，跨入初地，故云异性入同。以其方证佛境，不能忘怀，故称欢喜，犹是清净本然中之微垢。今云同性亦灭者，并此喜心，仍须息灭。故二地名离垢地。三、发光地，经云："净极明生。"释云：喜垢既离，觉体清净。垢净尽极，智光发生，故称发光。四、焰慧地，经云："明极觉满。"前云发光，如火始然。今云明极，如火炽然。灵光独耀，名为觉满。所谓净极光通达，寂照含虚空。烁绝之胜用，故名焰慧。五、难胜地，经云："一切同异，所不能至。"释云：由前净极明生，明极觉满，而异同之垢，早已远离。至此，离而又离，故云所不能至。而有为功用，无能胜者。六、现前地，经云："无为真如，性净明露。"释云：由前有为功用，已至极处。则无为真如，净明之体，始得显露。故云性净明露，即显现于前也。七、远行地，经云："尽真如际。"释云：前云明露，尚未全彰。今云尽际，尽际，即全彰也。欲穷尽际，故须远行。虽云远行，不离当处。八、不动地，经云："一真如心。"释云：前云远行，其实未尝行。乃即近而远，即寂而动也。今云不动，其实未尝不动，乃是精一真如之心，随缘不变，不变随缘，即动而不动，真不动也。九、善慧地。经云："发真如用。"释云：前位一真如心，证真如之全体。此则极全体之大用，一时顿发，故云发用，此真无功用道也。无为功用，至此又极。又名此为修习位。言善慧，即法界无障碍智也。十、法云地，经云："慈荫妙云，覆涅槃海。"释云：慈，乃利他之宗。妙，指自利之体。荫，是用中之胜，有含润之功。云，喻称体之量，有普遍之形。而慈如荫妙如云者，俱有盖覆之意。良以慈荫妙云，是十地之因德。涅槃是将证未证之果德。果德深广，方之为海。而云覆者，即因该果海也。名法云者，法指本宗，云喻自在也。释十地竟。十一、等觉地，此位觉体，与佛相等，故受此名。经中所言，等之所以。盖谓如来先已证入妙觉果海，究竟到家。但是悲心无尽，不舍众生，倒驾慈航，故逆流而出。菩萨从前修证未极，今方到家，故云顺行而至。一出一入，同跨实相宅门，故云觉际入交，二觉恰等，唯逆顺异耳。言金刚心者，能入百千三昧，照一相无相，寂灭无为。望于妙觉，犹有一等所修观智，纯一坚利，名金刚心。云补处等者，犹有一品无明，故有一生。返此一生，即补妙觉之处，犹储君之义。妙宗云：有惑可断，名有上士。

究竟即佛者，妙觉性也（妙极觉满）。从金刚后心，更破一品无明，入妙觉位。坐莲华藏世界，七宝菩提树下，大宝华王座，现圆满报身（量同尘刹，相好刹尘），为钝根菩萨转无量四谛法轮。

妙觉性者，金刚后心，朗然大发。妙智穷源，无明习尽，名真解脱。翛然无累，寂而常照，名妙觉也。坐莲华藏世界者，《梵网》云："我今卢舍那，方坐莲华台，周匝千华上，复见千释迦。一华百亿国，一国一释迦。"是也。余如文可知。

此教名为独菩萨法，以界外道谛为初门（藏通道谛，即界外集。藏通灭谛，即界外苦。故以界外道谛治之），无复二乘，而能接通。通教三乘，既被接后，皆名菩萨，不复名二乘也。十法成乘者：一、缘于登地中道之境，而为所观，迥出空有之表。二、真正发心，普为法界。三、安心止观，定爱慧策。四、次第遍破三惑。五、识次第三观为通，见思尘沙无明为塞。传传检校，是塞令通。六、调适三十七道品，是菩萨宝炬陀罗尼。入三解脱门，证中无漏。七、用前藏通法门，助开实相。八、善知信住行向地等妙七位差别，终不谓我叨极上圣。九、离违顺强软二贼，策十信位，入于十住。十、离相似法爱，策三十心，令入十地。

圆教，谓圆妙（三谛圆融，不可思议）、

广见《辅宏记》。四教仪云：圆以不偏为义。此教明不思议十二因缘，及不思议二谛。但化最上利根之人，故名圆教也。夫以天台立宗，宗于《法华》一经。诠圆理，明圆行，悟圆旨，起圆修。若论化法四教，藏通别之三权，乃助圆教之一实耳。权乃实家之权，实乃权家之实。权因实而建立，实因权而诠显。权依实而有，实依权而立。实即是权，权即是实。权实何尝离哉，二者原来一体。体不可说，说三说一，为不得意者，作此分别耳。今明圆教者，显非前三也。有能诠之圆教，必有所诠之圆理。圆理有四：所谓圆融、圆妙、圆足、圆顿，此性法也。有性必有修，修法，即圆伏等七也。先明性德中圆妙，何者为圆？三谛圆融故。何者为妙？不可思议故。所谓三谛者，即始终心要发明者是也。谓此三法，各有审实不虚之理，故称谛也。如真，的确是真。假，决定是假。中，真实是中。故名三谛。所谓真谛者，诸法泯者也。诸法，即是耳所闻，目所见，一切有为法也。一切法皆从缘生，缘生无性。无性之性，即是诸法之性。今言泯者，融会一切法，而归于性也。故曰真谛者，泯一切法也。所谓俗谛者，俗谛门头，不舍一法。森罗万象，种种差别。十界不同之相，决定是有。譬如桌子，因缘和合而有，彼有彼的用处，此有此的用处。一法如是，法法皆然，名随处换。名虽是假，作用是真。名依体而建立，体依名而益彰。是为俗谛者，立一切法也。所谓中谛者，统一切法也。一切法，总不外乎空有。空，一相平等也。有，即千差万别也。今言统者，须知万有即相，平等即性，相能显性，性能现相。相不离性，性不外相。全边即中，非离边而有中。如是则举一中，无不统之也。言圆融者，举一中，无真俗而不中。举一俗，无真中而非俗。举一真，无中俗而非真。所谓举一即三，三原是一。三谛无碍，是名圆融也。言圆妙者，此三谛法，凡圣共有，迷悟本成。开口便错，举念即乖。不可心思口议，是名圆妙也。言圆足者，谓世出世间，若事若理，皆不离于当下一念。所谓理具三千，事造三千，两重三千，同居一念。故云圆见事理，一念具足。言圆顿者，理体天然，不假造作。一成一切成，故云体非渐成。

圆满（三一相即，无有缺减）、

且此性德之理，岂但圆妙，且圆满也。圆者，无有缺减故。满者，三一相即故。曰三一相即者，如言真谛，真外无俗中，俗中俱真。举俗谛，俗外无真中，真中皆俗。举中谛，中外无真俗，真俗悉中也。

圆足（圆见事理，一念具足）、

介尔一念，不起则已，起则于十法界中，必落一界。所谓善心才举，天宫宝殿生成。恶念将萌，地狱火轮已具。是心作佛，是心是佛。是心作什么？是心是什么？一念具十界，十界各具成百界。每一界具十如，百界具千如。约正觉、有情及器三世间，各一千，则成三千。此三千法，犹是理具。有理具，必有事造。此事理两重三千，同居一念具足无余，故得名也。

圆顿（体非渐成，故名圆教），

顿谓顿超，不落渐次，因果不二之谓也。盖此性德，人人本具，各各不无。在因不迷，取果不悟。不修未失，虽证何得？因果同时，迷悟莫二。不假修造，哪待证成。因果不二之旨，诚不易知。今借世物，喻而明之。且如桃李等果，一往而观，核是因，桃是果。及至将核下土，阳和雨露，发根抽芽，生枝发叶，开花结果，复成一桃。桃中有核，核外有桃。如是参求，究竟为是桃在前耶？核在前耶？桃核前后既不可言，即因果不二之旨，不可思议也。所谓大乘因者，诸法实相是。大乘果者，亦诸法实相是。此理，闻名信解，即名字人。依解起修，即观行人。修功得力，即相似人。忽破无明，即分证人。二死永亡，即究竟人。大凡圆教之谓发心究竟二不别者，即因果不二之谓，曰圆顿也。

所谓圆伏（圆伏五住）

上文明性，今明于修。修无别修，全性起修。但性德在缠，终日随缘应用。六根追逐六尘境上，一向以来，未曾见得。虽属体具，复有烦恼。即见爱住地，欲爱住地，色爱住地，无色爱住地，无明住地。谓三界见惑为一住，三界思惑为三住，根本无明为一住，共成五住也。寻常所言，三惑者是也。由此三惑，能令众生住著生死，故名住地。总名五住地烦恼，当别讲名义。一、一切见住地。言一切见者，即三界分别见惑。谓诸众生，由意根，对法尘，而起分别。起诸邪见，住著三界，故名一切见住地惑。二、欲爱住地惑。欲爱者，即欲界贪瞋痴慢，名为思惑。谓众生由五根，对五尘，起贪爱心，而于欲界住著生死，故名欲爱住地惑。三、色爱住地惑。色爱者，即色界贪痴慢思惑也。谓诸众生不了此惑，住著色界，贪著禅定，不能出离，故名色爱住地惑。四、无色爱住地惑。无色爱者，即无色界贪痴慢思惑也。谓诸众生，不了此惑，贪著空定，不能出离，故亦名住地惑也。五、无明住地惑。无明，即根本惑也。谓声闻缘觉，未了此地，沉滞空寂，住方便土。别教大士虽能断除，犹住中道法爱。由余惑未尽，住实报土，故名无明住地惑。圆伏五住，宜作七番解释：一、消文，二、引证，三、四运观心，四、借世喻显，五、四相推检，六、明横竖，七、明伏功能。一、消文者，圆谓圆遍，调伏即伏。圆修止观，方能对此五住烦恼一时齐伏。所以必须用五品观行之功，方能取效。二、引证者，如智者大师乃五品观行中人。初受南岳之命，入普贤观，修法华三昧，是为随喜品。及至读诵法华专注一心，内不趣心，外不趣境。逼直念去，从开卷至药王菩萨本事品，是真精进，是名真法供养如来。寂然入定，亲见灵山一会，俨然未散。忽然大悟，获陀罗尼，得证法华三昧。请证南岳，师云：非子莫证，非我莫识。此即读诵品也。然师之读诵，岂同常人依文解义而已哉！师乃随文入观，所谓由文字，而起观照。由观照，而契实相。然后代师处处施化，广说妙法，是为说法品。荆州玉泉，天台修禅，作大功德，造诸佛像，是为兼行六度品。迨至无善不作，无人不化，普利一切，德沛古今，是为正行六度品也。三、四运者，吾人欲伏五住烦恼，直须从此一念下手。不观过去之灭相，未来之生相，但观现前一念无住相，只此一念，又有微细生住异灭四相迁流，故必先用四运观心也。何谓四运？请详言之，先将一切念头，彻底放下，然后微微观察。须知此一念中，有未生相，将生相，正生相，已生相。若心细观朗，则相相分明。粗想未息，必不能降伏烦恼。若能一心专注，昏散都无，常寂常知。知，即智也。寂，即境也。智不离境，境恒发智。境智相融，不但一心四相朗然，即此一念具四相，相相互具，有十六种微微之相。如是，则贪瞋痴之三毒，戒定慧之三学，莫不皆具四相，但自不能识得耳。且如一念贪心起时，即有未起相，将起相，正起相，起已相。一毒如是，余毒皆然。三毒既尔，三学亦然。如上甄别，可以五住齐伏。一伏一切伏，是名圆伏也。四、借喻者，但此四运之相，微细难知，所以人不易信。纵信，亦不过是前三相而已。唯起已一相，已属过去，则谓无相可谈。今以两天之日，而喻明四相之确有。昨日没西山，今日出东海。而未出已前，白相未露，岂非未生相乎？曙色渐开，旭日未生，岂非将生相乎？天色大明，日光遍照，岂非正生相乎？日没如昨，岂非生已相乎？生相如此，余相例知。下手用功，须在未生已前，不可取已灭之后相者此耳。且灭相断无，令人堕苦，切切不可取之。五、推检者，然此四相之相生，为因心而有耶？因境而有耶？心境合而有耶？心境离而有耶？四性推检，了不可得。生相既不可得，余相亦不可得。到此田地，尚有五住否耶！所以能伏五住者，四运观心，及四性推检之功也。六、横竖者，横者，此一念心，趋一切境，境不当前，趋个甚么！境既不有，心从何立！心既不立，则一切烦恼皆无住也。竖者，即在一念了不可得时，一念相应，念念皆然。不伏，而自伏也。七、功能者，然此圆伏五住之功，全仗一点圆妙观行，全体现前，如皓日丽天，云雾自散矣。

圆信（圆常正信）、

言圆常者，即是信一切法，唯心本具，心外无法，法法唯心。若心外有法可信，即是邪信，非正信也。无法不具，称圆。不迁不变，曰常。

圆断（一断一切断）、

不断而断谓之圆断。五住惑断，名一断一切断。开佛知见，住大涅槃，名圆断。

圆行（一行一切行）、

行指不次五行，圆人所修。以其于名字位中，圆悟一念具足两重三千。所以起行时，随修一行，皆依理具三千实相而起。是故修一行，即修一切行也。

圆位（一位一切位）、

初发心住，三心圆发，名一位也。发心究竟二不别，如帝网珠，主伴交参，重重无尽，是证一位，即证一切位也。

圆自在庄严（一心三谛为所庄严，一心三观为能庄严）、

圆，谓圆融无碍。自在，谓不假功用。庄，谓庄正。严，谓严饰。此乃妙觉极果，全体之大用也。一心三谛，性德庄严。一心三观，修德庄严。性德正因，修德缘了，二修庄严一性，能所本自不二。修德又二，一曰止、二曰观。三止属福，三观属慧。福德偏重身口，智德偏重意地，一往语耳。闻一句一偈，皆为了因，智德庄严也。供一华一香，皆为缘因，福德庄严也。因中福慧均平，果上受用自在。虽分能所，意在一心。经云："定慧力庄严，以此度众生"。性因修显，修全性彰。培植因华，庄严果德。圆妙周遍，圆融自在。是名圆自在庄严也。

圆建立众生（四悉普益）。

妙觉极果之受用，故能倒驾慈航，随流九界。初住大士之作为，垂手入缠，功同佛地。大开普度之门，时兴方便之行。常不轻之下圆种，普令发菩提心等，皆圆建立众生事也。言四悉等者，谓圆教大士，应现于世，普结净缘。为未种令种，为世界悉檀，令人喜。为已种令熟，是为人对治两种悉檀，令人生善灭恶。为已熟者令解脱，是入理悉檀，令证真。故云普益也。

此教诠无作四谛（阴入皆如，无苦可舍。无明尘劳，即是菩提，无集可断。边邪皆中正，无道可修。生死即涅槃，无灭可证），

圆教四谛皆称无作，何也？盖依实相之理而作，作亦不可思议也。作即无作，故一一皆曰无。实相无相无不相，故无作无不作，故称无作也。四谛皆一心具，一心具苦集灭道。言阴入皆如者，谓圆人根利，了得四大皆空，五蕴非有，全无自性。虽云此苦从因缘生，缘生无性，无性之性，即如来藏妙真如性。舍个什么！故曰无苦可舍。圆人受法，无法不圆。了知尘劳性，即菩提性。无明之明，譬如大海之波，全波即水，断个什么！

故云无集可断。凡夫有，二乘空，菩萨边，外道邪。今圆人言边即中，指邪即正，头头法法，当体即是。绝待妙心，本无余欠，修个什么！故云无道可修。藏诠生灭，通诠无生，别诠次第，皆了生死趣证涅槃。所谓降佛而还，皆是著相凡夫。今圆教则不然，了知生死如昨梦，涅槃等空花，同归实相实谛，证个什么！故云无灭可证。

亦诠不思议不生灭十二因缘（无明爱取，烦恼即菩提。菩提通达，无复烦恼，即究竟净，了因佛性也。行有，业即解脱。解脱自在，缘因佛性也。识、名色、六入、触、受、生、老死、苦，即法身。法身无苦无乐是大乐，不生不死是常，正因佛性也。故大经云：十二因缘名为佛性），

偈曰：法身遍在一切处；一切众生及国土，三世悉在无有余。亦无形相而可得。

亦诠称性六度十度（施为法界，一切法趣施，是趣不过等），

此文须作五番释。先标名，次释义，三取譬，四明五心，五判六即。标名者，施戒忍进禅慧方便愿力智。释义者，施则尽命倾财，戒则防遮护性，忍则就刀割水，进则如救头燃，定则四仪湛寂，慧则一心圆明，方便则权巧施化，愿则大愿摄持，力则力用成就，智则普被一切。取譬者，圆人如取如意珠，散诸贫穷，无有竭乏。行一度，而余九咸该。舍一物，而功德平等。五心者，中道实相心，大悲心，愿心，回向心，方便具足心。六即可知。全法界体，故云称性六度十度也。

亦诠不思议二谛（幻有幻有即空皆为俗。一切法趣有、趣空、趣不有不空为真。真即是俗，俗即是真，如如意珠。珠以譬真，用以譬俗。即珠是用，即用是珠。不二而二，分真俗耳），

二谛者，真谛俗谛也。四教共论，乃有七种：谓实有二谛，幻有二谛，别入通二谛，圆入通二谛，圆入别二谛，显中思议二谛，显中不思议

二谛。今是最后，故云不思议二谛。兹但言最后，余则避繁不讲。言显中者，束通教之二谛以为俗谛，则十界皆为俗也。以不有不空为真，则中道为十界迷悟所依，乃为真也。明言中道为真，故称显中。言不思议者，前通教之俗为幻有，真为即空。彼之二谛，合为今之一俗。以界内之事，固然称俗。界内之理，非为真真，至今界外收在一俗中也。彼别以不有不空为真，然真虽真，不具一切法。只可称但真，不得称圆真。今则不然，所以云一切法趋空，空具一切法。趋有，有具一切法。趋不有不空，不有不空具一切法。故曰真即俗，俗即真。以理难明，故譬如意珠，如文可知。

亦诠圆妙三谛（非惟中道具足佛法，真俗亦然。三谛圆融，一三三一，如止观说）。

圆妙之旨，如前可知。即前之三谛圆融，不可思议是也。

开示界外利根菩萨，令修一心三观（照性成修，称性圆妙。不纵不横，不前不后，亦不一时），**圆超二种生死，圆证三德涅槃**。

界外利根，即指圆教名字位中人也。虽烦恼炽然，诸根猛利，所以一闻千解，获大总持。以其悟得性具三千实相，依此实相性德，全性起修，故云照性成修。成于事造三千，故事事无非全性，故云称性圆妙。一性二修，如摩醯之三目，故云不纵不横。两重三千，同居一念，故云不前不后。因果不二，因果宛然，故曰亦不一时。令修一心三观，解在下文十法成乘。生死有二种，所谓分段，变易也。以圆人了达生死涅槃，皆如昨梦，则生死不可得。不超而言超，故云圆超。言三德涅槃者，法身德，为性净涅槃；般若德，为圆净涅槃；解脱德，为方便净涅槃。不证而言证，故云圆证。

正约此教方论六即（前三虽约当教各论六即，咸未究竟。

以藏通极果，仅同此教相似即佛。别教妙觉，仅同此教分证即佛。又就彼当教，但有六义，未有即义。以未知心佛众生三无差别故也。是故夺而言之，藏通极果，别十回向，皆名理即。以未解圆中故，登地同圆，方成分证）。

六种即佛义，正约于此教。读前普润大师偈，思过半矣。原注文意甚明，如文可见，不必繁渎也。

理即佛者，不思议理性也。如来之藏，不变随缘，随缘不变。随拈一法，无非法界。心佛众生，三无差别。在凡不减，在圣不增。

不思议理性者，谓若四圣，若六凡，若国土之依，若众生之正。彼彼殊形异状，名世间相。以即理故，相皆常住。是则鸟鸣花笑，风动尘飞。法法亘古亘今，头头无迁无变。所谓有佛无佛，性相常住也。然佛眼观之乃尔。若仍以情见分别生灭，则国土成住坏空，众生生老病死，皆妄惑而有迁流。如云驶而言月运，舟行而谓岸移。所谓一翳在目，空华乱坠也。若能即解即行，返闻自性。一旦廓尔情消，诸相常住也。言如来之藏等者，佛真法身，犹如虚空。弥纶万有，囊括十虚。三世悉在，十方普闻。非色非心，离性离相。无生灭，绝去来。以真如妙理为体。然此法身，圣凡平等，无有增减。诸佛悟之向之，不变随缘，随缘不变，所以早登彼岸。众生迷之背之，凡夫随缘，二乘不变，所以沉沦生死也。

名字即佛者，闻解也。了知一色一香，无非中道。理具事造两重三千，同在一念。如一念，一切诸念，亦复如是。如心法，一切佛法及众生法，亦复如是。

言闻解者，谓圆人根利，闻一知十，闻百知千。所以了一色一香，皆具三谛，故云无非中道。以其能解两重三千，同居一念。一念，指心法也。《华严》云："心佛及众生，是三无差别"。心法既具两重三千，众生法佛法无不皆具两重三千也。

观行即佛者，五品外凡位也。一、随喜，二、读诵，三、讲说，四、兼行六度，五、正行六度。圆伏五住烦恼，与别十信齐，而复大胜。

前之理即，指一境三谛也。次名字即，能领解谛理，具足三千实相，即指一心三智也。今之观行即，就以一心三智，观一境三谛。只此一行，名为圆行，故称观行即佛，所以能圆伏五住烦恼。随喜等，是五品之名耳。四教颂曰：七贤七位藏初机，通教位中一二齐。别信并圆五品位，见思初伏在凡居。别信不能及，故云大胜。

相似即佛者，十信内凡位也（名与别十信同，而义大异）。初信，任运先断见惑，证位不退。与别初住，通见地，藏初果齐。二心至七心，任运断思惑尽。与别七住，通已办藏四果齐，而复大胜。故永嘉云：同除四住，此处为齐，若伏无明，三藏则劣也。八心至十心，任运断界内外尘沙，行四百由旬，证行不退，与别十向齐。

此人修十乘观法，入十信位，内凡位也。十乘观中，第一观不思议境，即一心三观也。利根一观到底，任运四住粗垢先脱，获六根清净，故称相似位。同除四住等，出永嘉集。钱宗懿王读至此，不甚了解。问于德韶国师，师令问义寂法师。缘出四教仪正文。颂曰：果位须陀预圣流，与通三四地齐俦。并连别住圆初信，八十八使正方休。圆别信住二之七，藏通极果皆同级。同除四住证偏真，内外尘沙分断伏。八至十信二惑空，假成俗备理方通。齐前别住后三位，并连行向位相同。

分证即佛者，十住十行十向十地等觉圣位也（名亦同别，而义大异）。初住，断一分无明，证一分三德（正因理心发，名法身德。了因慧心发，名般若德。缘因善心发，名解脱德）。一心三观，任运现前。具佛五眼，成一心三智。行五百由旬，初到宝所，初居实报净土。亦复分证常寂光净土，证念不退，无功用道。现身百界，八相作佛，与别初地齐。二住至十住，与别十地齐。初行，与别等觉齐。二行，与别妙觉齐。三行已去所有智断，别教之人，不知名字。

《仁王经》云：入理般若名为住，即十番增进无漏真明。同入中道佛性，第一义谛之理。以不住法，从浅至深，住三德秘密之藏，即是一切佛法，名十住也。此教从初住至等觉，共四十一位。同名分证者，谓无明分分破，三德分分证。不比别教前三十位为三贤，是内凡位。至登地方入圣位。所以云名虽同，而义大异也。初住破一品无明，证一分三德，而三因顿发。三因在初住发者，即前境智行三妙开发也。住者，住三德涅槃也。缘因善心发，即住不可思议解脱首楞严定。了因慧心发，即住摩诃般若毕竟空。正因理心发，即住实相法身中道第一义。举要言之，即是住三德秘藏一切佛法也。一心三观者，偈曰：三谛三观三非三，三一一三无所寄。谛观名别体复同，是故能所二非二。此等妙义，不假思惟，故云任运现前。五眼者，肉眼碍非通，天眼通非碍。法眼唯观俗，慧眼了真空。佛眼如千日，照异体还同。五眼圆具，唯佛始能究竟，今初住大士，分证佛位，故云具佛五眼。三智者，一切智，道种智，一切种智。圆成一心，故曰成也。行五百由旬等者，见《法华》化城喻品。初住功德，具足四十一地，故偏明之。余文可知。偈曰：别地全齐圆住平，无明分断证真因。等妙二觉初二行，进问三行不知名。故云不知名字。

究竟即佛者，妙觉极果，断四十二品微细无明永尽，究竟登涅槃山顶。以虚空为座，成清净法身（一一相好，等真法界）。居上上品常寂光净土，亦名上上品实报无障碍净土，性修不二，理事平等。

边际智满，三觉圆极，故称究竟即也。断四十二品微细无明永尽者，真如之体，本来不变。因无明故，一念妄动，为迷悟依，转智为识。今已转识成智，杀无明父，害贪爱母。惑不断而言断，理不显而言显。故惑断时，即理显时。约位四十有二。无明，随其断而分品，亦四十有二。今概以分别言之。且夫惑之名目，有根本枝末之不同。界内见惑，末无明，分别我执也。界内思惑，枝无明，俱生我执也。界外尘沙，本无明，分别法执也。界外住地，根无明，俱生法执也。今四十二品无明，合而分之为三大品，谓上品、中品、下品也。复将每品，又分三品，谓上上、上中、上下，中上、中中、中下，下上、下中、下下也。加根本一大品，共成十品。又以生住异灭四相而分断，每相各有十品共成四十品。今不说别教，但讲圆教。

问：圆人于名字时，先须了达无明即明。无明是烦恼，明是菩提。既达烦恼即菩提，焉有无明可断？若云断无明，即是断菩提，有是理乎？

答曰：不不！佛言：理虽顿悟，乘悟冰消。事必渐除，应次第尽。其所除者，乃除最初一念不觉之积习。所以先德有言：顿悟虽同佛，多生习气深。风恬浪未静，犹见水微痕。须知初住至十住，除灭相习气。行之十位，断异相习气。回向十位，侵住相习气。已除三十品也。复将生相习气分难易，前九品为易断，后一品为难断。何以故？即最初一念不觉故。唯此为最后生相习气，微细难断。初地至九地，断前九品，复将最后一品，细裂三品，谓下品、中品、上品。至第九地后心，断下品，登第十地。进断中品，入等觉，为补处大士。住金刚后心，入重玄门，以金刚妙慧，断最后上品之生相习气，入妙觉位。以虚空为座，成清净法身，故最后称究竟登涅槃山顶也。

此教名最上佛法，亦名无分别法。以界外灭谛为初门，当体即佛。而能接别，接通。接别者，上根十住被接，中根十行被接，下根十向被接，按位接，即成十信。胜进接，即登初住。接通，已如通教中说。故曰：别教接贤不接圣，通教接圣不接贤。以别若登地乃名为圣，证道同圆，不复论接。通八人上便名为圣，方可受接。若干慧性地二贤，仅可称转入别圆，未得名接。若藏教未入圣位，容有转入通别圆义。已入圣后，保果不前，永无接义。直俟法华，方得会入圆耳。

以四教论，藏教为下佛法，通教为中，别教为上，故圆教名最上佛法也。圆人悟圆理，起圆智，故此教始终俱名无分别法。以无分别智，照无分别境故也。藏教以界内苦谛为初门，通教以界内灭谛为初门，别教以界外道谛为初门，故此教以界外灭谛为初门也。言当体即佛者，佛者，觉也。不迷之为觉，心体本觉，故云当体即佛。故通教是界内利根人，破见惑后，即可以受别圆二教法门接引，上升二教。圆接别人，亦复如是。通教接圣不接贤，上根八人见地被接，中根薄地离欲被接，下根已办辟支被接。别教接贤不接圣，上根住位接，中根行位接，下根向位接。藏教人根钝，上教不能接，但云转耳。直待根器渐利，转入通教获益之时，才可论接也。若保果不前，永无接义。直俟法华三周开显，一概俱可会入耳。

十法成乘者：

一、观不思议境（其车高广）；

言不思议境者，一切心法，一切佛法，一切众生法，无一不具三千性相，一一皆不可思议。随拈一法，皆得为所观境。但初机之人，则谓佛法太高，生法太广，故但就自己现前阴入处界之法，以为所观。又须舍去界入，但观于阴。并须舍前四阴，但观识阴。其七八二识微细难观，前五根识现起时少。故须但以现前一念第六意识为所观境，近而复要也。而现前意识，不起则已，起则于十界中，必落一界，若落一界。必具百界千如。以此随落一界之心，非是心之少分，必是心之全体。心外更无百界千如故也。若能顿了此现前一念之心，全具百界千如，三千性相，无自性，无他性，无共性，无无因性，无性亦无性，则能顿证三德秘藏。而上根者，只此一观，可以到底，更不必修第二观矣。是谓上上根人，只于一法，具足十法乘也。其车高广，引经设喻。喻一心妙观之体，竖穷横遍也。

二、真正发菩提心（又于其上，张设幰盖）；

若于第一观未能顿入，应念心佛众生，三无差别。云何诸佛已悟，我及众生，犹滞迷情？由是缘于无作四谛，发四弘誓愿。因发心故，一发一切发，登发心住也。依无作四谛曰真，殷重发愿曰正。经取幰盖为喻，谓无缘慈，同体悲也。

三、善巧安心止观（车内安置丹枕）；

若现前虽发大心，心仍散动，未曾破惑，犹未登位。应更思维，心体本来寂而常照，何以依然动而不寂，昏而不照？应须善巧调摄，或用即寂之照，令不昏沉。或用即照之寂，使不散乱。昏散痛除，心体明净，惑不破而自破，位不登而自登也。经喻车内丹枕者，车，喻止观体。枕，喻能观心。丹是赤色，表无分别。意取须用无分别心，安于止观体上，方名善巧。

四、以圆三观破三惑遍（其疾如风）；

若虽以止观安心，心仍未安，未得即证寂照本体。必于所观一念三千之境，犹存意解，未知当下即空、即假、即中。又应以四性而简择之。如根利者，只观一念三千。无有生性，即当悟入无生。无生，则无不生。三谛圆显，十乘具足矣。其钝根人，破自则必计他，破他则又计共，破共而又计无因，必至展转破尽，始悟无生。如犹未悟者，必当度入相续假中。应观此一念三千，为前念不灭，后念续耶？为前念灭，后念续耶？为前念亦灭亦不灭，后念续耶？为前念非灭非不灭，后念续耶？如仍不悟，必当度入相待假中。观此一念，为待有念而立耶？为待无念而立耶？为待亦有念亦无念而立耶？为待非有念非无念而立耶？如此展转简择，若能悟入无生无不生者，是谓具足十法乘也。

五、善识通塞（车外枕亦作轸）；

若于前观，因成，相续，相待，三假功夫，仍未入者，应思一切诸法中，悉有安乐性。但除其病，不除其法。如金錍去膜养珠，哪得一向破法，则愈破而愈塞。今须善识通塞，若塞须破，若通须护。如转轮圣王之轮宝，能破能安。由此识通塞故，即塞成通。烦恼即菩提，菩提通达，无复烦恼；生死即涅槃，涅槃寂灭，无复生死，则能具足诸乘矣。前之内枕，表即动而静。今之外枕，表即静而动。动指烦恼，静指菩提。今云烦恼即菩提，所谓动静不二也，亦即通塞不二也。言亦作轸者，轸是车后横木，车行时，木无所用，有即动而静之意。

六、调适无作道品，七科三十七分（有大白牛，肥壮多力等）；

若于前观，虽云善识通塞，仍未能即塞成通。应观现前一念三千，即是圆念处。一心念处，一切心念处。正勤策发，缘如意定，而生五根。令其增长，而成五力。调停七觉，入八正道。开圆三解脱门，而入秘藏。是谓具足后之诸乘矣。经中白牛，喻能观之中道妙智；肥壮多力，喻智力强胜。等者，等形体姝好，行步平正八字。中道妙智，指圆念处也。肥壮多力，指圆正勤也。形体姝好，指圆如意也。行步，指圆根力也。平，指圆七觉。正，指圆八正。上破遍云其疾如风，指入圆三脱门矣。

七、对治助开，谓借藏通别等事相法门，助开圆理（又多仆从而侍卫之）；

若于前观，虽调练无作道品，而观慧力弱。盖障偏起，不能入位，必有无始事障未除。应审观察，何障偏重，数数现起。兼以事观，而对治之。理观为主，事观为助。正助合行，不惜身命。誓当克证，终弗懈息。由事理二治，能断无始事理二幻障故。豁然证入，位相分明。是谓具足后之诸乘也。经云仆从，即指事相法门。有三教不同，故称又多。以圆观为主，余三皆宾也。

八、知次位，令不生上慢；

前观正助双修法门，纵使钝根，必皆获益。倘不知次位，起增上慢，以凡滥圣，招过不浅！故须一自简察，为究竟耶？为分证耶？为相似耶？抑仅仅获小轻安耶？若知位次，不起上慢，故须知次位也。

九、能安忍，策进五品而入十信；

凡修心人，不起勇猛精进之心，纵能修至三十年、四十载，必不获大利益。无诸魔境现前，果能如第七观事理并进，正助双修。又能勇敢直前，不惜身命，获益必深。乃有强软二魔，恼乱真修。须加安忍，不动不退。策进五品，而阶十信，故须能安忍也。

十、离法爱，策于十信，令入十住，乃至等妙（乘是宝乘，游于四方，直至道场）。

前观既阶十信，六根清净。获顺道法，易生法爱。于圆十信位，名顶堕位也。此人以寂照之功，不得片刻暂舍，始能无病。否则必起中道法爱，果能离斯法爱，即入分真，登初住位。入分真已，大理、大誓愿、大庄严、大智断、大遍知、大道、大用、大权实、大利益、大无住、一时顿得。是谓下根人具修十法，而成大乘。乘是大乘，游于四方，直至道场，中间无有诸纡曲相。自运功毕，运他不休。故此十乘妙观，全性起修，全修显性。非横非竖，横竖该彻也。原注引经，第一个乘字，平声读，指能乘之人。第二个乘字，去声读，指所乘之车。四方，喻住行向地四十位。道场，指上品实报土。意谓修十法人，从凡入圣，断惑证真，任运历四十位，直至妙觉极果而后已。

上根观境，即于境中具足十法。中根从二，展转至六，随一一中得具十法。下根须具用十也。

此文结显三根修法之殊。上根，但首观成就，诸乘具足。中根，或二或三，乃至第六；一一观中，或成即具，否则进修。下根，须十乘具修也。

又复应知，说前三教，为防偏曲，文意所归，正归于此。

前三教，本无此十乘。今部中所以兼说者，为防别人之偏，藏通之曲。文意所归，正归圆教。全文大略讲法，如是而已。

学人圆明笔录、大光编科参梓

始终心要解略钞

序 一

　　觉王御世，以法利生。古德拈椎，应机施教。故普光明殿，知识不分于八部龙天，耆阇崛山，得记均沾于四众弟子。所以道迷心为生，生非定生。生原是佛，了心即佛。佛非定佛，佛本是心。心空也，则生佛一如；法空也，则生佛平等。空空也，则不坏假名。心空者，真谛也。法空者，俗谛也。空空者，第一义谛也。故曰三谛者，天然之性德也。迷性成修，而生三惑。了性成修，而起三观。观成谛显，惑破执亡，性具之道，一以贯之矣。吾祖湛然公之始终心要者，法门之妙钥，实相之神符也。欲登一切法空之座，离此何居。民七戊午，本寺开办观宗学舍，初为诸生发轫，即以是书为神符。尝曰：诸君欲登清净法殿，入妙庄严缦者，宜先熟此为阶梯也。甲子夏，绍兴佛学研究会，余仍假此为开蒙。当演讲时，众中有骆子季和，聪明过人。闻即了解，随闻随录。初不知其为何见解也，经一月，绍兴大云旬刊发现，首登是解。始见钞序，心甚异之。继见钞文，心窃喜之。曾谓本社诸生曰：是著虽非疏钞体裁，洵为演讲材料，宜留意。不数期，竟成完璧，未始非法门中之要典也。辅讲宝静，嘱方子远凡，付板流通，公诸同志。经云：诸供养中，法供养最，非此之谓乎。

释尊应世二千九百五十一年腊月除夕日
观宗老头陀谛闲述于本寺之密藏居

序 二

经云：人身难得，佛法难闻。然既得人身矣，不知正思虑，遵正道，而日逐逐于五欲之中，务以彼我陵夺为快意，是人而犹未为人也。既闻法矣，不知寻文会义，通其理趣，而徒执滞名言，以为尽沾法乳，是闻而犹未闻也。雄之究心于竺典有年矣！向尝粗涉台宗之藩，见其网罗众典，千波竞翻！如入五都，如泛大海，令人目眩神荡，卒不能稍得旨趣。然素稔其贯彻全藏，卓然名家，为不可不研之妙典。特苦无师授，力难深入，而私心向慕，实未忘也。孟夏之月，谛闲大师，来自四明。卓锡于城之戒珠寺，出其手著，荆溪尊者，始终心要解多本，散诸徒侣。持此书开讲三日，以普法施。听者云集，虽极一时之盛；但甫经一日，散去过半。至三日，竟寥寥矣。吾独念当日世尊，于法华会上，开演一乘妙谛，一时退席者，至五千之多。其情况以视大师为何如耶！雄于是时，参预法席，见大师口讲手画，神采焕发。妙义宏宣，圆融无碍。由是历耳会心，欣然有得。举前顷之目眩神荡，百思而不得其要者，今则左右逢源，如盲得导。独惜其讲仅三日，而不能时听圆音，为可怅也。当大师演讲时，曾谓是法门要旨所在，谆谆听者，宜切心研究，必得真实受用。雄体大师之训勉，且念前之困于自力，特就听时，凡关于原文外，别有发挥者，集其心力，随笔记录。唯大师称性而谈，妙义滔滔，层见叠出，有刹那已过，不及记录者。实于其讲，不能得其万一。退而深思，多有未餍。倘更日久，何以追索。非即所谓闻而犹未闻乎。窃不自揣，爰以当日法筵亲聆所得，缀诸原解条下，略当分疏。庶于大师所解之理，更为明显。藉以备遗忘，资警发云尔。

佛历纪元二千九百五十一年岁次甲子仲夏季
和骆印雄谨识

始终心要解略钞

引言

【解】 登座谈玄，举笔载书。一则利于当世，一则益及将来。皆用文字，显第一义谛。以色声二尘，为正教体也。

【钞】 登座谈玄，则法藉言宣。举笔载书，则言赖文传。言语所及者近，故只利于当世。文字所垂者远，故可益及将来。世尊说法，阿难结集，历正法像法末法，而大教炳然者，其明证也。历代尊宿，或说法利众，或著书明道，莫不因经文而悟证，本悟证而述作。故曰皆用文字显第一义谛。第一义谛，即诸法实相，为究竟真理之名。深有理致曰义，审实不虚曰谛。圣智自觉所得，非言说妄想境界，唯证方知。声入于耳，而会于心者，言也。色寓于目，而通其理者，文也。耳目为根识，声色为尘境。尘缘识，识缘根，皆由一念无明而起。同是如来藏妙明觉性之所流出，缘起如幻，当体即性。所谓性非相不显，故以声色二尘，为正教体也。

【解】 然则徒以眼见耳闻，若不以言达意，随文入观，不过托之空言，载之牍策而已。须知文犹门也，言犹路也。即文以通其理，由言以了其心，始可谓之藉语言以显实相，从文字而起观照，由观照而还契实相也。

【钞】 中下根器，闻法时虽能了了，过后习气又来，故须修习观行，方获实证。此闻思修三字，不可不讲也。实相者，无相之相，相即是性，亦即觉体。实指其体，相指其用。一性之中，具备体用。观照者，对一切法，了知本无自性，因缘而有，不取不舍，乃破相显性之法。此观照二字，与《心经》观自在菩萨之观字，及照见五蕴皆空之照字同义。

【解】《净名经》云："诸佛解脱，当于众生心行中求。"今之具缚凡夫，谁曰不能用观道，使亲见自心佛乎？爰释台宗九祖心要，以供夫学佛者。

【钞】生佛同秉此心，论性德，则生佛不二。论修德，则圣凡各别。其实在凡不减，由不觉而全真成妄。在圣不增，极究竟亦不过全修在性。如结水为冰，融冰成水，同一湿性。如转轮圣王，梦为蚁子。虽昏妄颠倒，寻膻阶下。及其觉醒，依然王体。故曰诸佛解脱，当于众生心行中求。台宗，自北齐慧文大师，读《中论》偈，悟三观理，以授南岳慧思大师。随智顗大师得其传，栖天台山，始立五时八教，为一家宗说。时惟散说，至章安灌顶，始笔记而结集以成典籍。再传法华智威，天宫慧威，左溪玄朗，六传至荆溪湛然尊者。师本习儒，姓戚氏，世居晋陵荆溪，始尚以儒服讲道，旋受衣戒。晚归台岭，祖述所传。著为记文，凡数十万言。弹偏小而大宏圆顿之教，一时号中兴焉。

释　题

始终心要

【解】心，即吾人现前一念之心。本非肉团，亦非缘影。以肉团乃色法，缘影即非心。的指圆明寂照，常住真心。所以无有内外、中间、过现、未来、分剂、方隅等虚妄之相也。

【钞】现前一念之心，即是觉性。此觉乃绝待之觉，非依幻说觉。若依幻说觉，非真觉也。以其因尘而有，亦名为幻，属生灭法。言心而必言性者，表其非生灭也。肉团有形质，无灵知。凡夫以心居一身之中，血脉相关，遂以为此肉团，有了别作用。但人于睡眠，或死亡时，此肉团未尝不在，何以知觉全失。于此可见，缘影托尘而有。于色声香味触法境上，现起能缘影子，是虚妄分别想。离尘即无，故以缘影称之。其实为妄想而已。缘起无性，不为境转，曰觉。体用周遍，自在无碍，曰圆。应物随情，净虚不滞，曰明。唯其缘起无性，净虚不滞，故曰寂。唯其体用周遍，应物随情，故曰照。肉团具形色，故有内外方隅之判。缘影属六尘，故有过现未来三际生灭之相。具质碍，即不能圆通周遍。有生灭，即不能常住不动。心本无念，对无知而假名为念。不念取舍，憎爱，苦乐，即是一切处无心。不生忆着，是为无念。无念者，无邪念，非无正念也。无正念，则有寂而无照，何以为觉！不几类于肉团之冥顽不灵乎？须知无念而念，斯为真念。真心本无住，对生灭，而假名为住。不住善恶，有无，内外。只此不住一切处，即是真住处也。若有所住，则住此离彼，何以为圆？不几类于缘影之逐尘而驰乎？须知无住为住，斯为常住。圆明、寂照、常住，皆所以表现前一念之体用也。此现前一念心性，果非妄心。然亦不离妄心，而别有真心。迷者为妄，如水成冰。悟者为真，如冰还成水。湿性是同，坚流似异，故曰真妄同源，生佛不二。然理悟者暂，事迷者常。不经大彻大悟，实在解脱以后，不能作如是和会，而废功修。具缚凡夫，日处迷惑之中，而欲觅此一念心性，倘不依法修治，即使有得，亦非真心。以其不能离念，从作意而知。是前尘分别虚妄相想，即上文所谓缘影心，于六尘境上，属法尘。于六根门头，属意根。虽无生灭之相，而有生灭之影也。

【解】 要，即三谛也。

【钞】 依《大乘起信论》，表立三义：一、如来藏如实空义。空，即自心寂体，能泯一切法，此真谛理也。二、如来藏如实不空义。不空，即自心照体，能立一切法，即俗谛理也。三、如来藏如实空不空义。空不空，即自心寂照不二，常住圆明，能统一切法，即中谛理也。

【解】 迷之为三惑。见思、尘沙、无明也。

【钞】 按《大乘起信论》中，说染法本末五重，初唯一心为本源，二依此一心，开出二门。一、心真如门，所谓心性不生不灭。二、心生灭门，谓如来藏与生灭和合，名阿赖耶识。三依此识，复开二义：一者，觉义，谓心体离念等。二者，不觉义，谓不如实知真如法一故，不觉心动等。四依不觉故，生三种细相：一、无明业相。依不觉故心动，说名为业。觉则不动，动则有苦，果，离因故。二、能见相。依动故能见，不动则无见。斯于无生，妄见生灭。起心动念，而有转相，此妄心也。三、境界相。以依能见故，境界妄现，离见则无境界。此是俱生法执。然妄心妄境，种子极细，非菩萨不见，是为根本无明。故名三细。由此而有六种粗相：一、智相。依于境界，心起分别，爱与不爱故。是为分别法执，此尚属根本无明。二、相续相。依于智故，生其苦乐。举心起念，相应不断故。自此流出，有枝末无明矣。三、执取相。依于相续缘念境界，住持苦乐，心起著故。乃思惑也。是为俱生我执。四、计名字相。依于妄执分别，假立名言相故。乃见惑也。是为分别我执。五、起业相。依于名字，寻名取著，动于身口，造种种业故。六、业系苦相。以依业报，受轮回苦，不得自在故。古德云："无明为因生三细，境界为缘长六粗"。此细相粗相，相生之次第也。夫真如不守自性，迷妙明为无明。由因中痴，而生三细，为根本无明。由缘中痴，而生六粗，为枝末无明。由根本无明，而生枝末无明。枝无明，思惑也。末无明，见惑也。于是迷头认影，炫乱反覆，日颠倒于森罗万象之中。广之百界千如，三千性相，层见叠出。一如空中之尘，恒河之沙，纷扰不了，而为尘沙惑矣。推原其故，最初皆由一念不觉而起。故《起信论》五重染法，以一心为本源。而本文原解，亦以迷之为三惑。迷者，迷此一念不觉之心，非心外别有三惑。譬如洪涛细浪，无非海水之变现相用而已。若论无明，境界极细，是黑暗之义。不在内，不在外，不在中间，乃一假名。今试问心在何处，自内至外，自顶至足，遍寻不得。只有黑漆漆地，即无明也。烦恼一起，无明即现，是为枝末无明。若根本无明，则大而无外，小而无内，遍一切处。枝末无明无体，而尚有根。根本无明，并根无之。谓之根本无明者，因其为枝末无明之根本，非其有根也。然则根本无明，从何处来？并无来处。一念不觉，即是无明。真智一照，无明即断。如灯能破暗，全体即是如来大光明藏矣。故无明无体，真如无相。非离无明，别有真如。在未悟以前，内而身心，外而世界，俨然是真。及至大悟以后，方知一切身心世界，并无实体。如梦既觉，了不可得。若论其要，不出唯识家之三自性：一、圆成实性，二、依他起性，三、遍计执性，相不自相，依性而起，缘会而有，即依他起性。不觉为因，展转变现为缘。非有而有，由是起分别爱憎，即遍计执性。然既依他起，本无自性。诸有如幻，当体即空，唯是一心，心外无法，本无分别，有何执取？则当体即成圆成实性矣。故知最初无明，是依他起性，执之为遍计执性。遍计，惑也。由惑而造业，故受轮回之苦。其病在一执字，若能不执，则无明性空，我法二执皆破，何来三惑？但凡夫离依他起性，固无心可言。须知依他，即是圆成。然必待一念不生，寸丝不挂，斯为真心显露，本体全彰。证到自知，此固难以言传也。

【解】悟之为三因，**正因、了因、缘因也。修之为三止三观：体真止，空观；方便随缘止，假观；息二边分别止，中观也。证之为三智，一切智、道种智、一切种智也。成之为三德，法身、般若、解脱德也。**

【钞】正因，对圆成实性。缘因，对依他起性。了因，对遍计执性。圆成实有，依他如幻，遍计本空。因该果海，果彻因源。能悟及此，当体即佛。故亦名三因佛性。三止三观，是因病立方，用药之法也。三智三德，是修证所得之果也。义详下文，兹姑不赘。

【解】**至果成三身，法身、报身、应身也。**

【钞】三身之义有二：一依法相宗，以出缠真如为体。但是凝然不变之性，在缠名如来藏，出缠与无为功德为所依，故名法身。报身者，酬因名报。谓诸佛菩萨，藏识具有菩提种子，在因中时，障覆不现。由圣道力，断障破惑，令从种起。直至等觉位后，解脱道中，转赖耶识成圆镜智。于色究竟天，坐华王座。十方诸佛，流光灌顶。根尘相好，彻周法界。受用法乐，不对机宜，名自报身。即以真无漏五蕴为体，复由依定起用。应十地机，令他受法乐，名他报身。二报开合，随时说异。应身者，变现为义。依前报身后得智中，起大悲心。依大悲心，现三类身：一者，千丈大化身，应地前机，说大乘法。二者，丈六小化身，应二乘机，及诸凡夫，说三乘法。三者，随类化身，谓猿中现猿，鹿中现鹿等。此他报身，及三类化身，皆以无漏五蕴为体。二依法性宗所说，三身依体、相、用三大而立。《起信论》云：一者，体大。谓一切法，真如平等，不增减故。谓性体当相，即法身也。二者，相大。谓如来藏，具足无量性功德，依不空藏性德本具。修行出障，与此相应，名报身也。三者，用大。能生世间，出世间，善因果故。谓佛以如幻三昧，随类各应，名化身也。法身，中谛所证。报身，真谛所证。化身，俗谛所证。

【解】始终二字，赅六即，通迷悟，含修证，收因果也。以迷悟言，理即为始。以修证言，名字即为始。以因果言，观行即为始。皆以究竟即为终也。言六以事释，不无迷悟、修证、因果之殊。言即以理明，则三惑、三因、三止、三观、三智、三德、三身，皆即三谛，无二体也。然则迷悟本空，修证亦幻。全性起修，全修在性，始终一贯。迷者悟者，修者证者，皆三谛也。事则始终宛然，故有六。理则始终不二，故曰即。明于斯，乃知一心之要旨也。释题竟。

【钞】六即者，凡夫只具性德，而无修德，名理即。初发心人，闻觉性之名，而未悟理，为名字即。从此修观行，为观行即。修之相似解发，为相似即。由是本觉佛性，分分而显，以分破力故，名分证即。待至由等觉，而契妙觉，断尽无明，为究竟即。始则因不觉而迷三谛，成三惑。继则修三止三观，以对治三惑，而显三谛。即以悟三因，而证三果。从所证之位次言，由浅而深，故分为六。约所显之理体论，迷悟同源，位位不二，故名为即。即不妨六，六处常即，故得六而复即也。由此言之，可知所修者，是修幻，而非修性。以本体具足，不加修为故。《圆觉经》所谓诸幻尽灭，觉心不动，离幻即觉，亦无渐次等语，皆足证始终一贯之理。

荆溪湛然尊者原著

释　文

夫三谛者，天然之性德也。

【解】首句标。夫，发语之端也。三谛，真俗中也。次句叹，谓称性功德，具足河沙之多。虽迷不减，悟亦不增。不假修有，何待证成。故如天之自然受用，吾人日用自不知耳。

【钞】含生同具，本诸天然。应物无方，备足众德。圣凡判乎迷悟，归元初无二致。不假修有，因修而显。不待证成，须证方知。

中谛者，统一切法。

【解】中，不偏不倚也。谛，审实不虚也。一切法者，一，尽际之词；切，赅括之谓。略则根尘识界，广则百界千如，处中而言，即五位百法也。此等诸法，原无别体，故以中谛而总统之，即自性之体大也。

【钞】《大智度论》曰：一切法，略说有三种。一者，有为法；二者，无为法；三者，不可说法。天亲菩萨，因世尊谓。一切法无我一言，而造论，建立百法。其中色法十一，心法八，心所法五十一，不相应法二十四。此九十四法，皆从众生心中，造作而出，概属有为。后立无为法六，寂寞冲虚，湛然常住，随顺法性，无所造作，故属无为。合之成百法，即以明一切法三字也。下列二种无我，既以明无我二字。意显以前百法，皆因有我而出，不但九十四有为法，难免我法二执之紫扰。即后之六种无为法，犹于微细我法二执，未能双忘。盖有我，即是无明。既住在无明里，故一一法都非真常。必无我方显性灵，既会归性灵上，故一一法皆成妙谛。由是会八识成一识，复化一识为八识。分之合之，皆是二空妙境，全显一真法界，即《智度论》所谓不可说法矣。以上所述，百法分为五位。其中以八种心法为主，五十一心所法，是依心所起，为心家本有法，离心不能独生。十一色法，为心之影象。心生则生，心灭则灭，亦非心外之物。二十四不相应法，皆是心境互相交涉所成之假相，非是离心而有。心识中含有染净二分，六无为法，乃是净分所显，亦为心家固有之法。虽开百法，实唯八法，而心体圆明，本无可表。所表唯识，由是立为八识（眼、耳、鼻、舌、身、意、末那、阿赖耶）。八识以阿赖耶识为主，发之于外，必因眼、耳、鼻、舌、身、意六识而显。但六识依根而生，接尘而起。色、声、香、味、触、法为六尘。故以六根六尘六识，为十八界。以此十八种类，各有界限、作用不同也。界虽十八，实唯六识。而六识实唯一识，一识仍不出一心。吾人现前一念之心，全真成妄，全妄成真，终日不变，终日随缘。夫不随佛界之缘，而念佛界，便念九界。不念三乘，便念六凡。不念人天，便念三途。不念鬼畜，便念地狱。以凡在有心，不能无念。凡起一念，必落十界中之一界，更无有念出十界外者，以十法界更无外故。故每起一念，即为一受生之缘。若此心能与平等大慈大悲，依正功德，以及万德洪名相应，即念佛法界也。能与菩提心，六度万行相应，即念菩萨法界也。以无我心，与十二因缘相应，即念缘觉法界也。以无我心观察四谛，即念声闻法界也。或与四禅八定，以及上品十善相应，即念天法界也。若与五戒相应，即念人法界也。若修戒善等法，兼怀瞋慢胜负之心者，即落阿修罗法界。若以缓软心，念下品十恶，即堕畜生法界。或以缓急相半心，与中品十恶相应，便堕饿鬼法界。若以猛炽心，与上品十恶相应，即堕地狱法界。此十法界，本于一真。由一真法界，而开为十法界。而十法界，仍不出一心之所造，随起一心，必落一界。而一界显起，九界冥伏。非是没有，所谓心无二用，善起必恶伏，既伏亦必理具。故知一念虽落一界，而一念之中，实具足十界。以一一界必各互含，是则十界，即有百界。一界各具十如（十如者，即《法华经》所谓如是相、如是性、如是体、如是力、如是作、如是因、如是缘、如是果、如是报、如是本末究竟等是也），则百界即有千如。介尔一心，炳然顿具。惟一念体圆，名为理具。随起一念，即名事造。而理必有事，断无事外之理。事必有理，断无理外之事。而其实皆圆具于一念心中，所谓无不从此法界流，无不还归此法界也。推原百界，起于十界，而十界本于一真。由真如不守自性，开为根尘识十八界，因根尘识相接，而百法齐开。因此而一法界，开为十法界。十界既具，百界朗列。由微至著，自简而繁。辗转相因，可得而数焉。故曰略则根尘识界，广则百界千如。处中而言，即五位百法也。但非八种心识，则十八界与百法，均不成立。二者不立，即十法界之义不成。而八种心识，仍不外乎一念心性。一念之所包者广，故曰体大，此中谛理也。

真谛者，泯一切法。

【解】真者无伪，即空寂也。泯者泯合，即融会也。意谓一切诸法，原无自性，当体即空。不过缘会则有，缘散则无。称真而观，当处寂然，了不可得。融通会合，本来无相，即自性之相大也。

【钞】《中观论》云："未曾有一法，不从因缘生。是故一切法，无不是空者。"又云："因缘所生法，我说即是空。"《起信论》云："一切诸法，唯依妄想，而有差别。若离心念，即无一切境界。"意谓法若实有，则不假因缘。既假因缘，即无自性。且法既因缘生，故即法即空。如百法中八种心法，缘阿赖耶识而起，辗转引起一切，流为百界。苟非无始以来，晦昧真性。则一切法，泯然无踪，浑是一真法界。是知一切法，因无明而起。无无明，则无一切法。谓之曰空，其理皎然。但虽言空，不碍缘起。异于幻空不实，是故曰真。《金刚经》云："如来说一切诸相，即是非相。"又云："所言法相者，如来说即非法相，是名法相。"是知无相之相，其相斯大，此真谛理也。

俗谛者，立一切法。

【解】俗者俗有，无法不备也。立者建立，万象森然也。一切法者，天亲菩萨约为五位百法。所谓色法十一，心法八，五十一个心所法，二十四个不相应，六个无为成百法。略则内六根，外六尘，中六识，谓三六十八界也。广则三千性相，百界千如，数繁不赘，详见教乘法数。称俗而观，不舍一法，事事无碍，相相宛然，即自性之用大也。

【钞】一念心起，具足百界。而其中即含三千性相，所谓国土世间一千，山河大地日月星辰是也。五阴世间一千，染净一切色心是也。众生世间一千，四圣六凡假质是也。一念心起，三千性相一时起。一念心灭，三千性相一时灭。念外无一毫法可得，法外无刹那念可得。一念之间，具足诸法。刹刹尘尘，无余无欠。繁兴大用，横遍竖穷，此俗谛理也。

举一即三，非前后也。

【解】夫法性无为，不堕诸数。须知三谛，三非定三，约义说三。一非定一，据理说一。说三说一，皆随情耳。从通而言，一中一切中，无真无俗而不中，则三谛都统理而绝待也。一真一切真，无中无俗而不真，则三谛俱泯合而绝相也。一俗一切俗，无真无中而不俗，则三谛并建立而宛然也。所以举一即三而不纵，非前后也。言三即一而不横，非并列也。

【钞】三谛不出一心，而一心本具寂照。寂中有照，寂而非寂，则真谛即是中俗。照中有寂，照而非照，则俗谛即是真中。寂而常照，三千宛尔，照而常寂，三际泯然，是中谛亦即真俗。故曰举一即三，非前后也。止观五云：介尔一心，三千具足。亦不云一心在前，一切法在后。亦不言一切法在前，一心在后。辅行五中云：言介尔者，谓刹那心，无间相续，未曾断绝。才一刹那，三千具足，即此意也。

含生本具，非造作之所得也。

【解】凡血气之属必有知，故曰含生。凡有知者必同体，故曰本具。此指真净明妙，虚彻灵通之心。非一非三，而三而一之谛理。即前云天然之性德者是也。既云天然，不假造作，迷时无失，悟亦无得，故曰非造作之所得也。

悲夫！秘藏不显，盖三惑之所覆也。

【解】悲夫，叹词也。谛理非他，是吾人固有之真心。如衣里明珠，不逢亲友指示，其人不知。所谓怀珠作丐，故可叹耳。不知自心之妙曰秘，含于烦恼垢中曰藏。从来未悟，虽常现前，迷不自知，故曰不显。三惑谓见思、尘沙、无明惑也。盖，推源之词也。意谓吾人固有灵妙之真心，所以秘藏不现前者，盖是迷此一心三种妙谛。迷，即不了也。不了真谛，起见思惑。不了俗谛，起尘沙惑。不了中谛，起无明惑。以迷惑故，虽现前而不知。如眼被翳障，觌面而不相识也。然三惑无体，全依三谛为体。如人迷方，依方故有迷也。

问：惑性本空，无相可得，安能覆谛？

答：即以不了为覆，非同以物覆物也。

【钞】《法华经》五百弟子受记品云："譬如有人，至亲友家，醉酒而卧。是时亲友，官事当行，以无价宝珠，系其衣里，与之而去。其人醉卧，都不觉知。起已游行，到于他国。为衣食故，勤力求索，甚大艰难。若少有所得，便以为足。于后亲友，会遇见之，而作是言：咄哉丈夫！何为衣食，乃至如是。我昔欲令汝得安乐，五欲自恣，于某年日月，以无价宝珠，系汝衣里。今故现在，而汝不知。勤苦忧恼，以求自活，甚为痴也。汝今可以此宝贸易所须，常可如意，无所乏短。"此喻众生本具佛性，不用佛法对治，终难显发。及既显发，亦是本有之物，非从外得。特溺身五欲之场，逐境移情，不知自返。三惑蕴结，甘受轮转，反不明自身本可成佛，而以退居下流为得计。与怀珠作丐，又何以异？秘藏者，即《楞严》所谓如来藏妙真如性。本体不失曰藏，染污不明曰秘。在大彻大悟之人，则其本具全体大用，炳然齐彰。触处洞然，实无所谓秘藏。唯其迷于三惑，遂致隐而不露。故不了真谛，则心随境迁，为物所转。譬彼病目，生空中华，认为真有，炫乱于前，执取于后。而见思惑以起，不了俗谛。则不知吾性周遍，具足恒沙，本有如是妙明。譬诸幻师，种种变现。皆由己作，诧为新得。昏昏扰扰，随处颠倒，而尘沙惑以起。不了中谛，于无我中，横计为我。因起二执，遂生二障。众过繁兴，而无明惑以起。然三惑全依三谛，如以绳为蛇，无别有蛇。不过因迷悟变现而异，故曰即以不了为覆。

故无明翳乎法性，尘沙障乎化导，见思阻乎空寂。

【解】此释三惑覆三谛也。法性即中谛。前云统一切法者，言法性也。化导指俗谛。俗谛门中，一切有情，为所化导也。空寂即真谛。谓一切法本来寂灭，终归于空也。无明，根本惑也。尘沙，见思，枝末惑也。谓不了中谛，一中一切中，离边无中，空有即中也。不了，即无明之异名辞耳。不知俗谛门中，一切诸法，能化所化，唯是假名，各无实体。则一假一切假，离真中无假，真中俱假也。此惑数多，如尘若沙，从喻立名也。不解诸法无生，依他而起。当体本空，则一空一切空。离俗中无空，俗中皆空也。以不解故，妄于诸法上，起见思惑，执我我所，此惑从谬解立名也。翳障阻三字，即覆之变名词耳。

【钞】无明由于不觉，法性即是真如。无明无性，以真如为体。真如为染净依，随缘不变，能生万法。却烦恼已，乃得见之。若一念不觉，则全真成妄，而本具之法性，不能自显。即可知无明翳乎法性，以真如为诸法之性，故统一切法。尘沙由于触境生著，能了知万法唯识。则百界千如，无法可得。身入尘劳，便成解脱。淫坊酒肆，即是道场。不能了此，则事事缠缚，自他两失。即可知尘沙障乎化导，悟俗谛，斯随处可以行化，故立一切法。见思起于执有，不知法从缘起，本无自性。以其无性，当体即空。所言一切法，即非一切法。离心意识，实相乃证。若知见立知，则病随药转，惑业炽然。即可知见思阻乎空寂，以依他起，故泯一切法。依无明而不了，故不了为无明之异名词。能化者诸佛，所化者众生。自世尊说世谛因缘，及破相显性，以至法华开权显实，授记成佛，皆药随病转。实际理地，不立一法。故曰说法四十九年，未曾说着一字。又曰：若言如来有所说法，即为谤佛。又曰：如是灭度无量无边众生，实无有一众生如来度者。此即能化之假。又曰：众生众生者，如来说非众生。又曰：如来普观法界一切众生，具有如来智慧德相。此即所化之假。一切法无自性，故曰空。一切法有形相，故曰假。然非离假而有空，非离空而有假，因假说空，因空说假。然则空假亦是对待，既是对待，两不可执，当体即中。但中对二边而立，离边无中，则中即空假也。故曰一中一切中，一假一切假，一空一切空。

然兹三惑，乃体上之虚妄也。

【解】然，转语也。三惑无体，唯是假名。如空里狂花，梦中幻境。空原无花，花由目病。梦本无境，境由心迷。乃彻底不真，故曰虚妄。体，即三谛也。

【钞】三惑，依不了三谛而起，故以三谛为体。所言惑者，特从谬解立名耳。

于是大觉慈尊，喟然叹曰：真如界内，绝生佛之假名；平等慧中，无自他之形相。

【解】无明大梦，虽十地等觉诸大士，睡眠未醒。唯佛一人，可称大觉。乃我本师大慈悲父，称慈尊也。喟然，是叹声。曰下，是叹言。前是祖叹，今是佛叹也。真如平等，都指真心妙谛。其性不妄曰真，无分剂方隅等虚妄相故。不异曰如，无生灭垢净等差别异故。不高不低曰平，离圣解凡情见故。无党无偏曰等，情与非情悉周遍故。界慧二字，指妙谛之范围。范围宽大，横竖赅罗也。众生诸佛，皆假名耳。自己他人，皆妄相也。妙谛性中，都无是事，故曰绝无。经云：妙性圆明，离诸名相。本来无有世界众生，论云：离名字相，离心缘相，究竟平等，不可变异。此之谓也。

【钞】《华严经》云：佛子！无一众生，而不具有如来智慧德相。但以妄想执著，而不证得。真如是体，平等是相，横罗竖赅是用。十地：一、欢喜地，二、离垢地，三、发光地，四、焰慧地，五、难胜地，六、现前地，七、远行地，八、不动地，九、善慧地，十、法云地。以上十地，地地各断一品无明，证一分中道。更断一品无明，入等觉位，始名一生补处。犹有一品无明，故有一生。过此一生，即补妙觉之处矣。

但以众生妄想，不自证得，莫之能返也。

【解】众生，乃九界通称。一向在迷，从来未悟，不了真心，用诸妄想，故曰不自证得。妄想，指三惑也。谓用见思，不证真谛；用尘沙，不证俗谛；用无明，不证中谛。一向随想流转，不能返妄归真也。随见思流，名六凡众生。随尘沙流，名二乘众生。随无明流，名大道心众生。

【钞】众生通于九界。菩萨因情识尚在，无明未尽，故名大道心众生。罗汉喜涅槃，菩萨上求佛道，仍是法爱。无明未尽，不出变易生死，直至成佛，方破微细无明，而爱能永断。若博地凡夫，则苦恼众生耳。又世间六凡，有枝末无明。出世三圣，有根本无明。故同名众生。具五阴曰众，发生四大曰生。

由是立乎三观，破乎三惑，证乎三智，成乎三德。

【解】由是，承接之词。承上文，接下文故。立乎下，佛祖用大乘法药，对治众生之心病也。立观是用药，修观是服药，破惑是除病，证智成德，乃见效复元也。山家用文，三谛准《仁王经》，三观准《璎珞经》，三惑准《智度论》，三智准《大品般若经》，三德准《大般涅槃经》也。

　　空观者，破见思惑，证一切智，成般若德。假观者，破尘沙惑，证道种智，成解脱德。中观者，破无明惑，证一切种智，成法身德。

【解】此为不得意者，作次第说耳。其实圆顿行人，于名字位中，圆悟一谛三谛之理。于观行位中，圆起一观三观之修，全性德而起修德。相似位中，粗垢任运先落，脱四住烦恼也。分证位中，圆破三惑，圆证三智，圆成三德。所谓一悟一切悟，一修一切修，一破一切破，一证成一切证成也。文虽次第，意在一心耳。知诸法无性，而不起分别，于此相应，名空观。达诸法如幻，唯是假名，于此相应，名假观。观了诸法，非有非无，不一不异，若时若处，无不相应，名中观也。于三止中，空观，即体真止。谓体解无性，当体即真故。假观，即随缘止。谓识得假名，到处可随缘故。中观，即息边止，亦名不止止。谓了非有无一异，则二边俱可息灭，不止而止也。一切智者，明知诸法本空，无二相也。道种智者，明知十界种性，差别不同也。一切种智者，明见佛性，离四句，绝百非，惑解同源，生佛莫二也。彻照心源，名般若。究竟无缚，名解脱。一切俱是，名法身。各具常乐我净，故三皆称德也。

【钞】举一备三，无有偏缺，故名圆。唯其举一备三，不由渐次，故名顿。谓一切众生，皆有佛性。有佛无佛，性相常住。又一色一香，无非中道等言，或从善知识，及从经卷，闻见此言，为名字即。妙宗云：名字即佛，修德之始，闻前理性，能诠名也。异于全不闻者，故云乎尔。若但闻名口说，如虫食木，偶得成字，是虫不知是字非字。必须心观明了，理慧相应，行如所言，言如所行，是谓观行即。由圆观力，相似解发。如钻木取火，暖相先现。如消坚冰，渐令湿润。如鍮似金，若瓜比瓠，故名相似即。因相似观力，分破分见。如木出火，还烧于木。如冰成水，还泮余冰，故名分证即。圆道满足，惑无不破，德无不显。如火出木尽，如冰尽水澄，故名究竟即。约修行位次，从浅至深，故名为六。约所显理体，位位不二，故名为即。是故深识六字，不滥上圣而增慢。委明即字，不生自屈而甘劣。三谛为性德，止观为修德。一念豁破无明，是为圆破。一悟一切悟者，圆悟也。一破一切破者，圆破也。一证成一切证成者，圆证也。随举其一，三者咸得，非圆而何？四住，即四住地：一、见爱住，二、欲爱住，三、色爱住，四、无色爱住。脱四住烦恼，能出三界生死。大乘止观云：所言止者，谓知一切法，从本以来，性自非有，不生不灭。但以虚妄因缘故，非有而有。然彼有法，有即非有，唯是一心，体无分别。作是观者，能令妄想不流，故名为止。一止皆具三止，而止中有观。知一切法之知字，即观也。知得如此，则不起三惑，妄想遂得不流，亦即是止。又云：所言观者，虽知本不生今不灭，而以心性缘起，不无虚妄世用。犹如幻梦，非有而有，故名为观。虽知本不生今不灭，即第一义谛，即圆成实性。此知字，即从上文知一切法之知字而来。圆成实随缘而起，故有依他起性。然缘生而本体未尝生，缘灭而本体未尝灭。前无始，后无终，中间无现在，此即不生不灭也。法虽不生不灭，而随染缘，以起世用，非有而有，乃为遍计执性。识得此理，故名为观。一观皆具三观，而观中有止。作如是观，则妄想不流，亦即是止。息二边分别止，二边，指一切对待法言，如空有、我无我、常无常、大小、高下、长短、亲疏等。凡有对待，皆是二边。对待法本无实体，皆由比较而生，如大小对待也。大非真大，因小见大。小非真小，因大见小是也。今对于一切境，不起分别，故谓之息。不著空有，不偏一法，无边可止，即边即中，并无二边，有何可止。盖不期止而自止，故可谓之不止止。凡举一对，便成四句。且就有无言之，若云有，是增益谤。若云无，是损减谤。若云亦有亦无，是相违谤。若云非有非无，是戏论谤。既俱有过，故须远离。他如一异断常等，例此应知。上四句中，每句演有、无、亦有亦无、非有非无四句，便成十六句。十六句中，有过去、现在、未来三世，共成四十八句。每句分已起、未起，便成九十六句。带根本四句，即成百句，皆无实义，故云非也。由破我执之功，则四句百非，纤毫不起矣。一切智，即无师智。据大乘止观意，谓无师智，了达十界一相不由他悟故。又谓三智一心中得，不从他授故。道种智,即自然智。了达三千性相,无量差别,不由作意故。谓一心法尔,具足三智,能与圣道为因故。一切种智,即无碍智,了达一切无相。无相无不相,一一相中,具见一切诸法真实之相,究尽边底,无障蔽故。三谛并中,无隔碍故。由是推之,证一即三,三而一者也。《起信论》云:诸佛如来,离于见相,无所不遍,心真实故。即是诸法之性,自体显照,一切妄法,有大智用。无量方便,随诸众生,所应得解,皆能开示种种法义,是故名一切种智。《仁王经》云:满足无漏界,常净解脱身。寂灭不思议,名为一切智。盖自体显照一切妄法,有大智用。离于见相,无所不遍。及寂灭不思议,皆一切智也。随诸众生,所应得解,开示种种法义,及满足无漏界,常净解脱身,即道种智也。合二说观之,不愈可明,一智备具三智,一证一切证之理乎?法身德为本觉,正因性。般若德为始觉,了因性。解脱德为究竟觉,缘因性。且法身为觉满,般若为自觉,解脱为觉他。觉满则体大,更无可上。自觉则相大,不可相见。觉他则用大,放光现化。体相用,本是圆成。体则离过绝非,相则竖穷横遍,用则具足恒沙。成此三德,则可以作三十二应,随类现身,而果成三身矣。自古不变曰常,从来无苦曰乐,随处自在曰我,随地不染曰净。

然兹三惑、三观、三智、三德,非各别也,非异时也。天然之理,具诸法故。

【解】此为得意者,作圆融具德说耳。此本旨也。意显迷悟修证,破立同时。不离当念,故非各别。同在刹那,故非异时。能破是观,所破是惑。能证是智,所成是德。能所不二,修证一揆。性具一宗,迥超诸说者,良在兹焉。

【钞】夫因迷谛成惑,复因修观而显觉。能了本觉之理,即成始觉。不有始觉,何至究竟!极其究竟,始知吾心不离当处,本自明觉,一而三,三而一,皆不出一心之妙,是谓圆证圆成,故曰能所不二,同在刹那,此所以为始终心要也。

然此三谛,性之自尔。迷兹三谛,转成三惑。惑破

藉乎三观，观成证乎三智，智成成乎三德。从因至果，非渐修也。说之次第，理非次第。

【解】此结翻迷成悟，从性起修，成因证果，展转相由也。意谓迷一心而起三惑，无别有迷，即迷此三谛也。如依方故有迷，惑东谓西也。悟一心而为三因，无别有悟，即悟此三谛也。如悟东西之方，分明不惑也。修一心而为三止三观，无别有修，即依三谛而修也。如人既不迷东西之路，可直道而行也。依真谛而修，为体真止，名空观。即观一念心，当体了不可得也。依俗谛而修，为随缘止，名假观。即观一念心，当下历历明明也。依中谛而修，为息边止，名中观。即观一念心，当了不可得时，正历历明明；当历历明明时，正了不可得。如是则能观之观，空假不二。所观之境，真俗不二也。证一心而为三智，无别有证，证此三谛也。成一心而为三德，无别有成，成此三谛也。如人就道而行，得路还家也。止观是因，智德是果。因果本乎一心，故非渐修。始终不离当处，故非次第，同一三谛之理耳。

【钞】止观虽分为三，其实修一含三，即如修体真止，空观，随处皆用此工夫，即是方便随缘止，假观也。又对外遇境，不起分别，则息有。对内不以静为究竟，则息空。即是息二边分别止，中观也。任修其一，三者具足。所观一念心，即现前一念之心，亦即无念无住之圆成实性也。当此前念已灭，后念未生，中间孤孤一念，为能观之智。观此本性无念之境，初次用功，未忘能所。久久境智一如，能所两忘矣。然切不可将已灭之前念，为所观之境，是为至要！但以智观境，此智并非真智，仍是情识。特下手时，不能不借之以为用耳。若欲知修证功夫得否，三惑断否，自己亦可试验。即如平日临事之时，境界当前，对于顺境，能不起贪慕否？对于逆境，能不起瞋恶否？对于眷属，能不起爱恋否？对于他人，能不起轻慢否？贪瞋爱慢，为根本烦恼。谄曲嫉妒，是小随烦恼。若根本虽除，而微细之相，难保不生，尤须注意！果其贪瞋痴慢等，对境不生，便是功夫得力。果其彼我恩爱等，一切寂灭，便是惑业已断也。

大纲如此，网目可寻矣！

　【解】 大纲，指心要。网目，指教眼也。教法无量，犹之弥天之网。即以谛观为纲，性修为目耳。三谛原一法，佛说种种名，龙树悟之而造论，智者证之而立宗。佛祖授受，递代相承。莫不教人悟乎三谛，修乎三观，破乎三惑，证乎三智，成乎三德。今则观修谛显，惑破智证，则始终之能事毕矣。故荆溪用之为心要，说之为大纲。纲提目张，观明道悟。俾学者，庶免问程泣歧之叹！故曰：网目可寻矣！释文竟。

　【钞】 释论下云：除诸法实相，余皆魔事。是故诸大乘经，同以实相为印，为经正体。今三谛即是实相正印，但有异名，更无异体。佛说种种名，如《华严》名一真法界，《维摩》名不思议解脱，《般若》名一切种智，《法华》名一乘实相，《涅槃》名常住佛性，《楞严》名如来藏妙真如性等是也。龙树菩萨，造《中论》五百偈，破二边之见，显中道之理。至北齐有慧文大师，因中论偈云："因缘所生法，我说即是空。亦名为假名，亦名中道义。"遂悟入三观旨趣。一传南岳思大师，再传天台智者大师，因以立宗焉。

骆印雄钞，大光标科参梓

跋

《始终心要》者，乃台宗九祖荆溪尊者之杰著。文略而义广，词简而意幽。诚山家提纲挈领之要典。故谛老人既述解于前，复频讲于后，良有深意存焉。余出家之第二年，戊午秋，入观宗学舍，开始即闻斯《心要》。而此后听经，无不明解无滞。是诚大纲有在，网目了然。去夏老人莅绍，亦为启迪初机起见，阐弘《心要》。有现居士身者，为大云报社编辑之骆君印雄，闻法会心，独欣然有得。复从事记录，及诸征引，述成略钞，揭载于大云旬刊。余见而珍之，惟恐久后散失，不特埋没老人与骆君之苦心，似亦非尊重法流之道。是以倩人按期抄录成本，以备付印流通。适有方君志梵，青年耆德，笃信佛乘。既已宏刊《皇忏随闻录》于前矣，兹偶将此钞相告。谁知方君初觐老人，亦蒙授《心要解》。三复研读，颇有契悟。今复睹骆君之《略钞》，益见《心要》显彻。不禁喜跃无量，且以日久复归磨灭为虑，毅然独任印资付梓，以供诸世。余念谛老人之婆心妙舌，固垂不朽。而两居士不先不后，无独有偶之热诚，尤觉难能可贵。愧余不文，何足叹美于万一。第欢欣之余，难安缄默，略述缘起，聊致钦崇云尔。

民国乙丑岁暮观宗学社宝静跋